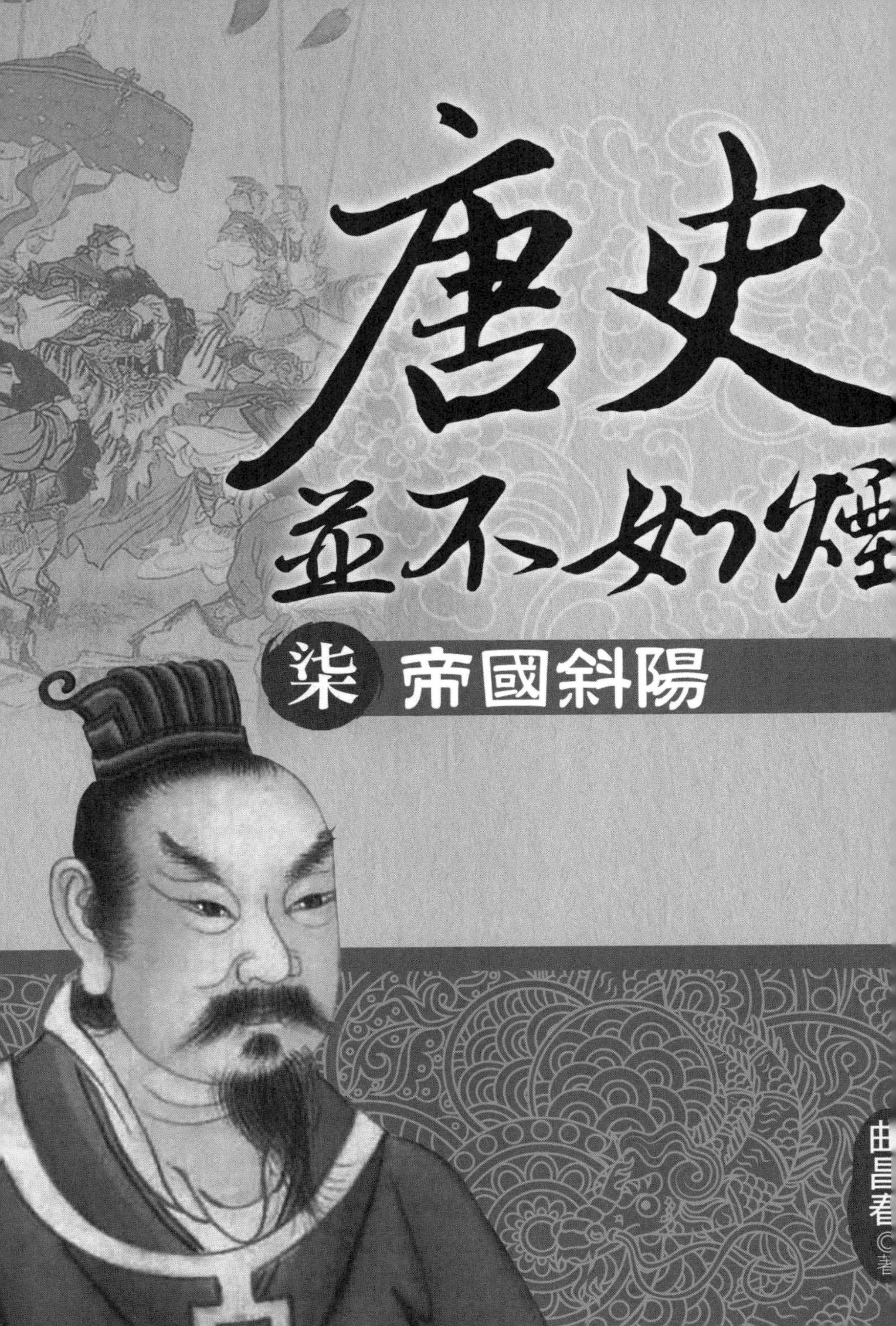
唐史並不如煙
柒 帝國斜陽
曲昌春◎著

目錄

戛然而止

第一章

柳泌煉丹

元和十五年原本該是一個平淡的年份，皇帝李純並沒有過於放在心頭，不就是又過了一年，又長了一歲而已。四十三歲，從不惑往知天命奔跑的途中。

李純沒有想到這會是他生命中的最後一年，而坑是他在十年前挖下的。

十年前也就是元和五年，宦官張惟出使新羅歸來，新羅位於今天的朝鮮半島，張惟出使新羅走的是海路。張惟向皇帝李純轉達了新羅國王對大唐皇帝的親切問候，並邀請大唐皇帝在合適的時候對新羅進行國事訪問，皇帝李純愉快地接受了邀請。

彙報臨近結束時，張惟左右張望了一下，李純會意，摒退了左右。

張惟壓低聲音：「奴才此次出使途中曾偶然登上一個孤島，在島上遇到一位鶴髮童顏的神仙，神仙對我說：唐朝皇帝是我的朋友，勞煩你出使回去後幫我帶一聲問候，就說老朋友們很想念他啊。」

張惟將這次「巧遇」說得繪聲繪色，李純聽得怦然心動，莫非我的前世真是神仙？

從這時起，李純開始對神仙的事好奇起來，神仙的事或許是有的，不然歷朝歷代皇帝為何都想跟神仙攀上關係，若是根本沒有神仙，那歷朝歷代的皇帝豈不是都錯了？

相信神仙這件事，李唐王朝是有傳統的，李純的老祖爺爺太宗李世民是始作俑者。原本以他的身體素質，有可能超越父親李淵的壽命，可是在征遼東之後他的身體大不如前，在此之後便開始相信有神仙，長期服用天竺和尚的丹藥。服啊服，服啊服，效果很顯著，享年五十一歲。現在李純也迷戀上丹藥，他相信那些神奇的小藥丸能讓他青春永駐乃至長生不老。

上有所好，下必甚焉，領導有愛好，群眾就有動力。

元和十三年，宗正卿李道古向李純推薦了一個重要人物——方士柳泌。李道古無利不起早，他想用這個方式為自己的仕途加個保險。他過去在地方官任上曾有過劣跡，他擔心這些劣跡早晚有一天會傳到皇帝耳中，那麼不如先行一步早些討得皇帝歡心，那些劣跡也就不值一提了。

保官心切的李道古，保命心切的李純，發財心切的柳泌，多麼好的鐵三角組合。

李純與柳泌一見面便相逢恨晚，恨不得抱著柳泌大喊一聲：「你咋才來呢？」

柳泌也不含糊，很快亮出了自己的條件：「臣煉製丹藥需要多採集靈芝，天台山一帶倒是靈芝眾多，可惜臣權力有限，不能到天台山隨意採摘。」

李純一笑，區區小事，何足掛齒？

李純下令柳泌出任台州刺史，天台山正在台州轄區內，以後柳泌想採多少靈芝就採多少，能及時供上丹藥就行。

任命一出朝內譁然，方士出任台州刺史，這太滑稽了吧。

反對的聲浪向李純一波一波襲來，李純巋然不動，如果能用一個刺史的任命換來皇帝的延年益壽，有何不可呢？

在反對聲的包圍中，李純吃下了柳泌煉製的第一顆丹藥，第二顆、第三顆……

立儲難題

丹藥在李純體內四處遊走，煩惱卻與日俱增。不是說丹藥沒有作用，而是李純的心病很重，一般的藥治不了。

李純的心病是儲君之位，這塊心病困擾了他一生。

李純初即位時名下已有數位皇子，長子李寧、次子李惲、三子李恆。三位皇子中，長子李寧的母親品級為美人，次子李惲的母親在《舊唐書》中沒有記載，按常理推斷，品級可能比美人還低，而三子李恆的母親郭貴妃則讓滿朝為之側目。她姓郭，是中興功臣郭子儀的孫女，《醉打金枝》中男女主角的女兒。

《醉打金枝》的男主角叫郭曖，汾陽王郭子儀的兒子，郭曖迎娶的是唐代宗李豫的女兒升平公主。婚後的一天，郭曖喝醉了酒，回家與昇平公主發生了衝突，據說醉酒的郭曖說了這樣一句話：「別以為你是公主就了不起，你們李家的皇位還是我爹保住的呢，要是我爹想當，還有你們李家的份？」

郭曖說的是醉話，發洩的是積攢多日的不滿，只是這樣的話一出口後果就是坑爹。

一生謹慎的郭子儀聞訊後迅速行動，先把郭曖痛打一頓，然後將其綁進皇宮，交由唐代宗李豫處置。李豫倒是有大海一般的胸懷，大事化小、小事化了，說了一句：「不聾不啞，不做家翁。」意思是說，小倆口吵架的事就由他們自己處理好了，咱們當長輩的就裝不知道。

一場危機被唐代宗李豫輕描淡寫地化解，既顯示了皇帝的胸懷，也從側面印證了郭子儀的地位。如果換作別人家中發生如此蔑視皇家的舉動，後果不敢想像。

《醉打金枝》有後人演繹的成分，但劇中人物的關係卻是清晰的。從人物關係捋下來，郭曖的女兒郭氏按輩分跟李純的父親是一輩的，嚴格論起來，李純應該稱郭氏為表姑。為了親上加親，輩分也就顧不上了，李純在皇族的安排下娶了自己的表姑做正妻。

從日後的表現來看，李純對這段被安排的婚姻是不滿意的，以至於他對郭貴妃生的孩子李恆也不滿意。元和元年八月，李純封郭氏為貴妃，而皇后之位空缺。

不是李純不懂禮儀，其實他是太懂禮儀，在他心中壓根就不想把皇后之位給郭家。郭子儀雖早已作古但餘威尚在，如果皇后之位再給了郭家，那麼郭家將來是否會對李唐王朝構成威脅呢？武則天的武家、韋后的韋家、楊貴妃的楊家，這些對於李唐王朝都是刻骨銘心的傷痛記憶，殷鑒不遠啊。

皇帝心中想的永遠都是自家安危，李純也不例外。從冊封郭氏為貴妃起李純便生活在自相矛盾之中，後宮沒有皇后，郭貴妃便是後宮之首，如果要立太子，那麼郭貴妃的兒子理應是第一順位，可李純既不想讓郭氏當皇后，更不想讓郭氏當皇太后，問題變複雜了。

立太子的事拖了下來，一拖就拖到了元和四年。

李純痛定思痛，在部分大臣的支持下採用了折衷的辦法，冊封長子李寧為太子。既然後宮沒有皇后，那麼諸皇子都是庶出，索性就立長子為太子。

立儲的問題似乎解決了，沒想到兩年後新的問題又來了。

太子李寧病逝了。太子之位再度空缺。立儲的話題再次重啟，該立哪位皇子呢？

李純想照方抓藥，但反對的聲音越來越大，支持郭貴妃之子李恆的佔了大多數。二皇子李惲的生母出身寒微，三皇子李恆的生母身為貴妃又來自郭家，勝負已經沒有太多懸念，即便李純貴為皇帝也不能跟滿朝文武對著幹。

在人們的印象中，皇帝總是一言九鼎、可以為所欲為，實則不然。在很多時候皇帝只是一個天下共主的符號，並不能完全一言九鼎、為所欲為，古今中外有幾個皇帝能夠一言九鼎、為所欲為？即便有，多數都是暴君。

無奈的李純只能讓步，順應民意冊立三子李恆為太子。冊封之前，李純還留了一個心眼，讓翰林學士崔群替二皇子李惲寫一個讓位奏章，讓位奏章將證明原本太子之位是李惲的，只是李惲品德高尚讓給了李恆。李純想為將來留一個伏筆，可惜伏筆還沒有埋好就讓崔群給掐了。

翰林學士崔群說：「把自己的東西交給別人叫作讓，三皇子李恆本就是嫡子，二皇子李惲是庶子，哪裡是讓啊。」

李純暗暗歎了一口氣，他知道自己面前是厚厚的一堵牆。崔群的話不是沒有漏洞，他說李恆是嫡子就是漏洞，但崔群的話代表了很多大臣的想法，他們都認為郭貴妃就是實際上的皇后，而李恆就是最尊貴的嫡子。

饒是皇帝也得尊重禮法「立嫡立長立賢」，誰能繞過規則呢？

元和四年，李純靈活運用了規則立了長子李寧，而到元和七年他再也靈活不起來了，滿朝文武都將票投給了郭貴妃之子李恆，面對滿朝文武的支持之聲，他只能尊重大家的意見立李恆為太子。

李純心中充滿了委屈，他不想被人操控，更不想自己百年後朝政大權落入郭家，可是他又能怎麼樣呢？

欲把心事付瑤琴，知音少，弦斷有誰聽？

知音少，但還是有的，打小就在李純身邊的宦官吐突承璀就是其中一個。

吐突承璀，字仁貞，閩（今福建一帶）人。吐突是一個有鮮卑血統的姓氏，由於民族的融合和人口遷徙，吐突一脈也散播到全國各地。吐突承璀出生於閩地，那個地方在唐朝是宦官的高產地，唐朝的宦官多數來自閩地和粵地（今廣東一帶）。

吐突承璀打小跟李純一起長大，為人機靈，深得李純賞識，李純登基之後吐突承璀頗得重用，甚至擔任過征討藩鎮聯軍統帥。即便大臣們對重用吐突承璀頗有微詞但李純還是依然故我，表面不再過於恩寵，但實際還是將吐突承璀視為第一心腹，讓其出任左神策軍中尉，手握禁軍兵權。

別人不懂李純的心思，吐突承璀懂。

看李純一直為儲位之事憂心，吐突承璀寬慰道：「大家不必過於憂心，太子可以立也可以廢，最終誰繼承大家的皇位，還是大家說了算。」（唐朝近侍稱皇帝為大家）

李純微微搖頭：「談何容易啊？滿朝文武都站在郭貴妃那一邊，即便是朕也不能無視滿朝文武的意見啊。」

吐突承璀眼珠一轉：「大家放心，奴才會把這件事一直記在心裡，一定協助大家把皇位傳到最中意的皇子手中。」

李純看了吐突承璀一眼：「你啊，自小跟在朕身邊，朕的心思只有你最懂。」

吐突承璀倒有些不好意思了：「全憑大家抬愛，奴才必當鞠躬盡瘁死而後已。」

李純略顯寬慰地點了點頭，朝臣們都說吐突承璀這些宦官不可委以重用，朕怎麼就覺得他們值得信任呢？看來朝臣們的話也不能全聽。

李純正出神，內常侍陳弘志上前奉茶：「大家，請用茶。」

李純接過茶杯，剛喝一口就吐了出來，茶水居然有些燙。李純拿起茶杯向陳弘志砸了過去，發燙的茶水潑了陳弘志一身，陳弘志忍著痛跪了下來，連聲求饒：「大家息怒，大家息怒。」

陳弘志已經記不清這是李純第幾次發怒了，李純近幾個月來喜怒無常，動輒發脾氣，甚至已經有幾個宦官因為一點小事被處死了，眾人在李純身邊大氣都不敢出，生怕一不小心腦袋便搬了家。

李純怒吼道：「狗奴才，茶水冷熱都不知道，是不是該割了你的舌頭餵狗。」

陳弘志冷汗連連，衣服都汗濕了。

吐突承璀上來打個圓場：「大家息怒，龍體要緊、龍體要緊，跟一個奴才生這麼大氣不值得。」

陳弘志心中暗罵一句，都是奴才，你擺什麼譜啊。

李純冷眼看著陳弘志：「滾。」

陳弘志唯唯退下，眼角掃了一下吐突承璀：「狗仗人勢的東西。」

常在李純身邊，吐突承璀知道李純是丹藥吃多了，方士柳泌煉製的丹藥雖好但不能多吃，吃多了就會對丹藥產生依賴，進而就會掏空身體。吐突承璀不是沒有勸過李純，但李純就是不聽，他堅信世上有神仙，他堅信丹藥能夠讓他延年益壽。

現實的情況是身體每況愈下，大不如前。

東宮內，年輕的太子臉上滿是焦慮。

自從父皇患病的消息傳出之後，太子李恆就成了熱鍋上的螞蟻。雖說已是名正言順的太子，但不到登基的那一刻什麼事情都有可能發生，歷朝歷代的變數史不絕書。

李恆正在等消息，等舅舅郭釗的消息。

一個時辰前，李恆派心腹前往舅舅郭釗家，名義上是送禮物，實際是向舅舅問計，當此危機時刻自己該做什麼呢？

心腹終於回來了，帶回舅舅的一句話：「安心做一個孝子就夠了，其他的不用考慮。」

這就是舅舅的妙計？

萬一，萬一，有人擁立別的皇子怎麼辦？

李恆焦慮是因為他年輕，舅舅郭釗不焦慮是因為他經歷的事太多了。

宦海浮沉多年，郭釗早就摸清了李唐王朝的脈，如今滿朝文武都心屬太子，皇帝李純也得順應民意。再者，一直為二皇子李惲搖旗吶喊的也只是吐突承璀少數幾個人，應該翻不起什麼大浪。

郭釗看似平靜，實則還是有所擔心，一旦皇帝龍馭賓天，吐突承璀突然發難，偽造先帝遺詔，又該如何處置呢？

看來還是得早作打算。

山窮水盡

時間走到了元和十五年正月二十七日，夜幕降臨。

吐突承璀服侍李純睡下，走出李純居住的中和殿。

中和殿門口，內常侍陳弘志低眉順眼地站著，吐突承璀走上前關照道：「大家最近龍體欠安，好生照料著點。」

陳弘志點了點頭：「中尉大人放心，我等自當盡心盡力，中尉大人早些歇著吧。」

吐突承璀沒再看陳弘志，昂首走了出去。看吐突承璀走遠，陳弘志狠狠啐了一口，發狠道：「死到臨頭了還擺譜，看你不得好死。」

陳弘志轉過身來，一向溫順示人的臉上有了少有的凶相，一道寒光從眼睛中閃過，他慢慢地走了進去。

夜半。

吐突承璀被猛烈的敲門聲驚醒，惱怒至極：「誰啊，大半夜這麼吵？」

「中尉大人，出事了，出大事了。」

吐突承璀披著衣服開了門，叫門的是他的心腹小宦官。

「中尉大人，皇上、皇上，龍馭賓天了。」

吐突承璀身子晃了一晃：「怎麼可能？怎麼可能？」

「陳弘志他們已經封鎖了中和殿不讓任何人出入，夜間在中和殿侍奉的宦官都在傳皇上已經賓天了。」

吐突承璀定了定神，別慌，千萬別慌。

「你火速出宮去把澧王請進宮來。」

打發走心腹，著急的吐突承璀在屋裡轉圈，事發太突然了，居然一點徵兆都沒有。

吐突承璀的眼前浮現出陳弘志那張看似溫順的臉，肯定是他幹的，近幾個月受了陛下的責罵，可無論怎麼責罵都不應該弒君啊。

事情恐怕沒那麼簡單，陳弘志的背後可能還有人。

吐突承璀急忙去找自己的調兵印信，打開放印信的匣子裡面卻是空的。

「啊呀。」吐突承璀頓時坐倒在地。

看來人家早有準備，早把印信偷走了，沒有印信怎麼調兵？

「完了，完了，全被人算計了。」

正手足無措間，澧王李惲到了。

吐突承璀連忙上前抓住李惲的手：「殿下，快走、快走，奔中和殿，成敗就在今晚一搏。」

澧王還是一臉的糊塗，他稀裡糊塗地被小宦官叫進宮，現在又被吐突承璀稀裡糊塗地拉著奔往中和殿。

吐突承璀心裡還打著如意算盤，憑自己在宮中的地位，關鍵時刻打出先皇遺詔的旗號或許還能挽回局面。

一行人跑到了中和殿門口，吐突承璀仗著餘威呵斥守門宦官，守門宦官不敢接話，眼神直往中和殿裡掃。

中和殿裡走出一行人，領頭的是右軍中尉宦官梁守謙。

梁守謙和吐突承璀分任右軍中尉和左軍中尉，同是李純倚重的宦官，平日裡吐突承璀壓梁守謙一頭，現在局面不一樣了。

梁守謙尖聲喝道：「吐突承璀，未經傳召，你來做什麼？」

「梁守謙，你不要忘了我是左軍中尉，跟隨陛下多年，我見陛下還需要傳召嗎？」

「吐突承璀，都山窮水盡了還不忘擺譜，平日裡你是在我之上，可那又怎樣？如今左神策軍你還調得動嗎？你的中尉印信呢？」

吐突承璀強裝硬氣：「中尉印信自然還在我身上，與你何干？」

梁守謙一伸手，身後宦官遞上一枚印信，梁守謙拿在手裡晃了兩晃：「吐突承璀，你看這是什麼？」

吐突承璀臉色大變：「梁守謙，你這個卑鄙小人，竟然背後捅我刀子。」

「吐突承璀，你的好日子到頭了，如今這宮中可不是你說了算。」

吐突承璀猛然大笑：「梁守謙，你想當家作主？還輪不到你。」

吐突承璀往懷中一掏，大喊一聲：「先皇遺詔在此。」

眾人剛欲下跪，梁守謙喝住了：「吐突承璀，你這個膽大妄為的東西，陛下正在寢殿裡休息，你卻說陛下已經駕崩了，你是何居心？莫非你想弒君？給我拿下。」

早有右神策軍將士將吐突承璀扭住，這一幕幕灃王李惲看呆了，到底發生了什麼事？

梁守謙咄咄逼人走了上來：「澧王殿下，深更半夜未經陛下傳召，你到這裡幹什麼？陛下如果知道了會怎麼看你呢？」

李惲唯唯諾諾：「哦，哦，我知錯了，我這就回去。」

吐突承璀心中洩了氣，這個不成器的皇子，關鍵時刻一點都挺不起來。

梁守謙走到吐突承璀面前，一把扯下「遺詔」，展開一看居然是空白的。「吐突承璀，你好大的膽子，敢拿空白詔書冒充先帝遺詔，我看你是活得不耐煩了。」

吐突承璀還想辯解，卻見中和殿裡又走出了一行人，領頭的居然是郭貴妃和太子李恆。

吐突承璀癱軟在地，哎，被人搶了先了。早知道……

郭貴妃站定，威嚴地說道：「陛下龍馭上賓，遺詔著太子李恆於太極殿即位，在此期間右軍中尉梁守謙負責宮廷禁衛，任何人等不得冒犯。」

郭貴妃走到吐突承璀面前：「吐突承璀，十年來你一直與我母子為敵，直到今天你還想扭轉乾坤，你也不思量思量小小的螳螂能否擋住車輪？」

吐突承璀辯解道：「貴妃娘娘，奴才不敢造次，奴才所作所為都是謹遵皇上旨意，奴才從未自作主張。」

郭貴妃心中一寒，她知道吐突承璀說的是實話，但她不能承認，承認了就等於承認皇帝並不寵愛她，而且不中意她的兒子。

「放肆。自己胡作非為，還要栽贓給聖上，拉下去。」

梁守謙使個眼色，神策軍士兵將吐突承璀押了出去，一隊士兵圍著澧王李惲不知道該怎麼辦。

梁守謙大喊一聲：「一塊押走。」

吐突承璀和澧王李惲並肩走在一起，他們知道等待他們的是什麼。

吐突承璀愧疚地流下了熱淚：「對不起，澧王殿下，是奴才連累你了。」

「中尉大人不需抱歉，這個結局小王早就想到了。就算今晚不來，恐怕我也活不過明晚，我和太子注定是一個生，另一個必須死。」

手起刀落，冷月無聲。

新舊更替

第二章

得償所願

中和殿裡只剩下郭貴妃和她的亡夫李純，曾經的結髮夫妻如今陰陽兩隔。

郭貴妃撫摸著李純的臉頰淚水不自主地滑落，一滴一滴落在了李純的臉上，當初舉案齊眉，怎就落到了今天這副田地。

郭貴妃似喃喃自語、似如泣如訴：「陛下，當年臣妾嫁與你看重的是你這個人而不是你的地位，臣妾誠心待你一輩子，你卻像防賊一樣防了臣妾一輩子，臣妾將心都捧給了你，為何就換不來你的真心？咱們的孩子恆兒，滿朝文武都交口稱讚，唯獨你對他一直不滿意。可他是你和臣妾的親生骨肉啊，你怎麼就那麼疏遠他呢？」

一抬眼，郭貴妃看到了鏡中的自己年華已然逝去，白髮也間或出現，三十年的陪伴讓她心累，每天都在跌宕起伏中生活，尤其是最近這一個月。

一個月前，右神策軍中尉梁守謙秘密求見了郭貴妃。郭貴妃一看來人，心中就明白了七八分，此人早不來晚不來，偏偏在皇帝患病時前來，一切似乎已經很明白了。

梁守謙小心翼翼，低眉順眼：「奴才給貴妃娘娘請安，望貴妃娘娘身體安康。」

「中尉大人有心了，本宮在此謝過。」

「貴妃娘娘，奴才聽說最近吐突承璀暗中有所行動，奴才想提醒娘娘要早作提防啊。」

「本宮身在深宮，這些事自不當過問，吐突承璀如有圖謀不軌，自有聖上過問。」

「看來娘娘還是信不過奴才，奴才此來便是為了告訴貴妃娘娘，奴才願為娘娘和太子殿下執馬墜蹬，誰要是跟太子殿下過不去就是跟奴才過不去。」

「哦，如此，本宮便代太子謝過中尉大人了。」

「貴妃娘娘言重了，能為貴妃娘娘效力是奴才的福分。」

「中尉大人，本宮一介女流不宜過問太多，中尉大人可以自處。本宮這裡正好有一件禮物要送給太子舅舅郭釗，有勞中尉大人幫本宮跑一趟。」

梁守謙點頭會意，話說到這個份上，足夠了。

一個月後便迎來了石破天驚的那一晚，看似偶然，實則必然。

元和十五年閏正月三日，郭貴妃的兒子李恆於太極殿登基即位，為父親奉上廟號：憲宗。尊母親郭貴妃為太后，郭貴妃在夫君那裡沒得到的，在兒子這裡徹徹底底地得到了。

於新皇帝李恆而言，多年太子終於熬成皇帝；於老皇帝李純而言，還有太多太多的不捨，還有太多太多的大業沒有完成。

忍字當頭

宮城裡一處深院，剛剛獲封光王的李怡與母妃鄭氏相對而坐。

十一歲的李怡看了一眼窗外，低聲對母親：「母妃，皇兄此番大肆封王有何用心？」

鄭氏輕歎一聲：「還不是想堵上你們的嘴，讓你們都安心做你們的平安王爺。」

「母妃，孩兒這些天一直在想父皇駕崩前後的事情，總覺得事情大有蹊蹺。」

鄭氏臉上一緊，趕緊抬頭看窗外，壓低聲音：「這種事豈能亂講，小心有人大做文章。」

「母妃放心，孩兒事先已經安排侍女在外照應，此刻不會有外人偷聽。孩兒思前想後總是想不明白，即便父皇染病斷不至於這麼快就駕崩，莫非有人對父皇……」

李怡衝鄭氏做了個「殺」的手勢。

鄭氏連忙制止：「怡兒，有些事你心裡明白就行了，斷不可跟外人提及。娘一直讓你對外裝傻，娘知道你裝得很累，可在這皇宮之內乃險惡之地，你必須學會保護自己，不然隨時就有生命之虞。你仔細想想，你除了有一個光王的空頭銜，你還有什麼？怡兒，你一定要記住凡事三思而後行，忍字當先，娘教給你的就只有三個字，忍，忍，忍。」

李怡點點頭：「孩兒明白母妃的苦心，只是孩兒真的不忍心父皇就這麼不明不白地駕崩，依孩兒所見，太后和皇兄恐怕知道駕崩的真相，而且很有可能……」

鄭氏搖了搖頭：「怡兒，你父皇駕崩的真相恐怕朝中一些大臣也能猜得到，只是新皇已經登基，貴妃也成了太后，大局已定了，再說也沒有意義了。」

李怡握緊拳頭，咬牙發狠：「只可惜我現在只是一個光桿王爺，他日我若覓得機會，定為父皇討回公道。」

鄭氏看著李怡，眼神中充滿了期待和愛憐：「怡兒，這件事到此為止，我們心知肚明即可。娘做過太后的侍女知道她的手段，要在她的眼皮底下生存需要低調再低調。你一定要忍，忍常人不能忍，你一定要熬，用時間把他們熬垮。」

李怡明白母妃的苦心：「母妃，你為什麼那麼能忍能熬？」

鄭氏輕聲說道：「以前母妃沒有跟你講過，今天就跟你說個實情吧。一開始娘並沒有進宮，而是被鎮海節度使李錡納為小妾。有人給娘相過面，說娘面相尊貴能生下貴人，娘是不信的，但李錡卻信。他本屬李唐宗室，又當上了鎮海節度使，再加上有人說娘尊貴，他就有點想入非非，以區區鎮海節度使之職就想席捲天下。朝廷很快派兵平叛，李錡兵敗身死，娘也被罰沒入宮。管事的宦官看娘還算機靈，就安排娘去侍奉貴妃娘娘，這一侍奉就是幾年。在貴妃娘娘身邊，娘學到了很多，也見識了貴妃娘娘的手段，在她面前必須小心翼翼，不能讓她挑出一點毛病，不然後果不堪設想。元和四年，你父皇寵幸了我，十月懷胎後我就生下了你。為娘還是跟你沾光才有了個名分，品級也很低，只是個御幸女。這次你獲封光王，我也成了太妃。怡兒，你現在明白了吧，娘這些年來如果娘不忍不熬能活到現在嗎？」

李怡看到鄭氏的眼淚從臉頰滑落，忙不迭拿出手絹為目前拭淚：「母妃放心，孩兒一定謹記母妃教誨，孩兒發誓一定保護好母妃，一定讓母妃將來也能享盡榮華富貴。」

「怡兒，只要你平安就好，其他都不重要。」

詩人元稹

宮城回廊上，幾個宮女正聚精會神地看著一本詩集。

「曾經滄海難為水，除卻巫山不是雲。取次花叢懶回顧，半緣修道半緣君。」

「元稹的詩真是太美了，真想見見他本人長什麼樣子。」

「哦，是嗎？朕也想見見這個元稹。」

宮女們回頭一看，皇帝李恆不知何時已經站到她們身後，趕忙下跪：「陛下萬歲萬萬歲。」

「起來吧。」李恆如沐春風，一臉笑意：「你們也喜歡元稹的詩？」

「回陛下，奴婢也喜歡元稹的詩，尤其這句「曾經滄海難為水，除卻巫山不是雲」真是意境優美、耐人回味。」

李恆依舊掛著笑：「哦，你一宮女，用詞倒是講究，看來也沒少讀詩書。」

宮女壯著膽子回道：「陛下過譽了，奴婢只是粗通文墨。」

李恆意味深長地看了宮女一眼：「哦，不錯。」

李恆轉身離去，幾個宮女拿手指著回話宮女，一臉調皮地壞笑。

李恆偏頭向身邊的宦官：「朕身為太子時就喜歡元稹的詩，很想見他一面，不知他現在何處？」

宦官回應道：「回陛下，元稹現在擔任膳部員外郎。」

「哦，如此大才擔任膳部員外郎，豈不是大材小用。」

李恆欣賞元稹的消息很快傳遞了出去，宦官崔潭峻迅速做出了反應。原來崔潭峻與元稹是舊相識，早在元和年間兩人就在江陵相識，當時元稹擔任江陵士曹，崔潭峻擔任監軍宦官，由於同是從京城到江陵為官，兩人不知不覺就成了至交。現在皇帝欣賞元稹的消息傳出，崔潭峻覺得自己該做點什麼了。

崔潭峻用心整理了一百餘首元稹的詩篇，這些詩或許就是元稹翻身的制勝法寶。詩篇送到了李

恆面前，李恆翻看著詩篇，讚不絕口：「果然是不世出的大詩人，妙，確實是妙。」

李恆叫過身邊的宦官：「傳旨，任命元稹為祠部郎中兼知制誥。」

大詩人元稹接到聖旨時已經四十一歲了，此前已經宦遊二十年。在這二十年裡他先後三次被貶，一貶江陵，二貶通州，三貶同州。經歷了宦海浮沉、嘗盡了人間冷暖、受盡了宦官的毆打，剪不斷的是對亡妻的思念。「曾經滄海難為水，除卻巫山不是雲」，正是他寫給亡妻最長情的告白。

突然的升遷改變了元稹的人生際遇，然而卻改變不了高官們對元稹的冷眼，畢竟元稹長期官階偏低，在高官的眼中他仍是個不入流的角色。元稹不以為意，他為自己活，不為別人的眼光而活。

這天文武百官一起到中書省吃西瓜，元稹也在吃瓜的行列。長期在中樞為官的中書舍人武儒衡冷眼看了看元稹，恰巧有一隻蒼蠅嗡嗡地落到了一塊瓜上，武儒衡一邊揮舞扇子驅趕蒼蠅，一邊念念有詞：「你是什麼東西，怎麼能到這個地方來？」

指桑罵槐，趕著蒼蠅罵著元稹，眾人都聽得出弦外之音，元稹心裡也很明白。這就是官場，沒有和風細雨，有的只是針尖麥芒。

此時旁邊走過來兩位官員，拿著瓜站在元稹旁邊吃了起來，邊吃邊安慰元稹：「他那個人就那樣，別跟他一般見識。」

元稹感激地看了看兩人，一個是翰林學士李紳，另一個是翰林學士李德裕。從此時起，元稹、李紳、李德裕被捆綁上一輛戰車，在以後的日子裡無論高峰還是低谷他們都一起走過。

子曰：「君子矜而不爭，群而不黨。」一說說而已，在官場上你不站隊也得站隊，沒得選。

黨爭初起

第三章

黨爭初起

元稹進入中樞之後，或有意或無意地與李紳和李德裕走得越來越近，他並沒有意識到自己正一步步走進黨爭的深淵，直到無法自拔。

同元稹相比，李紳和李德裕在後世的知名度要低一些，實際上兩人也是當朝知名的詩人，李紳更是知名的憫農詩人。

李紳最知名的詩篇是什麼呢？婦孺皆知。

鋤禾日當午，汗滴禾下土。
誰知盤中飧，粒粒皆辛苦。

沒錯，這正是李紳的詩，他也正因為《憫農》詩被稱為憫農詩人。

元稹、李紳、李德裕的三角組合一度在中樞風光無限，人稱「三俊」。

相比於元稹和李紳，李德裕在詩的造詣上有些差距，不過在他們所處的那個時代李德裕才是真正的風光人物，因為他是領袖，影響力長達數十年的領袖。沒錯，他就是「牛李黨爭」的風雲人物，李黨的黨魁。

李德裕之所以成為黨魁，是因為當年他的父親李吉甫在元和年間埋下了黨爭的種子，身為兒子的李德裕只能在黨爭的路上埋頭向前了。

李吉甫，趙郡（今河北趙縣）人，自幼好讀書，善寫文章。其父李棲筠在唐代宗時代出任御史大夫，李吉甫二十歲憑藉門蔭入仕，之後一步一腳印在元和年間當上了宰相。出任宰相之前，李吉甫名聲頗好、聲望極高。然而出任宰相之後，李吉甫變了，變得患得患失，將宰相之位看得極重。

唐憲宗元和三年，皇帝李純詔舉賢良，進士牛僧孺、李宗閔、皇甫湜一起參加了這次考試，他們在試卷中汪洋肆意、針砭時弊，對朝政指指點點毫不留情。牛僧孺和李宗閔一腔熱血，一身本事要賣予帝王家，他們的高談闊論受到了學子們的認可，也得到了主考官們的認可，更得到了當朝宰相李吉甫競爭對手的認可。

經過層層推波助瀾，牛僧孺和李宗閔的試卷被當朝宰相李吉甫看到了。宦海浮沉多年，當宰相是李吉甫的人生最高目標，現在宰相當了沒多久就被牛僧孺、李宗閔這些進士們指摘得一塌糊塗，牛僧孺和李宗閔以為只是針砭時弊對事不對人，而在李吉甫來看這就是打自己的臉。

李吉甫的患得患失讓自己掉進了漩渦，他不能忍受牛僧孺和李宗閔的挑戰，他必須反擊。要反擊就必須抓住把柄，當然只要用心找雞蛋裡還是能找出骨頭的。李吉甫經過研究發現，與牛僧孺、李宗閔一起參加考試的還有一個叫皇甫湜的考生，皇甫湜恰好是主考官的外甥，而主考官事先沒有就甥舅關係做出聲明也沒有選擇回避，這不是徇私舞弊是什麼呢？

經過李吉甫上下其手，幾個主考官紛紛被貶出長安，牛僧孺和李宗閔雖然沒有被貶，但長久不能得到重用，他們在李吉甫有生之年升遷無望，前景一片漆黑。

樑子就這麼結下了，當李吉甫之子李德裕走進帝國中樞之後，他繼承了父親的能力也繼承了父親的器量。牛僧孺和李宗閔以為事情就這麼結束了，但李德裕認為事情沒完，雖然父親已經在元和年間暴卒，但自己一定要給當年挑戰父親的那些人一點顏色看看。

李德裕並不是一個人在戰鬥，他的身邊也有同盟，李紳和元稹。

李德裕一直在尋找機會，皇天不負有心人，他很快地找到了。

長慶元年，長安城內舉行了一場文官考試，歷來文官考試都不消停，這一次同樣如此。

為了讓自己的子弟榜上有名，大唐上下的高官們都行動了起來，紛紛給主考官寫推薦信，請其在適當的時候照顧一二。主持考試的是禮部侍郎錢徽和右補闕楊汝士，給他們寫推薦信的高官名單很長，有西川節度使段文昌，翰林學士李紳等人。

在眾人的盼望中榜單出來了，段文昌和李紳一下子跳了起來，他們推薦的人全都沒有上榜。不公平，絕對不公平。絕對有黑幕。

段文昌眼光上下逡巡發現了問題，上榜名單上有一些熟人：諫議大夫的弟弟；河東節度使的兒子；中書舍人李宗閔的女婿；主考官楊汝士的弟弟。

哦，原來這是一場拼爹、拼哥、拼岳父的考試，沒有公平而言。

段文昌立刻參了主考官錢徽和楊汝士一本，皇帝李恆坐不住了，他身為皇帝必須做出回應。

李恆召來了一眾翰林學士詢問，沒想到李德裕、李紳以及元稹異口同聲：「陛下，段文昌說的對，今年禮部舉行的考試確實有失公平。」

三個人各有立場，但目的只有一個，整人。

李德裕要整的是李宗閔，這個人是父親的死敵，那麼也就是自己的死敵；元稹要整的也是李宗閔，兩人同在中樞卻相互看不上，矛盾重重；李紳要整的是主考官錢徽，明顯不拿自己當幹部，生生讓自己推薦的人落選。

三人成虎，更何況還有西川節度使段文昌上竄下跳。

李愼震怒之下將兩位主考官貶出了長安，女婿上榜的李宗閔也受到了懲處，被貶出長安出任開縣縣令。

李德裕達到了目的，卻沒有想到就此徹底拉開了黨爭的大幕，從此李德裕為一黨，李宗閔與同受李家排擠的牛僧孺為一黨，牛李黨爭就此闖入唐朝的歷史，融進了王朝的血脈。從此時一直到唐朝滅亡，牛李黨爭的印記始終如影隨形，始作俑者李德裕該發表一篇什麼樣的獲獎感言呢？

很多人天真地以為牛李黨爭或許代表著唐朝的民主達到了一定的程度，實則不然。中國歷史上的黨爭與現代政黨的相互競爭完全不同，黨爭更多的是結黨營私拉幫結派，凡是對方反對的就是本方支持的，而凡是本方支持的又必然是對方反對的。

現代政黨競爭可以對事不對人，而黨爭則完全是對人不對事。於個人言，個人命運跌宕起伏如坐過山車；於王朝言，紛紛擾擾、一團亂麻，如同隱而未發的致命病毒，看似風平浪靜，實則早已沉疴在身。

不孚眾望

第四章

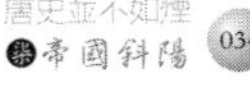

資質平平

不孚眾望和不負眾望是兩個詞，不過要說清楚兩者的區別還是需要一點語文功底。前者是說不能使大家信服，未能符合眾人的期待，後者是說沒有辜負眾人的期待，兩相對比可以發現前者是貶義，後者是褒義。

那麼費盡千辛萬苦才登基成功的皇帝李恆屬於哪一種呢？

原本眾人以為他會不負眾望，後來眾人發現李恆屬於不孚眾望，他沒能對得起眾人的期待。

回望李恆的登基之路，他走得無比艱難，原本早早就可以當上太子，卻因為父親忌憚外祖家的勢力拖延不決，最終以長幼有序為名立了皇長子李寧。兩年後李寧早逝，李恆以為這一次該立自己了，不料父親還是想照方抓藥冊立二皇子李惲。若不是李惲生母身分過於低微，這次照方抓藥有可能會成功。支持他們的大臣們在李惲的生母身分上大做文章，縱使皇帝李純想獨斷專行，他也需要考慮滿朝文武的意見。

在君臣角力拉鋸中，李恆得立太子，但他始終感覺自己的太子頭銜前還有兩個字——臨時。

李恆的憂慮無法排解，他不知道誰能給自己一顆定心丸。

回想這幾年母妃的遭遇，李恆有些洩氣。以母妃的身分和資歷，在父皇登基時就應該被冊立為皇后，然而父皇卻遲遲不立。元和八年，大臣們又一次紛紛上疏請求冊立貴妃為皇后，父親便採用拖延戰術：「今年已是年尾不宜立后，明年是甲午年也不宜立后，此事日後再說吧。」

從元和元年到元和八年，再從元和八到元和十四年，立后的奏疏此起彼伏卻始終換不來父皇的千金一諾。

「說到底，父皇還是信不過母妃。」李恆長歎一聲。

錯失好局

直到元和十五年正月，李恆終於不再是隨時有可能倒臺的臨時太子，他終於登基成了皇帝。

在他登基之前，大臣們以為他會是一個有為皇帝，然而真正登基之後，大臣們悲哀地發現這是一個與其父相去甚遠的皇帝，如果說他的父親大有作為，那麼他屬於沒有作為。

蒼龍誕下了跳蚤，雄鷹孵出了小雞，遺傳這件事挺不靠譜。

李恆接手時擺在他面前的是一盤好棋，同時也是一盤波譎雲詭的棋，這盤棋的棋手原本是他的父親——唐憲宗李純，按照李純的規劃，河北藩鎮不久就將徹底歸順中央，安史之亂後的藩鎮割據有望徹底終結，到那時大唐王朝重歸一統，全面復興指日可待。

可惜天不假年，陳弘志和王守澄這些宦官痛下殺手，早早結束了李純的棋手生涯，剩下這盤大棋只能由稚嫩的棋手李恆來下了。

李恆會怎麼下這盤棋呢？

得過且過，走一步看一步。高手下棋，走一步需要提前看十步，臭手下棋，走一步看一步，直到自己的大龍徹底被屠才恍然大悟，哦，原來我要輸了。

原本在李純的霹靂手段之下，河北藩鎮已經不敢再自說自話地割據，在元和年間凡是與朝廷及皇帝李純作對的人最終大多身首異處，河北藩鎮與朝廷的武力對比已經發生了逆轉，再也不可能像以往一樣搞獨立王國了。

李純一面打、一面拉，在他的運籌之下河北藩鎮相繼表示臣服，願意接受朝廷指派節度使到藩鎮鎮守，這是破天荒的一次，也是絕無僅有的一次。抓住這次機會，江山有望重歸一統；抓不住這次機會，江山永無寧日。

向左還是向右，新皇帝李恆走上了十字路口。

如果他有其父的能力，他有機會在父親打下的基礎上實現比父親更多的成就。可惜他不是孫仲謀，他無力維持既有的局面，也無力開創新局面；可惜他連曹丕都不是，做不成有為皇帝，連守成皇帝也做不到，形勢大好的棋局讓他搞得滿盤皆輸。

即位後的李恆在做什麼？他在對皇太后盡孝、他在享受皇帝的排場，他的心思只限於小小的皇宮內，至於天下離他還有些遠。

對於一個王朝而言，持續的時間或長或短，但決定王朝命運的走勢往往是短暫的剎那。這一次留給李恆的時間說長不長、說短不短，前後有幾個月的時間。幾個月對於老皇帝李純來說足夠了，而幾個月對於新皇帝李恆來說太短了。

就在這新舊交替的幾個月，河北藩鎮翹首以待新的節度使到任，同時也期待著朝廷用於安撫的賞銀及時到位。歷史留給唐朝扭轉命運的時間就是這幾個月，李恆一揮手，錯過了。在這幾個月中，派往河北藩鎮的節度使要麼所託非人，要麼亂點鴛鴦譜，而河北藩鎮所期待的賞賜也遲遲沒有下發。

耐心一點一點被時間磨光耗盡，河北諸藩鎮對新皇帝漸漸死了心，我本將心向明月，奈何明月照溝渠，算了，不歸順也罷。

耐心耗盡，圖窮匕見，久久看不到皇帝誠意的河北藩鎮終究與朝廷撕破了臉，有的將新任節度使斬殺，有的將新任節度使囚禁，原本拋向朝廷的橄欖枝變成了殺氣騰騰的刀鋒，河北藩鎮再次走回地方割據的老路，唐憲宗李純前後十五年的努力毀於一旦。

回過頭看憲宗李純對藩鎮的手段，可以說是武力震懾加和平贖買的雙重疊加，在他的運作之下已經卓有成效，如果繼承者們照方抓藥，大唐王朝可以看到療效，可惜他的繼承者錯過了時機，大唐王朝也錯過了全面復興的最佳時機。

離奇中風

即便錯過了復興的時機，李恆也沒有過多在意，錯過了就錯過了，以後再說。

時間走到了長慶二年冬季，李恆還在自我感覺良好中度日，他再一次不顧群臣反對，自顧自地陪同郭太后到了驪山腳下的華清宮。

因華清宮乃榮華之地容易滋生皇帝惰性，再者華清宮離長安城尚有一些距離，沿途存在安保隱患，因此群臣都反對皇帝前往華清宮。李恆卻不以為意，他說去清華宮是為了陪太后，李恆打著太后的旗號又一次前往華清宮，他不知道這竟然是他最後一次前往華清宮，也不知道他的生命已經進入倒數計時。

從華清宮回到長安的第九天，李恆召集了一場馬球比賽，在唐朝打馬球是貴族的時尚運動，據歷史記載唐玄宗李隆基就是一位打馬球的高手，而現任皇帝李恆以及他的兒子們也是打馬球的高手，他們對馬球的熱情甚至超過了朝政。

李恆正在場上縱橫捭闔，耳畔是一片片喝采聲，李恆在屬下的襯托下成了場上最耀眼的明星球員，他喜歡這種讓他很有成就感的感覺。李恆驅馬向前衝鋒，他的眼前出現了一個小宦官，小宦官作勢要攔截皇帝，通常他們都是虛張聲勢哄皇帝開心，讓皇帝產生自己是馬球天才的錯覺。正當小宦官要接近皇帝時突然墜馬了。

小宦官不是簡單地墜馬，他墜馬的過程極其詭異，如同神秘空間裡飛來一記重錘將小宦官重重地砸落馬下。讀者可以自行腦補一下武俠電影裡大俠一腳踹飛壞蛋的場面，總之小宦官的墜馬很有畫面感，似乎有天外飛仙將他擊落馬下。

落馬的小宦官並無大礙，目睹這一過程的皇帝李恆卻意外中招，他被這詭異的一幕驚嚇過度居然中風了。眾人趕緊上前將皇帝抬回了寢宮，氣氛頓時緊張了起來。

在接下來的幾天裡，李恆一直臥病在床，不能走路、不能說話，群臣無法見到皇帝，上奏的奏疏也遲遲得不到批覆。

右僕射裴度坐不住了，他幾次上疏請求皇帝早日確認太子以安民心。

十天之後，皇帝李恆終於露面了，宦官們用繩編的椅子將他抬上了紫宸殿，這是十天來群臣第一次見到皇上本尊。

氣氛凝重起來，宰相李逢吉走了出來，他要做什麼？

李逢吉出自隴西李氏，以明經中舉又擢進士第，元和年間做過皇太子侍讀，長慶年間爬上了宰相之位。李逢吉很有手腕，其上位宰相的過程堪稱經典。

原本元積在長慶年間出任宰相，但元積度量有限，生怕有朝一日更有威望和戰功的裴度會奪去自己的宰相之位，因此私下裡多次針對裴度拆他的臺。裴度宦海浮沉多年，一眼便看透了元積的花招，隨即上疏彈劾元積，兩人你來我往，矛盾便暴露在群臣面前。

長於手腕的李逢吉抓住了機會，他指使人造了一個謠言：「有人想替元積刺殺政敵裴度」。一個謠言將元積和裴度都裝了進去，雖然謠言經查實是妄言，但兩人的矛盾終究是朝野皆知，皇帝李恆一狠心將兩人都免去宰相之位，這樣宰相的位置就有了空缺。與李恆有過師生之誼的李逢吉就此上位，成了群臣之首的宰相。

此時李逢吉站到皇帝面前，他會說什麼呢？

「陛下，景王（李恆嫡長子李湛）漸已成年，請冊封為太子。」

李逢吉說這話有風險嗎？要說有也是有的，要說沒也是沒的。

雖說臣子不能過多參與立儲，但身處官場多年的李逢吉深知其中奧妙。景王李湛早已是眾人看好的太子人選，又是嫡長子，此時建言立李湛為太子，皇帝李恆非但不會反感，景王李湛更是會對李逢吉感恩戴德，這是一個有百利無一害的建言。

右僕射裴度冷眼看了看李逢吉，心中恨恨：「這個老狐狸。」

李恆此時還不能說話，便點點頭表示同意。

實際上，李逢吉從不打無準備之仗，早在他建言之前與他相熟的宦官早就暗地裡試探過皇帝的態度了，等宦官將話傳了出來，李逢吉已經有必贏的信心。

眼見李逢吉賣了好，裴度只能緊跟著表態：「那麼就請陛下正式下詔冊封太子，以安天下民心。」

眾人鬆了口氣，儲君終於定了。

之後的幾天眾人又鬆了口氣，皇帝慢慢恢復了，可能用不了多久又能打馬球了。

來去匆匆

第五章

不買帳

時間走進了長慶三年，這是李恆生命中最後一個整年，他注定是一個來去匆匆的過客，他的宰相李逢吉也是宰相位置上的匆匆過客。

李逢吉在算計中爬上了宰相之位，同時也在用算計的手法尋找搭班子的人。

同僚之中，該選誰跟自己並肩作戰呢？

進入李逢吉視野的有兩個人，一個是戶部侍郎牛僧孺，一個是浙西觀察使李德裕，兩人都具備宰相之才，都有出任宰相的聲望，該選誰呢？李逢吉知道這二人各有自己的陣營，選哪個都會得罪另外一個陣營，如何才能將自己的風險降到最低呢？

李逢吉冥思苦想，想起了一件往事。

時任司徒的韓弘有一個兒子叫韓公武，韓公武當時的職位是右驍衛將軍。為了保住爺倆的富貴，韓公武在京城裡扮演起送財童子，將父親在地方官任上搜刮來的錢財拿出一部分，一一送給關鍵位置上的關鍵人物。於是父子倆在有生之年享盡了榮華富貴，最後也都安全地入土為安。

韓公武早逝，沒過幾年其父韓弘也去世了，偌大的家業落到了韓公武年幼的兒子手裡。由於孩子年幼，打韓家家產主意的人不在少數，有管理家產的奴僕，也有與韓家有接觸的地方官員，不久各方就為了利益打得不可開交。

各方爭奪韓家家產的新聞傳入皇宮，皇帝李恆於心不忍，不能眼睜睜看著重臣的子孫受人如此欺凌，不如將韓家所有財產清單造冊送入皇宮，由皇帝本人過目並加以保護。與韓家財產清單一起進宮的還有一本神秘的帳冊簿，上面清楚地記載著某年某月送給某某官員多少錢，說白了就是一本行賄帳冊。

李恆翻著帳本，臉色越來越難看，突然眼前一亮跳了起來，將手中的帳冊往宦官手中一放：「看看，看看，朕就說朕不會看錯人吧。」

宦官順著皇帝指的地方一看，上面赫然寫著「某年某月某日，送戶部侍郎牛僧孺錢一千萬拒而不收」。

宦官們一邊恭維皇帝，一邊將牛僧孺的名字記到了心裡，經過口耳相傳，「皇帝欣賞牛僧孺」的消息便不脛而走。想到這一層，李逢吉不糾結了，這不是和尚頭上的蝨子，明擺著嘛。

在李逢吉的推舉下，牛僧孺由戶部侍郎轉任中書侍郎，進入宰相行列。遠在浙西的李德裕聽到消息眉頭一緊，他知道自己以後的日子將會更加難過，本來牛李二人都有望出任宰相，現在宰相之位落入牛僧孺之手，將來還有自己的好果子吃嗎？

一定是李逢吉故意排擠，一定是牛僧孺與李逢吉沆瀣一氣，這是什麼世道，讓小人得志，讓君子屈才。李德裕心中忿恨卻不能表達，熬吧，用時間去證明自己，用耐心去打敗敵人。

李逢吉不去理李德裕的忿恨，他還有更重要的事情要做，在他的視野中還有一個人必須排除掉，此人不被清理出中樞，他將永無寧日。讓李逢吉坐立不安的是憫農詩人李紳，滿朝官員都買李逢吉的帳，偏偏只有李紳不買帳。

前面說過李紳與元稹、李德裕曾經都是翰林學士，三人既有同僚情誼，又有詩人之間的惺惺相惜，眼看元稹和李德裕先後被整，李紳不免有兔死狐悲之感。李逢吉上位之後便與知樞密宦官王守澄勾結到了一起，這讓李紳對李逢吉鄙視到了極點。

堂堂大唐宰相居然對宦官投懷送抱，成何體統？

從此李紳堅定地站到了李逢吉的對立面，誓與李逢吉鬥爭到底。

起初李逢吉不以為意，他沒把李紳放在眼裡。時間一長，李逢吉發覺有點不太對勁，以往自己遞給皇帝的公文草稿以及人事任免很快就會得到批覆，而且幾乎是不打折扣地准奏。這段時間完全大變樣，皇帝批覆的公文以及人事任免令上多了很多指摘，而且批覆的結果都大打折扣，有的甚至全盤否定。前後為何有如此巨大的反差？

李逢吉通過宮中的朋友一打聽，原來是李紳在搗鬼。

有唐一代翰林學士的作用時大時小，皇帝充分信任宰相時，翰林學士對朝政幾乎不起作用，而當皇帝並不十分相信宰相時，翰林學士就起到了制衡宰相的作用。翰林學士李紳能對宰相李逢吉的奏疏上下其手，根源就在於這個制衡體系。

讓李紳更有底氣的是皇帝李恆對他非常信任，因此他有恃無恐地與李逢吉徹底槓上了。

借力打力

宦海浮沉的李逢吉陷入沉思，他該如何搬開這塊絆腳石呢？想挪開李紳這塊絆腳石沒那麼簡單，因為他的背後站著的可是皇帝。必須用一個妙招，隔山打牛，借力打力。

李逢吉將滿朝官員的名字在心中過了一遍，最後鎖定了一個名字——韓愈。

韓愈，唐宋八大家之首，之前有出過場，當時他上疏勸說皇帝李純將佛骨舍利付之一炬，差點被盛怒之下的皇帝殺掉，最終逐出長安貶往瘴癘之地潮州。

韓愈在潮州前後只待了八個月，他用八個月的時間將自己的名字寫進了潮州的歷史，代代相傳、生生不息，「八月為民興四利，一片山水盡姓韓」。在這八個月中，韓愈關心農桑、興學延師，用自己的俸祿作為潮州教育的發展基金，大膽啟用趙德主持潮州學政，後者在韓愈離任後繼續韓愈未竟的事業，終成潮州唐宋八賢之首。

據地方志記載，自韓愈離開潮州之後的千餘年來，潮州的山水紛紛易姓為韓，如韓江。在古代因灘石險惡，且有鱷魚出沒傷害人畜，故稱為「惡溪」、「鱷溪」，「自韓公過化之後，江故名惡溪，改曰韓江。」「韓山，在城東，即文筆山……又名雙旌。唐韓愈嘗覽其上，邦人思之，名曰韓山。」還有韓山上的韓木，筆架山上的韓文公祠，已成千古奇觀。以八月之治而令江山易其姓，為中華文化增添一個深邃的歷史之謎。

值得一提的是，韓愈在潮州還留下不少名篇，其中《祭鱷魚文》堪稱其中的經典，這篇散文既顯示了韓愈的功力，也顯示了韓愈的幽默感。

《祭鱷魚文》 韓愈

維年月日，潮州刺史韓愈，使軍事衙推秦濟，以羊一豬一，投惡溪之潭水，以與鱷魚食，而告之曰：昔先王既有天下，列山澤，罔繩擉刃，以除蟲蛇惡物為民害者，驅而出之四海之外。及後王德薄，不能遠有，則江、漢之間，尚皆棄之以與蠻夷楚越，況潮嶺海之間，去京師萬里哉？鱷魚之涵淹卵育於此，亦固其所。今天子嗣唐位，神聖慈武，四海之外，六合之內，皆撫而有之，況禹跡所揜，揚州之近地，刺史、縣令之所治，出貢賦以供天地宗廟百神之祀之壤者哉？鱷魚其不可與刺史雜處此土也。

刺史受天子命，守此土，治此民，而鱷魚睅然不安溪潭，據處食民畜，熊豕鹿獐，以肥其身，以種其子孫，與刺史亢拒，爭為長雄。刺史雖駑弱，亦安肯為鱷魚低首下心，伈伈晛晛，為民吏羞，以偷活於此邪？且承天子命以來為吏，固其勢不得不與鱷魚辨。

鱷魚有知，其聽刺史言：潮之州，大海在其南。鯨鵬之大，蝦蟹之細，無不容歸，以生以食。鱷魚朝發而夕至也。今與鱷魚約，盡三日，其率丑類南徙於海，以避天子之命吏。三日不能，至五日；五日不能，至七日；七日不能，是終不肯徙也，是不有刺史聽從其言也。不然，則是鱷魚冥頑不靈，刺史雖有言，不聞不知也。夫傲天子之命吏，不聽其言，不徙以避之，與冥頑不靈而為民物害者，皆可殺。刺史則選材技吏民，操強弓毒矢，以與鱷魚從事，必盡殺乃止。其無悔！

韓愈的核心意思是給鱷魚七天時間自行離開，否則嚴懲不貸。歷史傳說給了一個皆大歡喜的結尾，鱷魚們在七天內真的自行離開了，從此潮州再沒有鱷魚傷人之患。歷史傳說可能是為了將韓愈神化，於是就加了這個美好的結尾。

李逢吉選擇韓愈並不是看重他能驅逐鱷魚，而是看重韓愈的火爆脾氣。

此時的韓愈正擔任京兆尹管理京城。禁軍六軍聽說他上任京兆尹，紛紛相互提醒：「以後收斂點，這可是個狠角色，敢勸說皇帝燒佛骨舍利，千萬別栽他手裡。」

韓愈成為李逢吉的一顆棋子，非但李紳也不知情，連韓愈也不知情。

李逢吉看到御史中丞出缺，便熱情地推薦李紳出任御史中丞，這樣李紳就成了御史臺的二把手，僅次於御史大夫。

那麼御史大夫是誰呢？李逢吉推薦韓愈兼任御史大夫。要命就在這個「兼任」二字上。韓愈雖是御史大夫，但他的正職是京兆尹，御史大夫只是兼任，這樣御史臺實際負責的就是御史中丞李紳。

恰恰韓愈和李紳又面對一條慣例——新任京兆尹需要到御史臺參見，以便日後好開展工作。然而韓愈本身就兼任御史大夫，這個慣例就變得模稜兩可了。

在韓愈看來，雖然新任京兆尹需要到御史臺參見，但自己本身就兼任御史大夫，參見一事就免了吧；在李紳看來，雖然韓愈兼任御史大夫，但你的正職是京兆尹，該遵守的慣例還是得遵守。

兩個官員，兩種解釋方式，兩個直筒子脾氣，你不讓我、我不讓你，二人唇槍舌劍，公文往來打起了筆墨官司，火藥味越來越濃。兩人不和的傳聞傳到了李逢吉的耳中，李逢吉詭異地一笑，兩個棒槌中計了。

李逢吉按照當年整元稹和裴度的路數照方抓藥，又給皇帝李恆上了一份奏疏：李紳與韓愈關係不睦，無法合作。

皇帝李恆再次頭疼起來，怎麼淨是官員不和的消息，那就把他倆分開，別合作了。李逢吉按照皇帝的意思很快做出了人事調整，任命韓愈為兵部侍郎，李紳則被貶出長安，出任江西觀察使。

事情走到這一步，李逢吉總算如願了，不過他千算萬算還是漏算了一步——縱使被打壓，韓愈和李紳還是有機會見到皇帝。幾天後，韓愈和李紳一起到皇帝面前謝恩，像他們這種級別的官員得到新的任命後，依照慣例需要到皇帝面前謝恩然後再上任。

曾經鬥得難解難分的兩人不再鬥了，他們規規矩矩地站在皇帝面前。

李恆不無惋惜地看著兩人，都是一等一的人才怎麼就不能攜手共進呢？

李恆試探著問道：「卿等二人皆是本朝重臣，何故水火不容？」

韓愈和李紳對視了一眼，竹筒倒豆子說出了自己的委屈。兩人把話說完，三個人都明白了，他們都被當朝宰相李逢吉蒙在了鼓裡。

李恆眉頭緊蹙，心中歎息，「如此肚量，怎麼能當宰相？」

李恆按下心中不滿，先給這次韓李爭鬥劃了一個句號，任命韓愈為吏部侍郎，李紳為戶部侍郎。

韓愈和李紳謝恩離去後李恆若有所思。自從接過帝國的千斤重擔之後，他也想努力但天不遂人願，河北藩鎮降而又叛，割據之勢已無法控制，朝中大臣相互傾軋，黨爭苗頭已起，如此下去，可如何是好呢？

是時候該好好地整頓一下了。

廟號穆宗

長慶四年正月初一，李恆登含元殿主持元旦朝會，他相信新年新氣象，今年一定比往年更好。

對別人而言，有可能一年比一年好，但對李恆來說，留給他的時間已經不多了。這段時間以來，李恆能感覺到自己的身體在拉警報，健康情況每況愈下，時常有力不從心之感。這一切都是前年中風的後遺症。前年那次中風看似已逐漸康復，但一切都只是表象，李恆的病沒有去根，隨時有復發的危險。李恆想到了他父親曾經吃過的仙丹。

身邊的宦官馬上行動了起來，熱情地向皇帝引薦一個個能煉出仙丹的方士與和尚。得到引薦的方士和尚們迅速地行動了起來，他們堅信自己的仙丹能夠幫助皇帝延年益壽。

人在看到利益時往往不計後果，也會故意忽略利益下掩蓋的危險。僅僅四年前，幫助皇帝煉丹的方士柳泌被亂棍打死，柳泌的引薦者左金吾將軍李道古被貶為循州司馬，引導憲宗李純走上煉丹之路的宦官張惟在史書上沒有留下結局，按常理推測結局肯定是不會太好。殷鑒不遠，但真正能吸取前世經驗的人少之又少，方士和尚們如此，夢想延年益壽的皇帝也如此。

李恆同他的父親一樣，在生命的最後時光走上了服用仙丹之路。長慶四年正月二十日，李恆舊病復發，留給他的時間過去論天，現在論秒了。

消息傳到郭太后那裡，太后的眼淚就像斷了線的珠子。她的眼前浮現出過往的一幕幕，母子倆相依為命好不容易熬到了撥雲見日，這才幾年新皇帝馬上就要不行了。郭太后心中默默盤算，自己在德宗朝出生、成年、出嫁，在順宗朝成為太子妃，在憲宗朝成為貴妃，現在是太后，眼看就即將成為太皇太后。對於一個女人而言，這是幸還是不幸呢？

「回太后，宦官王守澄求見。」管事的宮女稟告道。

郭太后點點頭，管事宮女機靈地出去引王守澄進來。

「奴才見過太后。」

「王公公不必多禮，起來吧。」

「太后，奴才此來，有些話不知當講不當講？」

「公公不必拘禮，但說無妨。」

王守澄壯著膽子，低眉看著郭太后：「太后，如今皇帝龍體欠安，奴才等合計了一下，太后得早作打算，太子如今年幼，太后不妨臨朝稱制以安天下人心。這不，奴才把詔書都帶來了。」

王守澄說罷便把詔書遞給管事宮女，只要郭太后將太后寶印一蓋，臨朝稱制就得以實現了。

郭太后心中一凜，厭惡之意已從心底起，不過當此多事之秋不能流露，便軟中帶硬說道：「昔日武后臨朝稱制幾乎顛覆社稷。我家世代忠義不是武氏所能比的。太子雖然年少，但只要有賢德宰相輔佐，你們不干預朝政，何患國家不安寧。自古哪有女子為天下之主，而能達到太平盛世的？」

郭太后一把扯過詔書，將詔書撕碎摔到地上。王守澄臉上紅一塊、白一塊，不知該如何回話。太監就是太監，人家自己家的江山輪得到你指指點點？

長慶四年正月二十二日，皇帝李恆在寢殿賓天，享年二十九歲，廟號穆宗。盼了多年、想了多年，誰想到皇帝寶座還沒坐幾年就追隨父親而去，如果可以選擇他還會對儲君之位那般輾轉反側嗎？

李恆注定是一個來去匆匆的皇帝，在位四年沒有留下屬於自己的痕跡，他只知當孝子，卻不知如何當一個合格的皇帝，短短四年就把自己的身體搞垮，把偌大的江山留給母親和年幼的兒子們。

頑童李湛

第六章

李紳倒臺

長慶四年正月二十三日，宰相李逢吉被任命為攝塚宰，這個任命表明李唐王朝將重任壓在了李逢吉身上，希望他能輔佐新皇帝盡快走上正軌。

正月二十六日，皇太子李湛在太極殿東廂登基稱帝，這是李唐王朝第十六任皇帝，也是郭太皇太后經歷的第五朝，這會是郭太皇太后經歷的最後一朝嗎？

走著看吧。

登基時，李湛十五歲，按照現在的標準就是一個高中生，指望一個高中生有太大的作為是不現實的，現實的是看這個高中生夠不夠上進。登基後的李湛沒能給朝臣留下驚歎，只有搖頭。僅僅在登基後的幾天內，李湛對喜愛的宦官大發愛心，今天賜穿綠色官服，明天又賜穿紅色官服，在他眼中官服似乎如同戲服，想怎麼穿都行。

沒有皇帝應該有的持重，有的只是一顆愛玩的心。趁著小皇帝年幼，宰相李逢吉看到了自己的機會。一人之下、群臣之首的攝塚宰，此時不抓住機會，更待何時？

李逢吉將矛頭再次指向了李紳，寵信你的皇帝已經賓天了，新皇帝更信任我，你這個喪家犬還怎麼跟我鬥？

李逢吉再次開始尋找棋子，這一次他又有了新發現。

李紳的堂侄李虞在文學界享有盛譽但自命清高，一向標榜自己無意於仕途，常年在華陽川隱居。李紳對於這個堂侄有所了解，他一直懷疑李虞表面無心仕途，實則欲擒故縱、待價而沽。

果然如李紳所料，李虞並非清心寡欲。不久李虞的一位堂叔李耆出任左拾遺，李虞便迫不及待地給堂叔寫了一封信，請求李耆推薦自己步入仕途。鬼使神差，可能送信人記錯了人名，把本該給堂叔李耆的信送到了堂叔李紳那裡。李紳接信一看哈哈大笑，我這大侄子果然是故裝清高，這不低三下四請求別人推薦了嗎？

李紳性格耿直，更有文人相輕的通病，急三火四地給堂侄李虞回了封信，信中充滿了對李虞的譏諷。這還不算完，李紳還把李虞寫信求官的糗事宣揚了出去，這下華陽川隱士的面具被揭穿了，而李紳與李虞的叔侄關係也到頭了，接下來二人不再是叔侄，而是死敵。

李虞不甘心白白受辱，他根據朝中的傳聞推定李逢吉是李紳的死敵，本著敵人的敵人就是朋友的原則，李虞來到了李逢吉的府上，將李紳曾經私下評論李逢吉的話添油加醋地告訴了李逢吉。

李逢吉心中的怒火又被澆了一桶油，一不做二不休，指使李虞聯合右補闕張又新以及張又新的侄子、前河陽掌書記張仲言組成了扳倒李紳小組，主要任務就是查訪李紳的短處然後將之公布於眾。

經過三人不懈地努力，李紳在朝中的聲望越來越低。三人在散布流言的同時又散布了一個升級版流言——李紳經常探查士大夫的聚會，動輒認定結黨營私然後向皇上稟告。升級版的流言極具殺傷力，士大夫們由此談李紳色變，誰也不願意跟一個動輒告密的人共事，還是敬而遠之吧。

李紳被徹底孤立了，身邊沒有剩下幾個能說話的人。

即便如此李逢吉還是很忌憚李紳，既然李紳已經成了落水狗，那麼就一定要痛打，不能給他反擊的機會。李逢吉思慮半天，必須再次下手，不能讓新皇帝重用李紳。一旦新皇帝召見群臣，李紳就有機會見到皇帝，兩人萬一有了交流，後果便不堪設想。必須徹底阻擋皇帝與李紳的聯繫，必要時可以痛下殺手。李逢吉在宮中是有朋友的，王守澄就是他的朋友之一。李逢吉將自己的想法說給了王守澄聽，王守澄輕輕點點頭，小事一樁。

王守澄抓住機會跟李湛說了一句看似輕描淡寫、實則雷霆萬鈞的話：「陛下之所以能成為儲君，這過程奴才心裡跟明鏡似的，這一切都是李逢吉的功勞。至於杜元穎、李紳那些人，他們都想擁立深王。」

深王李悰是憲宗李純的兒子，前任皇帝李恆的弟弟，如果李悰即位就是「兄終弟及」，「兄終弟及」在中國歷史上出現過，只要支持的力量夠大並非沒有可能。王守澄如此說就是把李紳往死路上逼。王守澄與李逢吉將李紳架到了擁立深王的位置上，李紳危矣。

在王守澄之後又有人上疏彈劾李紳，依舊是指責李紳曾經意圖擁立深王。李逢吉盤算著時間，估計火候已到，又遞了一封奏疏上去：李紳想對陛下圖謀不軌，陛下須早做防範。

倒李紳運動進展到這個地步，小皇帝李湛不表態是不行了，李湛再三詢問之後終於做出了決定，貶戶部侍郎李紳為端州司馬。

戶部侍郎位高權重，而端州則位於今天廣東省肇慶市，那兒盛產硯臺，史稱端硯。唐時的端州山高水長，尚未完全開發，端州司馬只是無足輕重的州府軍務秘書長。

即便如此，李逢吉還不準備放過李紳，指使張又新每天上一封奏疏，強烈要求處死李紳以絕後患。李湛被張又新的奏疏煩到受不了，終於承諾將處死李紳。滿朝寂靜，沒有人替李紳說話，他們都知道這一次攝塚宰李逢吉要徹底置李紳於死地。

關鍵時刻還是有人替李紳說了話，翰林侍讀學士韋處厚是唯一一個替李紳說話的人，他上疏寫道：李紳被李逢吉的黨羽讒言攻擊，滿朝震駭。李紳受先帝重用，即使有罪也應該有所寬容，以完成「三年不改為父之道」的孝思。更何況李紳根本就沒有罪。

一片喊殺聲中有了不和諧的音符，李湛若有所思，看來李紳一案確有可疑之處。事有湊巧，李湛近來正在翻閱宮中的文書，發現一箱父皇李恆封存的奏疏，李湛打開一看皆是裴度、杜元穎、李紳請求立李湛為太子的奏疏。

李湛放下奏疏沉思良久，顛倒黑白、三人成虎，這下都明白了。李湛馬上下令，命宦官將所有攻擊李紳的奏疏付之一炬，從此任憑誰人饒舌攻擊李紳，李湛再也不聽。

由此可見，李湛算是可造之材，只是上位過早沒有可靠的人引導，最終白瞎了材料。

平地驚雷

李湛繼承了父親對馬球的熱愛，長慶四年二月二十七日，從這一天起他把自己對馬球的熱愛寫進了歷史，而且一發不可收拾，甚至可以說他是為馬球而生，最終也因馬球而死。

李湛繼承的不僅僅是對馬球的熱愛，還有孝道。李湛在孝道方面的表現堪稱完美，對於郭太皇太后和母親王太后極為孝順。然而跟父親一樣注定只是個孝子，而不是合格的皇帝。

打完馬球的第五天，李湛開始上朝登延英殿召見宰相。這是李湛第一次上朝，群臣以為從此走上正軌，但理想如此豐滿卻架不住現實如此骨感。

在上朝時間方面，李湛表現得極為拙劣，拙劣到留下了濃墨重彩的歷史紀錄。

三月十九日，太陽已經高高升起，李湛還沒有出現。等著上朝的官員站立了很久，一些年老體衰的官員站立不住，甚至有人暈倒在地。僅僅一天前有官員上疏提醒李湛上朝太晚，沒想到隔天變本加厲，日上杆頭了依然看不到皇帝的身影。千呼萬喚始出來，李湛終於上朝了。

一個連上朝都不積極的皇帝能有什麼樣的作為呢？群臣在心裡對李湛打上了問號。

時間就這樣匆匆而過，群臣期待李湛能隨著時間的推移快快成長，不料平地起了驚雷。

話說長安城中有個叫蘇玄明的算卦師傅，他有一個朋友叫張韶，張韶在宮中染坊做事，兩人友情深厚、關係非同一般。

有一天兩人在一起喝酒，酒至半酣，蘇玄明對張韶說：「我為你算過一卦，你將來某一天會坐在皇帝寶座上與我一起進餐。如今皇帝成天忙著打球獵狐，多數時間不在宮中，我們合計一下大事可圖。」

說者可能無意，聽者卻很有心，張韶從此將坐上皇帝寶座用餐當成了終極夢想，而且將這個終極夢想當成希望的種子在染坊的工人中播種，一批好吃懶做的無賴很快地就聚集到張韶身旁，他們都想實現終極夢想。

不知張韶跟他們說了什麼，也不知道在皇帝寶座上吃頓飯究竟有多大號召力，總之一百多個工人行動了起來，磨刀霍霍，刀指皇宮。

四月十七日，蘇玄明、張韶帶著一百多個追夢人開始行動，他們將兵器藏在運送紫草的車裡，紫草的根可以用來印染，以前張韶多次往宮裡運過，這一次他想瞞天過海在光天化日之下將暗藏的兵器運進宮。

按照原定計劃，他們將通過銀台門進宮，進宮後將兵器隱藏起來，半夜再往夢想衝刺。不料還沒有走到銀台門就有警衛走上前來。警衛見推車子的人步履踉蹌察覺有異，平時推這種運草車的工人都是健走如飛，為何今天卻如此艱難？莫非紫草車裡有玄機？

警衛示意他們停下接受盤查。蘇玄明和張韶使了個眼色，事發突然，提前動手吧。

張韶抬手一刀砍殺了警衛，將警衛屍體拖到一邊，與一眾追夢人換好了起事的衣服，一不做二不休，高喊著衝向了皇宮。

馬球天子李湛正在清思殿打馬球，渾然不知在離他不遠的地方已經出現了一批莫名其妙的追夢人。值守宮門的宦官眼看平時低眉順眼的染坊工人揮舞著刀劍向皇宮殺來，驚駭之餘趕緊關上門飛跑著向皇帝報告。驚慌失措的宦官們自然擋不住武裝追夢者的進攻，一百多名追夢者迅速砍開宮門向皇宮殺去。

刀鋒向小皇帝李湛逼去，李湛慌了，該往哪兒躲呢？

平日裡，李湛最欣賞右神策軍中尉梁守謙，每逢右神策軍和左神策軍進行馬球比賽，李湛喜歡站在一旁為右神策軍加油，順便偏袒一下右神策軍。

李湛第一反應是去右神策軍大營，左右大喊：「右神策軍大營離這裡有些遠，萬一路上遇上盜匪呢？不如去離這裡最近的左神策軍大營吧。」

李湛不做多想，帶領一眾宦官向左神策軍大營跑去。左神策軍中尉馬存亮聽說皇帝前來避難連忙跑過來迎接，抱著李湛的腳哭了起來，那意思是說奴才守衛失責讓皇帝受驚了。

象徵性哭完，馬存亮背起皇帝一路狂奔進了左神策軍大營，這下馬球天子安全了。馬存亮安撫完皇帝，火速派出大將康藝全率領騎兵入宮平定叛亂，聽聞皇帝擔心太皇太后以及太后安危，馬存亮又派出五百騎兵將二位太后迎入神策軍大營。

這邊馬存亮指揮若定，那邊張韶和蘇玄明正在實現夢想的路上做最後狂奔。夢想近在眼前，清思殿已空無一人，張韶走進大殿坐上皇帝的寶座，拿出隨身攜帶的食物與蘇玄明分享。

夢想真的實現了。

張韶心滿意足地對蘇玄明說：「你的卦真準啊。」

蘇玄明臉色一變，大喊道：「難道你只為了來這吃頓飯？」

張韶心想，可不，我不就為到這吃頓飯嗎？我的夢想實現了啊。

然後呢？張韶這才想起，媽呀，夢想是實現了，可這是殺頭的大罪啊。

張韶和蘇玄明這才想起逃命，已經晚了。

左神策軍在康藝全的帶領下撲了上來，另一撥援軍也已到位，兩軍形成了合圍之勢。實現了夢想的張韶和蘇玄明沒有躲過圍捕，雙雙倒在了神策軍的刀下。一百多名追夢者多數被斬，少數就地隱藏也沒有躲過地毯式的搜捕。

當晚小皇帝李湛夜宿左神策軍大營，宮中人等以及群臣並不知情。

第二天，李湛從神策軍大營還宮，本想將本次失職的三十五位看門宦官全部處死，但抵擋不住左右神策軍中尉同時求情，三十五位宦官死刑改棍打，然後仍留任原職。

一場叛亂來得莫名其妙，去得也莫名其妙，僅僅因為想登上皇帝寶座吃一頓飯就糾集一百多人向夢想發起衝鋒，到底是為什麼呢？莫非背後還有隱情？史無明載。

在中國歷史上，此種莫名其妙的事情並不是孤例，別人看到的是宮廷防衛鬆懈，我看到的卻是亡國先兆。歷朝歷代只要出現此類莫名其妙的闖宮事件，這個王朝的命運就開始轉折了。

崔發事件

西元八二五年正月初七，皇帝李湛宣布改元，之前為長慶五年，之後為寶曆元年。屈指一數，李湛父親李恆的年號只用了四年，祖父李純的年號用了十五年，曾祖李誦當了八個月皇帝，連個真正屬於自己的年號都沒有留下。

李湛以為自己的寶曆年號會延續很久，誰曾想他的年號也是屬兔子尾巴的。一切的一切都是李湛自作的。李湛用一系列事實證明他只是一個頑童，而不是一個合格皇帝。

寶曆元年正月，鄠縣縣令崔發捲入了一場是非之中。

事情發生時，崔發正在縣衙辦公，突然聽到大街上吵吵嚷嚷便讓衙役出門查看。衙役出去看了一下，回來稟告說：「皇家五坊的人正在毆打百姓。」

崔發以為只是普通的五坊小兒尋釁滋事，便讓衙役把打人者拽到縣衙大堂聽候發落。

皇家五坊為鵰坊、鶻坊、鷹坊、鷂坊、狗坊，看名字就知道這是為皇帝豢養打獵助手的地方，能跟皇帝直接對上話。如果說五坊小兒只是跑腿打雜的，那麼五坊裡的宦官就是非同小可了，尤其當今皇帝是個頑童，最愛好的就是馬球和打獵，皇家五坊的地位必然不一般。

崔發沒做多想，只當一般案情處理，等一一審問後才發現壞了，事大了，他抓的竟然不是五坊小兒，而是貨真價實的五坊宦官。按照慣例，地方官員沒有詔令是無權處置宦官的。

崔發趕緊把宦官一一釋放，希望宦官們能高抬貴手放過自己。

消息還是傳到了皇帝李湛耳朵裡，李湛頓時怒火沖天。如果是一個成熟皇帝會更多地從自身找原因，可惜李湛是個頑童，他只知道打狗還要看主人，崔發跟五坊宦官過不去就是跟自己過不去。一聲令下，崔發被捕，羈押於御史臺監獄，等候皇帝發落。

就在這時，數十個宦官拎著木棒衝了進來，衝著崔發就是一頓亂棒，直打得崔發披頭散髮、面容被毀、牙齒脫落，當場昏死過去。過了很長時間，崔發甦醒了過來，這時又來了第二撥手持木棍的武裝宦官指名道姓要找崔發。御史臺官員怕出人命將來不好交代，連忙把崔發藏在了席子下面，好說歹說才勸走了前來復仇的武裝宦官。

事情到這一步還沒完，儘管武裝宦官出了氣復了仇，但頑童李湛心裡的氣還沒出完，繼續將崔發羈押於御史臺監獄，卻把與崔發同期被羈押的囚犯一一釋放了。

倘若李淵、李世民地下有知會作如何感想呢？

群臣都知道此事荒唐卻不敢進言，貿然進言為崔發說情等於是指責皇帝做錯了，古往今來，皇帝有錯嗎？

要勸皇帝回心轉意，還得多選擇幾個角度。

給事中李渤壯著膽子給李湛上了一封奏疏：縣令不應該拘押宦官，宦官也不應該毆打獄囚，兩方都有罪。縣令犯案是在大赦之前，宦官犯案卻是在大赦之後。宦官的凶暴蠻橫竟然到了如此地步，陛下應該早點用刑罰加以處置，倘若一味縱容，恐怕四方藩鎮聞聽之後會心生輕視朝廷之心。

奏疏寫得有理有據，可惜沒摸準李湛的脈。

諫議大夫張仲方接力上疏：皇帝的洪恩遍布天下，卻不能施行御前；德澤普及於昆蟲卻唯獨繞過崔發。

寫得也很好，還是沒寫到點上。

御史們繼續接力上疏還是沒有打動李湛，難道崔發一事就這樣陷入僵局？

眼看御史們都不能解開崔發的僵局，也無法順理成章讓李湛就坡下驢，老江湖李逢吉知道自己該出面了，如果任由僵局繼續，崔發被委屈事小，皇帝因此被天下人恥笑事就大了。

李逢吉找準機會，與群臣一起進言道：「崔發拘押宦官確實是大不敬，但他的母親是已故宰相韋貫之的姐姐，八十多歲了。老人家聽說崔發入獄，急火攻心、積憂成疾。陛下以孝道治理天下，此事還應再考慮考慮。」

老將出馬，一個頂倆。李逢吉準確摸到了李湛的脈，頑童李湛幾乎一無是處，唯獨孝道方面還算可圈可點，對付這頭小強驢就得從孝道入手。

面對李逢吉遞過來的臺階，李湛總算把握住了：「此前諫官們只知道一味給崔發喊冤，卻絕口不提崔發的大不敬，也不提他家有八十歲老母。如果他們早像卿等這般說明情況，朕怎能不赦免他。」

惡氣出盡，就坡下驢。

當天崔發被宦官宣旨赦免並護送回家，順便向崔發母親轉達了來自皇帝的親切慰問。八十歲老母當著宦官的面打了崔發四十棍，打在兒身，痛在娘心。沒辦法，這是打給皇帝和宦官看的。

李德裕勸諫

崔發事件就此結束，但李湛的頑童本性依然不改。以其心性和資質，若做個平安王爺想來是極好的，只可惜這樣一個頑童偏偏做了皇帝。

對於這個頑童還是有人在盡心盡力，這個人就是遠在浙西的觀察使李德裕。

李德裕在與牛僧孺的宰相之爭中落敗，長久地停留在浙西觀察使任上，皇帝已經從李恆換成了李湛，李德裕依然在原地踏步。

李湛的斑斑劣跡從長安散布到全國，李德裕坐不住了，他覺得自己有義務勸說一下小皇帝。

李德裕聽說小皇帝遊玩無度、親近小人，一個月上朝的天數不超過三天，大臣們想見一面都難。沉思許久，李德裕將自己要獻給小皇帝的箴言寫到了六道屏風上，名曰《丹扆六箴》。一曰《宵衣》，以諷視朝希晚；二曰《正服》，以諷服御乖異；三曰《罷獻》，以諷徵求玩好；四曰《納誨》，以諷侮棄讜言；五曰《辨邪》，以諷信任群小；六曰《防微》，以諷輕出遊幸。

金玉良言，苦口婆心，李德裕希望小皇帝每天能對著這些屏風自我約束，每日三省其身。

李湛是如何應對呢？下詔將李德裕狠狠地讚譽了一番，然後繼續我行我素。

消息傳到浙西，李德裕不斷搖頭，如此頑劣可不是英明之主，大唐王朝何時才能重新步入正軌呢？

不同選擇

對李湛失望的不僅僅是李德裕，還有李德裕的政敵牛僧孺。牛僧孺受重用的程度遠在李德裕之上，此時官拜宰相，朝堂上的位置僅次於宰相李逢吉。牛僧孺卻沒有沾沾自喜，因為他嗅到了危險的味道。

宰相李逢吉為人不正，投靠宦官，小皇帝只寵信宦官和小人，長此以往朝堂可能有變。宦海浮沉多年，牛僧孺的眼光還是獨到的，他知道要早點遠離是非之地，一旦陷入漩渦後果不堪設想。

奇怪的一幕出現了，別人拼命上疏請求從地方調進中央，牛僧孺恰恰相反，他頻頻上疏請求從中央調往地方。李湛架不住牛僧孺屢次上疏便批准了，將鄂岳道升格為武昌戰區，由牛僧孺出任武昌節度使，牛僧孺得償所願。

牛僧孺主動外調，有的人看得懂，有的人看不懂，牛僧孺倒也坦然：「知我者謂我心憂，不知我者謂我何求。」

與牛僧孺主動外調不同，鹽鐵使王播則是費盡千辛萬苦從地方調到中央，為了鞏固在中央的位置無所不用其極。

原本王播是個官聲極好的人，為人正直、頭腦靈活、眼光深遠。裴度平定蔡州正是王播在後方調度保障了後勤，並派得力副手前往戰區徵稅保障裴度的軍費開支，可以說裴度的軍功章裡有王播的一小半功勞。

元和末年，王播被皇甫鎛排擠出長安出任西川節度使，擔任多年的鹽鐵使一職由其副手接任。

這次被貶讓王播終生難忘，從此性情大變，此後他的所作所為都是為了重返長安，都是為了牢牢保住自己的官位。

既然皇帝都能拿江山社稷開玩笑，那就別怪我了。

王播在穆宗李恆一朝始終是起起落落，擔任鹽鐵使又被免去。到了小皇帝李湛這一朝，王播幾經周折又當上了鹽鐵使，這一次他絕不放手。

對付小皇帝，王播有辦法，他用上了當年政敵皇甫鎛的一招——用公款討好皇帝。

當年皇甫鎛經常用公款討好皇帝，最為經典的一次是他從國庫往皇帝私庫撥付了數萬兩銀子。理由很奇葩，說這些銀子是從國庫犄角旮旯的灰塵裡找到的，因為沒有登記在冊，因此應該歸屬皇帝私庫。明眼人都知道皇甫鎛玩的是數字遊戲，偏偏皇帝很受用，心安理得地收下了。

很多人都以為皇帝富有四海，天下都是皇帝的，實則不然。即便皇帝是天下之主，用度也是有限制的，歷朝歷代但凡靠譜的皇帝都會嚴格區分國庫與私庫，國庫即便再有錢也不能擅自佔用。

皇甫鎛知道這一點，王播知道這一點，但他們更知道皇帝的私心。皇甫鎛用國庫的銀子討好憲宗李純，現在王播用國庫的銀子討好李純的孫子李湛。

身為鹽鐵使，王播考慮最多的不是完成國庫稅收，而是對皇帝本人的上貢。光是寶曆元年七月二日，王播就向皇帝進獻了綢緞一百萬匹。

如此力度，焉能官位不保？

上下其手

第七章

兩敗俱傷

這邊王播用心良苦，那邊李逢吉也沒有閒著，兩人的目的只有一個，那就是保住自己的官位。

自從李紳被排擠出朝廷後，李逢吉還是時時刻刻警惕，生怕李紳有一天重返長安，別說重返長安了，最好就讓李紳在端州終老。正巧李湛改元後大赦天下、普濟眾生，包括被貶黜在外的官員也要在這次大赦中改善境遇。

大赦詔書頒布之後，大家看不懂了，詔書上明明白白寫著被貶黜的官員已經往內地遷移過的可以再次遷移，但是詔書上卻沒有明確指出從來沒遷移過的該怎麼辦。

翰林學士韋處厚一眼看破了詔書背後的貓膩，無他，李逢吉耍心眼呢。

李逢吉在草擬詔書時故意不提從未內移的官員該如何處理，就是為了防止李紳內移，這樣就可以把李紳牢牢地釘在端州。

韋處厚看破了李逢吉的花招，一道奏疏遞到了皇帝面前。

小皇帝雖是頑童，但畢竟是個明白人，既然大赦天下就不能打折扣，不能因為李逢吉怪罪李紳而影響了其他被貶黜官員。此前詔書追回，再發一道詔書，所有被貶黜官員都可以內移，由此李紳告別端州內移到江州，出任江州（現江西九江）長史，雖然還是不起眼的小官，但江州比起端州已算發達之地，李紳境遇總算得以改善。

此情此景，李逢吉徒呼奈何，只能暫時放過李紳，轉而對付另一位宰相李程。

說起李程，李逢吉也是一肚子苦水，說一千道一萬還是自己把這個對頭送上宰相寶座的。

小皇帝李湛登基之後，想自己委任宰相便詢問李逢吉。李逢吉按照朝中聲望擬定了一個名單，吏部侍郎李程和戶部侍郎竇易直分列第一和第二。

李湛順手一指，就讓第一順位的李程和第二順位的竇易直步入宰相行列，從此以後就跟李逢吉搭班子了。李逢吉以為李程會感念自己的提攜之恩，沒想到李程壓根不買李逢吉的帳，不久兩人便產生了齟齬。

李逢吉可能屬於獨行俠，適合一個人獨來獨往，自從出任宰相之後已經先後與多人產生矛盾，先是跟李紳，這次是跟李程，接下來還會有李絳和裴度。

生命不息，戰鬥不止。莫非李逢吉是屬鬥雞的？

兩人的矛盾愈演愈烈，以至於衍化出一起大案。

陳留人武昭原本擔任石州刺史，因故被免職，屈就袁王府長史。石州刺史有職有權，王府長史權力有限還要仰人鼻息，其中的落差武昭比誰都清楚，他內心的鬱悶可想而知。

武昭的鬱悶被人看在眼裡，記在心裡，有心的人想把武昭當作一枚棋子。

想用武昭下棋的是李程的族人、水部郎中李仍叔，對於李逢吉和李程的矛盾，李仍叔心知肚明。身為與李程同族的族人，李仍叔堅定地站在李程一邊，他想激起失意人武昭心中的怒火，進而把火引向李逢吉。

李仍叔故作關心，對武昭噓寒問暖，關心之餘又小心翼翼地告訴武昭：「李程想給你一個不錯的官職，可惜被李逢吉攪黃了。」

說者有心，聽者有意，失意人武昭無名火起，在心中對李逢吉這個名字詛咒不已。

酒入愁腸愁更愁，鬱悶的武昭大聲怒喊道：「總有一天我要殺了李逢吉這個王八蛋。」與他一起喝酒的是左金吾兵曹茅匯，茅匯趕緊阻止，可惜已經晚了，武昭的大聲嚷嚷驚動了黑夜的寧靜，也驚動了告密者敏感的神經。

告密者將武昭的醉話稟告了上去，酒後失言的武昭和酒後並未失言的茅匯一起被捕入獄。武昭已經死罪難逃，口出狂言要謀刺當朝宰相在歷朝歷代都是大罪；至於茅匯，罪可大可小，大可以定為與武昭同謀，小可以定為知情不報。

生死兩條路，但看茅匯怎麼選。

李逢吉的人出現了，來者是前河陽掌書記李仲言，在倒李紳的行動中他是得力幹將，這一次依然不遑多讓。李仲言一副為人分憂的面孔，對茅匯循循善誘道：「你只要說李程和武昭同謀就能活命，否則必死無疑。」

李仲言以為茅匯會選保命的一條路，不料茅匯是條真漢子。

茅匯斬釘截鐵地回應道：「即便冤死我也認了。誣告別人保全自己，茅匯幹不出來。」

李仲言悻悻而去，留下武昭和茅匯承擔所有可能的後果。

這場冤獄並沒有如李逢吉所願，非但沒有扳倒李程，反倒把自己的得力幹將李仲言搭了進去。群臣都看透了這場冤獄不過是酒後失言，但是李逢吉想隔山打牛、借題發揮。

冤獄以各打五十大板的形式收場，李逢吉和李程各折一員得力幹將，武昭和茅匯成了二人鬥法的替罪羊。酒後失言的武昭被亂棍打死，酒後未失言的茅匯被流放崖州，李程的得力幹將李仍叔被貶為道州司馬，李逢吉的得力幹將李仲言被流放象州。

一席酒話，兩家門法，一人伏法，三人被逐，最終兩敗俱傷。政治就是如此齷齪。

李絳其人

鬥完李程，李逢吉又將矛頭指向了老資格的尚書左僕射李絳。

李絳，字深之，趙郡贊皇人，舉進士，登宏辭科，授秘書省校書郎。貞元末，拜監察御史。元和二年，以本官充翰林學士，未幾改尚書主客員外郎。逾年，轉司勳員外郎。五年，遷本司郎中、知制誥。皆不離內職，孜孜以匡諫為己任。

以上是《舊唐書》裡對李絳的記載，總體來說這是一個以直言進諫為使命的人，他的耿直既是優點也是缺點。

在史書中有這樣的記載：

帝嘗稱太宗、玄宗之盛：「朕不佞，欲庶幾二祖之道德風烈，無愧謚號，不為宗廟羞，何行而至此乎？」絳曰：「陛下誠能正身勵己，尊道德，遠邪佞，進忠直。與大臣言，敬而信，無使小人參焉；與賢者遊，親而禮，無使不肖與焉。去官無益於治者，則材能出；斥宮女之希御者，則怨曠銷。將帥擇，士卒勇矣；官師公，吏治輯矣。法令行而下不違，教化篤而俗必遷。如是，可與祖宗合德，號稱中興，夫何遠之有？言之不行，無益也；行之不至，無益也。」帝曰：「美哉斯言，朕將書諸紳。」即詔絳與崔群、錢征、韋弘景、白居易等搜次君臣成敗五十種，為連屏，張便坐。帝每閱視，顧左右曰：「而等宜作意，勿為如此事。」

從記載來看，李絳的直言深得憲宗賞識，其實這一切都是政治秀，皇帝做出海納百川的姿態，自然需要李絳的襯托。但皇帝是否真的海納百川，別看廣告，看療效。

如果說這段記載李絳算是大獲全勝，那麼接下來的記載就能看出李絳身後所隱藏的危機。

這段記載與華山有關。

可能是因為與楊玉環在華清池留下了一段情，唐玄宗對華山也情有獨鍾，曾令華州刺史在華山立過一個「華岳碑」，並親自撰寫碑文歌頌華山之雄奇險峻。此碑高五十尺，寬丈餘，被稱為「天下第一碑」。

其後不到一百年，出現了一座與「華岳碑」等高等寬並列第一的碑，並引發了一場風波。

唐憲宗元和三年（八〇八年），皇帝最寵信的宦官吐突承瓘奉命整修安國寺，吐突承瓘在動工過程中留了個心眼，他要用這個工程好好拍一下皇帝的馬屁。

吐突承瓘在別人的指點下立了一塊功德碑，碑的大小高下與華岳碑相同。碑立起來了，碑文卻還沒有著落。碑文主題是要歌頌皇帝聖明、天下太平、皇恩浩蕩、河清海晏，但這種御製文章並不好寫。吐突承瓘放出話：誰能撰寫碑文，酬金一萬貫。這時有人推薦說李絳的文章寫得好，差事就交給他吧。李絳時任知制誥，職責就是專為皇帝起草詔令。

李絳聽到消息不但不感到榮幸，反而譏諷說自古聖帝明王都沒有功德碑，難道是因為他們的功德還不夠嗎？只是因為他們認為不宜歌功頌德而已。於是向唐憲宗上了一道奏章：

陛下布維新之政，劃積習之弊，行前王所不能行，革歷代所不能革，四海延頸，日望德音。今忽自立碑，以示天下不廣，彰滿假之漸，招矜炫之譏耶？

意思是說，陛下治國很有成就有目共睹，現在卻要立功德碑自我炫耀，難道是想招來天下的譏笑嗎？聖德、皇猷豈是能用一塊碑幾行字所能概括的，如果真要立碑反而有損形象。玄宗、太宗創開元、貞觀盛世也未立碑，難道陛下的功德還能超過先祖嗎？堯、舜、禹、湯、文、武，皆無立碑之事，歷史上只有秦始皇遊泰山立過碑，為百王所笑，萬代所譏，至今稱為失道亡國之主，豈能追秦皇暴虐不經之事，而自損聖德？何況此碑在安國寺內，碑文本應記載與寺院有關的內容，如記載陛下的功德，實在是不倫不類，請陛下罷修。

當晚皇帝看了奏章，心情如何可想而知，但李絳說得義正辭嚴、句句在理，皇帝只好說了句「李絳是忠臣」，命令把碑拽倒。

憲宗批閱李絳奏章時，吐突承璀正在旁邊，不高興地嘟囔道：碑的體積太大恐怕拽不倒，慢慢拆吧。實際上是心存僥倖想暫緩執行，皇帝說不定還會改變主意。沒想到憲宗正在氣頭上，沒好氣地厲聲喝道：拽不倒就多用幾頭牛拽。嚇得吐突承璀再也不敢吱聲，只好動用一百頭牛把自己費盡心機立起來的碑拽倒了。

二李交鋒

李絳就是這樣，雖千萬人吾往矣。耿直的李絳，左右逢源的李逢吉，兩人想不發生摩擦都不可能。在昭義節度使更迭的問題上，李絳和李逢吉槓上了。

昭義節度使劉悟病死，其子劉從諫在眾將的支持下自稱代理節度使，請求朝廷頒發正式詔令，委任自己為新任節度使。劉從諫一邊厲兵秣馬，一邊遣人到長安找宰相李逢吉和宦官王守澄疏通關係，二人收了劉從諫的好處自然替他其說好話，眼看劉從諫即將得償所願。

李絳看不下去了，他不能任由李逢吉和王守澄胡作非為。

李絳向皇帝提出建議：「昭義戰區不同於河北藩鎮，不能允許父死子繼。應當從鄰近戰區遴選新任節度使，星夜兼程火速上任，趁劉從諫措手不及將權力徹底收回朝廷。」

李絳的眼光長遠，建議也有可行性，只可惜這樣有價值的的奏疏被置之不理，昭義節度使的職位還是如願地到了劉從諫手上。李逢吉辦了好事，得了賄賂，轉過頭又恨上了李絳。

這個李絳太礙眼了。

李逢吉開始著手對付李絳，李絳能感受到李逢吉咄咄逼人，另外也感覺自己的待遇大不如前。

李絳所擔任的官職是尚書左僕射，屬於位高權不重的官職，雖然權不重但有唐以來對於這個官職還是相當禮遇的。按照慣例，僕射上任之日宰相要親自相送，百官要站立兩旁，御史中丞則站在中庭迎接，每個月尚書以下官員還要到僕射辦公室參拜。禮儀一直持續到元和年間，因太常博士上疏稱禮儀過重，皇帝李純才下令廢止。

禮儀即便廢止，但還是改變不了尚書左僕射備受禮遇的事實。

現在李絳與李逢吉交鋒，站在李逢吉一方的王播也狐假虎威不把李絳放在眼裡，甚至在路上相遇也刻意不回避。以官職論，李絳在王播之上；以資歷論，李絳也在王播之上。如此狹路相逢不知禮儀就是要給李絳下馬威。

李絳依然是直來直去的脾氣，他不僅要為自己爭口氣，同時也要為尚書左僕射這個職位要個說法。李絳又一次將奏疏遞給了皇帝：大唐開國之初，僕射是正宰相，禮數至重。如果在這個位置上的人不稱職，那麼皇帝自當另授賢良。如果皇帝正式任命了僕射，那麼禮儀就應該到位，不能破壞慣例。請陛下將此事交予百官討論，以正視聽。

李絳的奏疏在朝中傳播開來，群臣大多認同李絳的觀點，然而大家都知道這是李絳與李逢吉鬥法，至於誰能笑到最後猶未可知。

看起來李絳贏了，實際上還是輸了。

幾天後，新的任命下來了，因李絳的腳有疾病，免去尚書左僕射一職，改任太子少師，前往東都洛陽辦公。

所有的一切都是李逢吉在搗鬼，他要排除一切可能威脅他權威的人，先是李紳，再是李程，後是李絳，現在他們都倒下了。

黯然下臺

就在李逢吉想鬆口氣時，新的威脅又來了，朝中眼線給他送來了一個新消息，李逢吉聽完這個消息點昏了過去。

怎麼又是他？簡直陰魂不散啊。

讓李逢吉差點暈倒的是個故人，裴度。

當年李逢吉利用裴度與元稹的矛盾，將裴度和元稹雙雙扳倒，元稹根基浮淺不足為慮，裴度卻是元和一朝重臣，戰功卓著、聲望極高。

即便被扳倒，裴度也被委任為山南西道節度使，即便在地方山水遠隔，還是阻擋不了裴度的光芒射進長安。

況且大家都知道裴度本身沒有錯，只是李逢吉故意排擠將裴度逐出了長安，現在李逢吉想在朝廷一手遮天，得有人來制衡李逢吉了。諫官們紛紛遞上奏疏，眾口一詞稱讚裴度賢能，不能擱置在地方白白浪費才能。

皇帝李湛雖是頑童但是非還是懂的，他並非不知裴度賢能，他也知道李逢吉在排除異己，一切他都看在眼裡，現在到了召回裴度限制李逢吉的時候了。

李湛頻頻派出宦官，名曰視察山南西道，實則是向裴度問詢朝政，幾次往返之後，李湛下定決心不日將裴度召回長安。

裴度心知皇帝心思，順勢上疏請求回長安覲見。

裴度的上疏讓李逢吉大為恐慌，自己這個猴子當山大王還沒有幾天，一旦裴度回歸，自己這個山大王該何去何從呢？

不行，不能讓裴度返回長安。

李逢吉的招數並不多，無非是排擠加造謠，對付裴度光是排擠已經失效，接下來只能靠造謠了。李逢吉的隊伍再度行動了起來，在造謠的路上前赴後繼。

不久民間流行起了一則謠言：緋衣小兒坦其腹，天上有口被驅逐。

緋衣小兒坦其腹，就是暗指裴度的裴；天上有口被驅逐，指的是裴度指揮大軍入蔡州擒獲吳元濟。謠言可不是為了捧紅裴度，而是為了把裴度往死路上逼。

歷朝歷代如果朝中有人應了民間盛傳的謠言和圖讖，等待他的要麼是自己謀權篡位，要麼就是死路一條。

這還不算完，李逢吉的隊伍又在裴度的家宅位置上做起了文章。要說李逢吉的隊伍裡也有能人，上知天文，下知地理，還懂伏羲八卦。

長安城東西橫亙著六道高坡，看起來像八卦中的乾卦，裴度家正好在第五個高坡上，李逢吉就在乾卦上做文章。

乾卦要如何做文章？可以引申為有王氣。

李逢吉死黨上了一道奏疏：裴度名應圖讖，家宅又在乾卦的第五個高坡上。此次不等徵召就入長安，顯然別有用心。

這是把裴度往死裡逼的奏疏，欲加之罪，何患無辭。既說人家名字應圖讖，又說家宅有王氣，三說不召自來，三項指控只要一項坐實後果就不堪設想。

李逢吉還是失望了，小皇帝李湛只是頑劣但並不傻。

謠言為何而起，李湛很清楚。家宅有王氣是胡說八道，開元年間的宰相張說和張嘉貞兩家都住在裴度家附近，怎麼沒人說有王氣？至於不召自來，李湛更是心如明鏡，為了讓裴度返京已經運作了好幾個月，哪來的不召自來呢？

李逢吉碰了一鼻子灰，恨恨地退回角落，眼睜睜看著裴度重返長安再次成為群臣核心。

剛回長安，前來拜訪的官員踏破門檻，裴度卻不避嫌把前來拜訪的官員留下來飲酒。京兆尹劉棲楚想跟裴度說兩句悄悄話，貼近裴度耳朵低語了兩句，不料卻被人抓了正著。

侍御史崔咸端起酒杯要罰裴度的酒：「丞相不應跟地方官員竊竊私語。」

任命尚未出爐，而裴度出任山南西道節度使時也沒有兼任宰相，嚴格說來裴度還不是宰相，但崔咸已經開始喊裴度為丞相，只能說明裴度是眾望所歸。

裴度起身，笑而飲之。所作所為皆是坦蕩之事，心底無私，天地自寬。

半個月後任命出爐了，裴度出任司空兼任宰相，再度進入帝國中心。

裴度上任不久便發生了一件怪事，宰相辦公室居然丟了一枚印信。左右不敢怠慢，連忙向裴度稟告，在場的人都大吃一驚，唯獨裴度不為所動面色如常，不緊不慢地飲著酒。

「不慌，慢慢找。」

眾人不解，宰相的心也太大了，印信丟了還有心思喝酒。

裴度依然不慌不忙地招呼大家：「喝酒，喝酒，喝完酒再說。」

不一會兒，又有人來報，印信找到了，就在平時存放的地方，奇怪的是剛才怎麼死活就找不到呢？

裴度依然面色如常。

眾人更不解了，印信丟了，不急，印信找到了，不喜，裴宰相何故如此淡定呢？

裴度為眾人解開了謎團：「印信其實沒有丟失，只是有辦事人員偷偷拿去蓋章了，如果追查急了，他只能扔到水裡或者投到火裡，不急著追查反而會物歸原處。」

好膽識，好肚量。人比人得死，貨比貨得扔，與裴度相比，李逢吉差的何止一星半點。

留給李逢吉的時間不多了。

裴度出任宰相九個月後，紅極一時的宰相李逢吉黯然下臺，出任山南東道節度使，遙兼二級宰相。所謂「遙兼」只是個說辭，相當於享受宰相待遇，僅此而已。兩個月前，李逢吉的老對手李程出任河東節度使，遙兼二級宰相。這下兩人相隔遙遠再也不用鬥了。

自此之後李逢吉再也沒有重返帝國權力核心，從此那些為所欲為的日子只在記憶裡，再也回不去了。

第八章

非典型更迭

驪山魔咒

儘管召回了重臣裴度，小皇帝李湛的行為還是沒有任何收斂，在為所欲為的道路上越走越遠、越陷越深。

麟德殿是什麼地方？

帝國權力的象徵，商討國家大事的地方，李湛登麟德殿做什麼？

觀賞馬球、手搏以及雜耍。

在李湛的督戰下，所有比賽都充滿了硝煙的味道，對抗激烈、拳拳到肉，有人為此折斷了胳膊、有人為此摔破了腦袋、有人為此心生怨恨、有人為此磨刀霍霍。

在一個王朝走下坡路時總是會有那麼一兩個不著調的皇帝出演一下自己的戲份，在唐朝是李湛，在明朝就是正德皇帝朱厚照。

李湛正一步一步逼近生命的終點，他自己渾然不覺。

就在一年前，也就是寶曆元年，李湛心血來潮想去一趟驪山溫泉，令李湛沒有想到的是就這麼一個簡單夢想，大臣們都不讓他實現。

身為天子，連個泡溫泉的權利都沒有？

泡溫泉可以，只是別去驪山。李湛大為不解，為什麼不能去驪山？

左拾遺張權輿跪在紫宸殿前規勸道：「周幽王遊玩驪山，最終被犬戎部落所滅；秦始皇嬴政埋葬在驪山，結果秦帝國覆滅；玄宗皇帝在驪山建築宮殿，結果安祿山造反；先帝數次前往驪山，結

果壽命不長。請陛下三思，不要前往驪山。」

張權輿說的有道理嗎？

強詞奪理。一切都是牽強附會，只是為了證明驪山是個不祥之地，不讓李湛去而已。

李湛聽完後大吃一驚，若有所悟。眾人以為李湛回心轉意了，正要鬆口氣，李湛興奮地說道：「哦，驪山這麼凶險啊，我更得去體驗一下，看是否像你說的那樣。」

張權輿差點當場吐血，哎，說得這麼凶險非但沒攔住皇帝，反倒加速了皇帝去驪山的步伐。

驪山遊玩歸來，李湛有些失望：「哎，不過如此嘛。我這不是好好地回來了嗎，那些磕頭蟲的話真不能聽。」

李湛的話符合他的邏輯，也有一定的道理，但冥冥中總有一些事情是不好解釋的，既然眾人口口相傳，那麼不祥之地還是要敬而遠之，身為皇帝更是不碰為好，李湛不信邪非要碰，那麼等待他的將是一個他無法預料的後果。

熄燈之謎

寶曆二年七月二十七日，李湛派宦官傳話，將國庫現存十萬兩白銀、七千兩黃金搬到宮庫以便皇帝隨時使用。

大臣們紛紛搖頭，如此皇帝聞所未聞，隨意將手伸進國庫，長此以往國將不國。

李湛在錯覺的道路上越走越遠，一場針對他的陰謀正在醞釀。

參與這場陰謀的人很多，有宦官、有大力士，還有禁軍馬球將領。原本他們是離皇帝最近的人、原本他們是最受恩寵的人，原本他們是最有忠心的人。但時間一長一切都變了。

李湛頑童天性，喜怒無常，高興時可以把這些人捧上天堂，發怒反手就把這些人打入地獄。這些人中有的被李湛痛罵過、有的被李湛痛打過，還有的已經被李湛誅殺了。剩下的已經被流放了，沒過個三年五載根本回不了長安。

怨氣在慢慢積累，當宦官和禁軍將領交換眼色時，留給李湛的時間就開始讀秒了。他們為了同一個目的走到一起來，為了日後不再受李湛摧殘，為了擁立新君獲得更多利益，世間已經沒有東西可以阻擋他們慢慢舉起的刀鋒。

寶曆二年十二月八日，李湛活在世上的最後一天。一切如常，沒有任何不同。李湛沒有嗅到血腥的味道，儘管人家已經磨刀霍霍。

一如既往，李湛外出打獵，這次打到的獵物很多，李湛洋洋得意，旁邊的宦官陪著笑，笑容的下面是按捺不住的殺機。

深夜時分，李湛一行浩浩蕩蕩地回宮，酒宴已經擺上了，依照慣例打完獵必喝酒，不喝點酒總覺得少了點什麼。氣氛很熱烈，皇帝喝得很盡興，宦官劉克明一旁盡心盡力地伺候著，禁軍馬球將領蘇佐明一杯又一杯給皇帝敬酒。

酒真是好東西。十七歲的李湛酩酊大醉，醉酒的感覺真好。

參加這次酒宴的除了李湛還有二十八人，多數人都知道即將發生什麼，他們都在靜靜等待，等待那個早已商量好的結局。

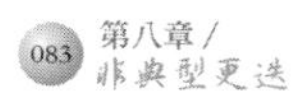

李湛起身如廁，宦官劉克明小心服侍著，蘇佐明慢慢起身跟了過去。

大殿的蠟燭突然全部熄滅。等蠟燭再點亮時，李湛已經跟這個世界告別了。

誰殺了李湛？

史書將矛頭指向了出主意的劉克明和出手的蘇佐明。他們以為聯手幹了一件可寫進歷史的大事，但同時何嘗不是一件禍事。富貴險中求，不冒風險焉能大富大貴。劉克明是這麼想的，蘇佐明也是這麼想的。

宦官劉克明懷著「悲痛」的心情傳達李湛最後的旨意：命翰林學士路隋起草遺詔，由絳王李悟主持軍國大事。

遺詔不奇怪，遺詔的內容有些荒唐，由來帝位傳承多是父子相傳或兄弟相傳，李湛兄弟眾多，何故要把皇位傳給叔叔李悟呢？

裡面一定大有文章。當然遺詔還是能糊弄一時的。

第二天一早，宦官劉克明宣讀了先帝「遺詔」，引著絳王李悟在紫宸殿外廊會見了宰相以及百官。按照劉克明規劃的程序，接下來奏請太皇太后以及皇太后，只要兩位太后點頭，絳王李悟就該準備登基稱帝了。

久在宮中，劉克明已經把兩宮太后的脾氣摸透了。太皇太后郭氏雖然強勢，但對朝政並不熱衷，皇太后做人更是低調，對於朝政幾乎不過問，真要到兩宮太后面前請立新君，想來也沒有太大阻力。

劉克明的算盤打得很精，以為已經把控全域，遺詔在手誰能不從，誰能奈我何？

他把事情想簡單了，也把同事們想得太簡單了。劉克明以為遺詔就是征服一切的利器，但沒有想過這個世界終究是憑實力說話，如果沒有實力就是拿一車的遺詔也是不管用的。

你有遺詔，人家有兵權。

劉克明一心想把大權攬在自己手裡，自然不願意其他宦官參與進來，尤其是那些原本就位高權重的宦官。一旦參與的人多了，將來分配權力也是件頭疼的事，索性別分了。

樞密使王守澄、楊承和，左右神策軍中尉魏從簡、梁守謙，這四人是後宮宦官領袖，一直分享著後宮的權力，眼看原來的中層幹部劉克明要自立門戶，幾個高層宦官焉能坐視不理？

四人後宮打拼多年，一聞空氣中的味道就知道情況不妙，劉克明小兒想大權獨攬，獨佔擁立新君之功。想得倒美，他能立，我們也能立。四人商議完畢後分頭行動，衛軍去親王十六宅迎接江王李涵進宮，左右神策軍、飛龍兵進宮討伐逆賊。

形勢急轉直下，昨夜參與酒宴的人還在夢想著事成之後論功行賞，抬頭一看眼前盡是明晃晃的刀片。劉克明一看，完了，咋忘了他們手裡還有兵權呢？

劉克明撒腿就跑，一邊跑一邊想撤，突然瞥見了一口井，哦，原來這口井就是我的歸宿。一咬牙，劉克明縱身跳入井裡。剛才還在夢想著成為權傾朝野的宦官，不一會兒工夫就跳井離開這污濁的塵世。就在劉克明在井裡掙扎著跟這個世界告別時，幾隻撓鉤伸了下來，一二三，一使勁，劉克明被撈了上來。

劉克明暗叫不好，完了，連選擇死法的權利都沒有。神策軍將士手起刀落，劉克明解脫了。宦官這麼有前途的職業不做，非要學人家擁立新君，到頭來被自己的野心給撐死了。

絳王李悟呢？

同樣死於亂軍之中。

幾個小時前，他剛剛接見過群臣，即將登基成為皇帝；幾個小時後，他便死於亂軍之中，人生旅途戛然而止。

從巔峰到低谷，一點緩衝都沒有。千不該、萬不該的是被劉克明裹脅了進去，早知今日、何必當初呢。

處變不驚

一切都發生的太突然了，資深宦官王守澄先生有些回不過神。

怎麼辦？該如何應對這一切？

王守澄有自知之明，他知道以自己的資質斷斷應付不了這個複雜局面，得找個博通古今的人幫忙壓住陣腳，不然的話會一著不慎滿盤皆輸。

王守澄思量一番，心中已有人選。翰林學士韋處厚博通古今、舉重若輕，有他相助自然可以從容應對。果不其然，韋處厚到來後立刻穩住了陣腳，不慌不忙、從容不迫，慌亂的後宮漸漸平靜了下來。

王守澄面有難色，他不知道該如何向天下百姓解釋這驚魂動魄的二十四小時。

王守澄為難地問道：「學士，該如何向天下解釋這一切呢？」

韋處厚正色回應道：「正大光明地討伐逆賊，何必吞吞吐吐，有什麼好顧忌呢？」

王守澄心想：到底是文化人，這麼血腥的事讓人家一說變得正大光明、底氣十足。

王守澄又問：「那麼江王該以何名義登基呢？」

韋處厚回應道：「以江王的名義布告天下已經討平逆賊、平定內亂。然後群臣三次進表勸江王登基，再以太皇太后名義冊封江王即皇帝位。」

王守澄連連點頭，文化人就是文化人。

僅僅一夜之間，皇帝由李湛換成了李涵。李涵即位之後，尊自己的母親蕭氏為皇太后，前任皇帝李湛的母親王太后為寶曆太后，再加上郭氏這個太皇太后，此時李唐王朝有兩太后，一個太皇太后，再來一個就夠一桌麻將了。

不急，後來真的又來了一個，這是後話。

太皇太后郭氏居住於興慶宮，寶曆太后住義安殿，蕭太后居住於大內，李涵性情敦厚，待三宮太后一視同仁，此舉頗令世人稱讚。

前任皇帝李湛已經走進了歷史，他的兄長李涵為他奉上廟號「敬宗」，從此他不圓滿的人生也圓滿了，好歹也是個有廟號的皇帝了。

至於李涵，他接過的不是甜美的蛋糕，而是到處起火的亂攤子，皇帝的擔子一旦挑上肩，想卸掉就沒那麼容易了，李涵能應付這複雜局面嗎？

上任三把火

第九章

上任伊始

不知從什麼時候，「新官上任三把火」的俗語就流行開來，這句話到底是從哪來的呢？有人說來自《三國演義》，來自諸葛亮的三把火。

在《三國演義》中，諸葛亮當了劉備的軍師，在短時間內，連續三次火攻曹操。第一次火燒博望坡，讓夏侯惇統領的十萬曹兵所剩無幾；第二次在新野，火攻、水淹使得曹仁、曹洪的十萬人馬幾乎全部覆沒；第三次火燒赤壁，百萬曹兵慘敗，最後跟隨曹操逃出去的只剩二十七人。當時人們把這三把火稱為「諸葛亮上任三把火」，傳到後來便成為人們常說的「新官上任三把火」了。

這個說法令人將信將疑，《三國演義》於明代成書，諸葛亮的事蹟也多數屬於演繹，把這演繹的事蹟變成俗語似乎還是有點底氣不足。

還有一種說法是，「新官上任三把火」並沒有具體的人和事蹟，是從古代縣令上任常做之事編出的俗語。古時縣令上任接班需要做的事很多：

一、要拜廟上香，地方的孔廟、關帝廟、文昌廟、城隍廟必拜，以顯示自己尊儒崇道，連地方神都十分恭敬。

二、要清倉盤庫、糧庫、物料庫核對清楚。

三、要巡查監獄，要視察城防。

四、要對簿點卯，即一一查對簿冊記載的官員侍從等人。

五、要傳考生童，就是將本地的學生集中進行一次親自出題的考試，了解一下本地教育情況。

六、要拜訪鄉紳，依次是本縣的皇親國戚、與自己同級的卸任官員直至豪門大戶。

最後，新任縣令貼出告示，說明自己從何月何日開始接受訴訟。

做這一系列事情時，新官必然會選擇出某兩三件事情，別出心裁地指手畫腳一番，這就是燒出「三把火」了。常見的如廟宇殘破要撥款大修啦、城防不堅固要為防盜修城牆建苑壘、學生素質不高要請外地名師等等。完成這些誰都會燒的「三把火」後，才可見新官有否真功夫，才可知這個剛上任的人是否真的能當官。

新官上任三把火，新登基的李涵也沒有閒著。

首先他改了個名字。李涵這個名字不再用了，改名叫李昂。是不是取昂首挺胸的意思呢？

李昂在當親王時，深知老爹李恆以及弟弟李湛執政時的種種弊端，一上任自然就要對這些弊端下手。比如撤銷五坊，除了留下一些打獵用的獵犬，其餘一律釋放；遣散宮女，最多一次遣散三千人；減免貢品，一切從簡；堅持上朝，按照祖父的標準來。

一系列措施實施下來，滿朝上下煥然一新。眾人以為就此迎來一個開明之主，真是這樣嗎？未必。

真話的代價

性格決定命運，這句話在李昂身上同樣適用，李昂的性格還是有缺陷的，溫室裡長大的他性格過於優柔寡斷。

身為天下之主，性格中要有硬的成分，伐謀決斷、意志堅定，但凡認定的事情就要堅持到底。李昂不是，他好猶疑，往往決定了的事情最先變卦，如此猶疑能當好天下之主嗎？

西元八二八年，李昂登基的第三個年頭，他在八二七年改年號為太和，因此西元八二八年為太和二年。

為了將天下人才籠絡到朝廷，李昂在太和二年三月二十五日親自主持了御前考試，誰也沒有想到這次考試居然出了一位敢說天下人不敢說之事的劉蕡。

劉蕡，昌平人（今北京昌平），參加的是「賢良方正」科考試，劉蕡在他的試卷上寫下了別人想說而不敢說的話。

劉蕡寫道：「陛下最應該擔憂的是宮廷將發生變故、社稷將發生危機、朝廷將發生傾覆、四海之內將發生混亂。陛下如果想消除弒君篡位的根源，就必須親近正直的君臣，遠離那些被閹割過的賤人，親近骨鯁之臣，宰相們得以全權行事，部屬們方能盡職盡責。可如今竟任由五六個親近宦官把持天下大事，災禍就在院牆之內，邪惡就發生在床帳之間，臣恐怕曹節、侯覽之輩會在今天重生。」

曹節，侯覽都是東漢弄權宦官，狼子野心、聲名狼藉，劉蕡如此落筆實則將矛頭指向了王守澄等資深宦官，碧血丹心天地可鑒。

李昂讀完心中亦有共鳴，但不能表露出來，他比誰都清楚他的皇位是如何來的，羽翼未豐之前宮裡的那幾個資深宦官哪個都不能得罪，還得像伺候大爺一樣好好地伺候著。

李昂心中暗歎一聲，如此一來只能委屈劉蕡了。

考試結果公布之後，與劉蕡同批參加考試的二十二人脫穎而出得到官職，而劉蕡一無所獲，考試前是白丁，考完試依然是白丁。

閱卷官憤怒了，諫官們憤怒了，同期參加考試的學子們也憤怒了。諫官們準備一擁而上，抗議考試結果不公，還沒等行動就被宰相們按住了，學子們不懂事，難道你們也不懂事？

學子李郃上疏要求將自己的官職轉贈給劉蕡以表彰劉蕡的正直，奏疏上去如石牛入海，然後也就沒有然後了。

明眼人都知道是怎麼一回事，但誰也不能點破，皇帝都不點破，誰又敢點破呢？

一腔熱血的劉蕡明白發生了什麼，他得罪了整個宦官集團，只要這個集團不垮，他就永遠沒有出頭之日。登堂拜相別想了，長安上班別想了，等待他的只有邊遠地區的邊緣角色。

終劉蕡一生都沒能進入朝廷正式官員序列，只能在地方節度使那裡當一個可有可無的幕僚。

這就是說真話的代價。

值嗎？或許值，或許不值，每個人心中都有一個答案。

皇帝認親

太和二年六月，晉王李普逝世，幾天後，李普的二大爺、皇帝李昂追贈他為「悼懷太子」。

封號是封給活人看的，死人又看不到。

李普是誰？前任皇帝李湛的兒子。

李普是正常死亡還是非正常死亡，史無明載。只是史書看多就會明白此類死亡的背後一定會有文章。李昂既立，李普就必須消失，不然日漸長大的李普就是越來越大的威脅。

處理完李普的後事，李昂感到莫名的空虛，偌大的宮城裡他能依仗的又有誰？

名義上他是皇帝，事實上他是木偶，背後提線的是那幾個資深宦官。

皇帝，大唐王朝的皇帝，富有四海的皇帝，廢立居然操縱在幾個宦官手裡，每每想到這裡，李昂恨得牙根發癢，忍，忍，接著忍。

忍耐的同時還是有好消息傳來，李昂眼前似乎出現了一道亮光。

李昂的母親蕭太后自幼離開家鄉，有一個弟弟卻留在了家鄉，下落不明。李昂登基之後，命令當地官員查找，尋訪多日也沒有收穫。這時一位叫蕭洪的運茶工人出來應徵，他說自己有個姐姐失散多年，可能就是當今的蕭太后。地方官員大喜過望，連忙帶著蕭洪去找蕭太后的一位遠親辨認，這位遠親也含糊了，她不敢肯定眼前的蕭洪就是蕭太后失散多年的弟弟。

立功心切，地方官員將蕭洪帶到了蕭太后面前，「姐弟」二人順利相認。

一對失散多年的姊弟，在沒有DNA護航的背景下，這次相認只能說還存在諸多疑點。李昂卻不管這些，他「堅信」眼前這位就是自己的親舅舅，他要將自己的恩澤播散到自己的外婆家。從此之後蕭洪再也不用運茶了，他出任太子洗馬，也就是太子宮圖書館館長。

蕭洪以為自己是幸運，他不知道這一切都是因為皇帝用人心切，皇帝太需要自己人了。

秘密計畫

李昂繼續尋找自己的幫手，他將滿朝文武在自己的心中篩選了幾遍，最終把目光鎖定翰林學士宋申錫身上。

宋申錫，字慶臣，少孤貧，有文學，進士出身。後世有人說宋申錫的父系可以追溯到唐玄宗時期名相宋璟，母系可以追溯到唐玄宗時期名相張九齡，傳說是宋璟的二子娶了張九齡的次女。如此說法並沒有在《舊唐書》中得到印證，我們只知道宋申錫能在皇帝身邊為官，一是靠的才學，二是靠敦厚。

唐穆宗李恆時期，宋申錫出任監察御史，後出任起居舍人。起居舍人是跟隨皇帝，記錄皇帝一言一行的官員，可稱皇帝近臣了。寶曆皇帝李湛時期，宋申錫出任禮部員外郎，兼任翰林侍講學士；李昂稱帝後，宋申錫出任戶部郎中、知制誥，知制誥負責起草皇帝詔書，到了這個官職，登堂拜相的可能性大增。

太和二年，宋申錫出任中書舍人，充任翰林學士。宋申錫清慎介潔，不黨不群，正是這個優秀的品格讓宋申錫入了皇帝李昂的法眼。

若是在太平盛世，被皇帝青眼有加自然是好事，只是宋申錫處在外有藩鎮割據、內有宦官專權的時代，此時被皇帝看上究竟是好事還是壞事呢？

宋申錫先不去想那麼多，既然皇帝欲委以重任，自當笑臉相迎盡心盡力。

宋申錫知道皇帝最介懷的是以王守澄為首的資深宦官集團，王守澄一日不除，皇帝便如芒刺在背，那麼該如何除掉王守澄呢？

君臣二人一番密議，宋申錫建議李昂循次漸進，一步一步解除王守澄的權力，逐漸讓其遠離權力中心。看著老成持重的宋申錫，李昂感覺十分踏實，若按這位老臣的計畫一步一步實施下去，何愁王守澄不除呢？

李昂越看宋申錫越歡喜，到底是個可用之人，一定要把他抬上宰相之位好好輔佐朕。密議之後沒過多久，李昂擢升宋申錫為尚書左丞。又過了不到一個月，李昂將宋申錫的官職後面加了「平章事」，這三個字一加，宋申錫就是名正言順的宰相了。

一切都在按照宋申錫的計畫進行，如果一切不出紕漏，用不了多久王守澄將會被剝奪所有權力，而李昂也將成為貨真價實、一言九鼎的皇帝。

「想到」是一個詞，「得到」是一個詞，而從「想到」到「得到」，中間還差了一個「做到」。宋申錫「想到」了，他想「得到」，那麼他能「做到」嗎？

宋申錫他知道以王守澄為首的宦官集團權勢熏天，單單靠他一個人無法扳倒這個龐大的宦官集團，於是他開始尋找得力的、能幹的、嘴嚴的幫手。

宋申錫將目光鎖定了吏部侍郎王璠。王璠與宋申錫官場經歷有些類似，進士出身，先後擔任過監察御史、起居舍人、知制誥、御史中丞等職。此時王璠正擔任吏部侍郎，他在宋申錫眼中是一個可以託付大事的人。

然而僅僅是看起來。

王璠可以算「得力」，可以算「能幹」，可是，嘴不嚴。

宋申錫為了鼓起王璠的幹勁，勸皇帝李昂擢升王璠為京兆尹，本以為這次升職能讓王璠更加死心塌地地為皇帝效勞，沒想到王璠居然將皇帝的秘密洩露了出去。

宋申錫剛剛將皇帝的指示告訴了他，他很快就將秘密洩露了。無意？還是有意？史無明載。

關於這件事的用詞是「洩露」。

惱羞成怒

圖窮匕見，本來想徐徐展開畫卷，最後再將隱藏的匕首刺向王守澄，現在畫卷不用打開了，王守澄已經知道畫卷裡藏著匕首。

王守澄何時吃過這樣的虧？人家已經磨刀霍霍了，自己還蒙在鼓裡，是可忍孰不可忍？

王守澄馬上出手報復，一出手就是必殺招，暗地授意同黨舉報：「宋申錫陰謀擁立漳王李湊登基稱帝。」

事一下就大了。

太和五年二月二十九日，王守澄拿著誣告宋申錫謀反的舉報信來見李昂：「大家，看看吧，宋申錫要謀反。」

李昂表面不動聲色，內心裡已經明白了八九分，舉報信清晰無誤地指向宋申錫，原因可能就是消息走漏了。

李昂在關鍵時刻也不含糊，拍案而起、勃然大怒：「太不像話了。在朕的眼皮底下竟然想謀反，必須立刻查辦。」

好演員。

王守澄心裡明白，李昂心裡明白，但雙方都不點破，那層窗戶紙一旦點破，遊戲就不好玩了，為了讓遊戲繼續下去，雙方一致決定殺宋申錫這隻替罪羊。

依著王守澄的暴脾氣，他計畫馬上派出兩百名騎兵，直接上門將宋申錫滅門。眼看著宋申錫滿門危在旦夕，如果沒人替他說話，宋氏滿門就見不到明天的太陽了。關鍵時刻，宦官集團中皇家飛龍廄御馬總監宦官馬存亮站出來說話了：「若如此，京城必亂。應該召集宰相們一起討論再做決斷。」

王守澄恨恨地看了馬存亮一眼，站著說話不腰疼，合著不是要殺你是吧。

馬存亮在宦官集團裡面資歷很深、很有話語權，王守澄權勢再大也得給他三分薄面，更何況馬存亮說得有理。王守澄可能從一開始就想打時間差，減少報復宋申錫的阻力，沒想到馬存亮橫在了前面，生生把王守澄的刀鋒擋了回去。

渾然不知內情的宋申錫還跟其他宰相們一起集中到了中書省東門，大家你看我、我看你，都不知道皇帝在休息日召集大家來所為何事。

門口管事宦官看了一眼宋申錫，心中暗罵小宦官不會辦事，讓你們通知宰相們開會，怎麼把事主宋申錫也給叫來了，哦，開個「是否將宋申錫全家滅門」的會，最後還得讓事主表態，這不是開玩笑嗎？

管事宦官意味深長地看了宋申錫一眼，尖聲說道：「陛下召見名單裡沒有宋公。」

晴天霹靂。宋申錫頓時明白了，一定是有人走漏了消息，今天這個會來者不善，王守澄可能就要通過這個會對自己下死手了。宋申錫抬頭望向延英殿，他知道厄運難逃了，再大的黑鍋也要替皇帝背了，誰讓皇帝看好你呢。

延英殿上，李昂命宦官將舉報信在宰相們手上傳閱，宰相們面面相覷，每個人心裡都明白但誰也不敢表態。

舉報信背後的黑手是誰宰相們心如明鏡，舉報信上的宋申錫要做什麼也能猜出個八九分。現在是皇帝與掌權宦官鬥法，他們能幫誰呢？

兩不相幫，坐山觀虎鬥。

李昂看著明哲保身的宰相們暗暗苦笑，這些股肱之臣怎麼在這關鍵時刻就這樣袖手旁觀。李昂做出一副氣血難平的模樣，彷彿真被宋申錫的「謀反」氣壞了，馬上下令將舉報信上有牽連的人全抓起來嚴加審問。

當然，宋申錫是宰相，不能直接抓，等審完了同夥再抓不遲。

嚴刑逼供之下，宋申錫「謀反」的鏈條逐漸清晰：經同夥供認，某年某月的某一天宋申錫派自己的心腹私自晉見過漳王李湊，表達了忠心。

稍有遺憾的是涉事的這名心腹提前得到了消息已經潛逃了，目前正在追拿之中。但這已經足夠，證據很「充分」了。沒有人敢替宋申錫說話，沒有人敢說宋申錫冤枉，只有大理卿王正雅等少數幾人上疏建議將宋申錫一案移交司法審判。

看明白了吧，之前的審訊可能是在王守澄的主持下完成的，這樣的審訊會有公正可言嗎？

兩天後，李昂召集宰相以及各部首腦官員商討如何處置宋申錫。之前已經將宋申錫貶為東宮事務署長，今天的議題則是是否要宋申錫的命？

宰相們和各部官員還是袖手旁觀，他們想看神仙打架，不想深陷其中。言官們在千鈞一髮之際起了作用，如果一個宰相說殺就殺，那麼政府法度何在、皇室規矩何在？

李昂總算盼到了有人替宋申錫出頭，但還是要做出怒氣沖沖的樣子：「你們簡直就是強詞奪理，不過宋申錫畢竟是宰相，處置得慎重，朕再跟宰相們討論一下。」

李昂再與宰相討論，宰相牛僧孺看出了李昂神情的微弱變化，他明白自己該為宋申錫說句話了：「人臣之位最高不過宰相，如今宋申錫已經位居宰相了，假使他有所圖謀，那麼又圖謀什麼呢？」牛僧孺遞出了最為關鍵的一句話。

這時有宰相幫腔：「若陛下果真覺得宋申錫圖謀不軌，那也應該移交司法審查，全面審理所有案情。」

王守澄站在一邊聽著，對幾位宰相恨得牙根癢癢，往旁邊一看他的智囊正在對他搖頭，意思是說事已至此往回找補吧，充當好人。

智囊為何讓王守澄收手？他是看清了朝堂上的局勢，宰相和各部長官雖然沒明確站隊，但他們肯定不會站在王守澄一邊，只是礙於他的淫威保持中立而已。一旦將宋申錫案移交司法詳查，那麼一定疑點多多、破綻重重，到那時再想收場就難全身而退了。

王守澄是何等人物，一點就透，馬上一百八十度大拐彎：「陛下，此案確實有疑點，宋申錫畢竟是宰相，不宜定大罪。」

幾個回合下來，宋申錫滿門終於得到保全，王守澄的兩百騎兵終於不用上門了。死罪可免，活罪難逃，宋申錫在京城待不下去了，他的下一個職位是開州司馬。開州，今天的重慶市開縣，時至今日仍是欠發達地區。

宋申錫最終在開州去世，有生之年沒能重返長安。如果時光能夠倒流，他是否還會選擇去宦海浮沉呢？

被誣告信牽連進來的漳王李湊被貶為巢縣公。身為皇族成員，一旦被扣過謀反的帽子即便暫時放你一馬，大多數情況下是要秋後算帳的。四年後，李湊薨。

被誣告信牽連進來的有一百多人，這些人中多數被流放，少數被處以極刑，他們甚至到死都不明白，怎麼就被扣上了謀反的帽子？

一切的源頭都是那個死宦官王守澄。

王守澄在這場風波中沒有大獲全勝，但終究算是小小報復了一下，更令他開心的是在風波中跟他頂牛的仗義宦官馬存亮居然主動申請退休了。

看史書記載時，我一直替皇帝李昂遺憾，為什麼馬存亮這樣有能力有擔當的宦官沒有得到他的重用，如果李昂能果斷重用馬存亮來牽制王守澄，那麼李昂的個人命運會大不同，大唐王朝的運勢可能也會大不同。

可能是因為李昂沒有看到馬存亮真正的能力，也可能是馬存亮明哲保身不想被裹脅進皇帝與王守澄的對抗之中，只是這一錯過就是永遠，李昂錯過了制衡王守澄最得力的助手。

你來我往

第十章

聚光燈再次落在了李德裕身上。

牛黨李黨從來沒有和平共處，對方官運亨通時，就是我方鬱鬱寡歡時，現在李德裕就處於鬱鬱寡歡的階段。

李德裕即便鬱鬱寡歡還是很有作為，他輾轉出任西川節度使，他想在西川節度使位置上做出點成就。

維州之爭

上任之後，李德裕大張旗鼓地淘汰蜀軍中的老弱病殘。以五尺五寸（一七一公分）為基準，達不到這個身高的一律淘汰，一舉淘汰了四千餘人，並以此為標準在當地新招一千名士兵。與此同時，按照相同標準招募了一千五百名北方士兵到西川服役，與北方士兵一起抵達的還有大批外地工匠，他們的任務是接替本地工匠打造更加實用堅固鋒利的兵器。

有心人，天不負。在李德裕苦心經營的同時，上天給他派發了一個大紅包：吐蕃維州守城副使悉怛謀請求投降，將維州防務移交給唐朝軍隊。

維州是吐蕃防禦的門戶，地勢險要、易守難攻，李德裕的前任們一提到維州就頭疼。在唐德宗李适時代，西川節度使韋皋多次向維州用兵都沒有攻克。現在天上掉餡餅，維州唾手可得。李德裕不肯放過天賜良機，馬上命令部將進維州接防同時上疏皇帝李昂，準備用三千羌兵為先鋒直搗吐蕃心臟地帶，一吐之前被動防禦的惡氣。

奏疏到了李昂手裡，李昂召來宰相們一起討論，眾人多數贊成李德裕的主張，直搗心臟。

牛僧孺卻搖了搖頭，不能打，兩國有約在先，不能背約（十年前兩國簽署和解條約，和平共處，各守邊境）。牛僧孺主張守約，同時強調得到維州對唐朝無益，對吐蕃無損，背約只會導致兵戎相見，可謂因大失小。

盲人摸象，似乎都有道理。

維州地勢險要，並非牛僧孺所說的於吐蕃無損。維州是打入吐蕃國境的楔子，唐朝在西川的防禦有了這個楔子會變被動為主動，形勢會大不同。

牛僧孺因為性格原因主張守約，又因為李德裕是政敵，本著「敵人提倡的就是我們反對的」原則，牛僧孺將李德裕的奏疏全盤否定。牛僧孺的意見起了關鍵作用，最後李昂裁定：維州防務交還吐蕃，投誠的悉怛謀等三百餘人一併移交。

這是一個沒有遠見、沒有人性的決定。

維州易守難攻、唾手可得卻棄之不要，是為沒有遠見；將投誠而來的人再交回任由其本國處置，是為沒有人性。

就在唐朝與吐蕃交界的邊境，李德裕無奈地將維州防務移交吐蕃軍隊，同時將包括悉怛謀在內的三百餘人交由吐蕃處置。就在邊境上、就在李德裕的眼皮底下，悉怛謀等三百餘人被吐蕃士兵殘忍殺害，臨死還不給個痛快，活活被折磨而死。這一幕深深印進了李德裕的腦海裡，此生與牛僧孺絕無和解的一天。

「維州事件」的前前後後，李德裕多數佔理，只是率軍直搗吐蕃心臟有些誇張了，兩國交戰多年，歷任西川節度使都不敢喊出直搗吐蕃心臟的大話，唯獨李德裕喊了。

吐蕃國境線漫長，國土縱深有厚度，即使唐朝舉全國之力興兵也未必會將吐蕃滅國，李德裕只靠西川一地兵力，即便直搗吐蕃心臟僥倖成功，自身能否全身而退還是個未知數。

李德裕明白自己有書生意氣的一面，但他更在意的是宏圖大業被牛僧孺生生破壞，三百多名投誠的士兵白白丟了性命。

主動請辭

帝王心，似海深。帝王心，定海針。

經濟學家說，不能把所有雞蛋放在一個籃子裡；歷朝歷代的皇帝說，不能把所有寵信放在一個大臣身上。一般情況下，皇帝喜歡有兩個或兩個以上的得力大臣，他們同朝為官、並駕齊驅、忠心耿耿，他們之間最好有那麼一點不對盤。

牛僧孺和李德裕正符合這一點，他們各處天平的一端，皇帝就是往天平兩端加砝碼的人。

原本牛僧孺近在朝堂，李德裕卻遠在天邊，兩相對比總是李德裕吃虧。關鍵時刻李德裕的老相識、宦官王踐言起到了關鍵作用。王踐言擔任西川監軍宦官，與西川節度使李德裕算是工作搭檔，兩人在西川結下了深厚的友誼。

王踐言回京出任知樞密，與皇帝李昂的關係拉近，說話的分量較之以往大了許多。看似不經意，王踐言將話題引到了「維州事件」上：「逮捕悉怛謀交給吐蕃處置，讓吐蕃稱心如意了，關閉了以後投降的門路，當初的決策真不是好謀略。」

矛頭直指當初高喊守約、交還投誠士兵的牛僧孺。王踐言先後幾次舊話重提，李昂的臉色越來越凝重。

都是牛僧孺誤導了朕。

見風使舵是舵手的本事，更是官場中人的本事。皇帝對牛僧孺不滿的心思被有心人捕捉到了，有心人也是分陣營的，有的站在牛僧孺一邊，有的站在李德裕一邊。牛僧孺這一邊憂心忡忡，而李德裕那一邊神采奕奕。

陸陸續續有小報告打到了李昂那裡：「牛僧孺向來與李德裕不和，上次駁回李德裕的奏疏就是嫉妒李德裕為國立功。」

在任何時候小報告都是有作用的。李昂越來越疏遠牛僧孺，牛僧孺感覺到了，滿朝文武也感覺到了。

不久在延英殿朝會上，李昂看著牛僧孺為首的一班宰相：「天下何時能夠太平？諸位有志於實現天下太平嗎？」

李昂的話聽上去很平常，牛僧孺卻聽出了弦外之音。

牛僧孺對曰：「太平盛世並沒有特別突出的現象。如今周邊蠻夷不來侵擾，百姓不致流離失所，雖然稱不上太平盛世也可以稱為小康。陛下若要追求太平盛世，臣等駑鈍能力恐怕達不到。」

牛僧孺同樣話裡有話，陛下你要求太高，臣等做不到啊。

朝會結束，牛僧孺回到宰相辦公廳後意興闌珊：「陛下對我等責備和期望如此之高，我們這些人怎麼還能長久坐在這個位置上呢？」

牛僧孺的辭職報告遞了上去，一次不批，兩次，三次，四次……

挽留秀做得差不多了，皇帝李昂命牛僧孺遙兼二級宰相，出任淮南節度使。所謂遙兼二級宰相是給牛僧孺一個面子，表面上你還是宰相，只不過你的辦公地點在淮南，在淮南節度使任上享受宰相待遇。

明眼人都看得出來牛僧孺失寵了，李德裕的機會來了。就在牛僧孺出任淮南節度使幾天後，李德裕的任命下來了，回京出任兵部尚書。

牛僧孺走，李德裕來，接下來要發生什麼事只是時間問題了。

出爾反爾

牛僧孺的老搭檔，同樣也是牛黨領袖的李宗閔這段時間有些不太好過，老牛走了，剩下自己勉力支撐。李德裕回京了，出任宰相只是時間問題，自己該如何應對呢？

李宗閔急得像熱鍋上的螞蟻。正焦急時，另一隻螞蟻上門了。

來人是京兆尹杜悰，牛黨核心成員之一。

一進門，杜悰見李宗閔眉頭緊鎖便明白了八九分：「李相是在擔心那個大頭兵？」

李德裕剛剛就任兵部尚書，杜悰拿「大頭兵」指代李德裕。

李宗閔點點頭：「是啊，除了他還有誰？我們該如何應對呢？」

杜悰眼珠子一轉，看著李宗閔：「我有一策，可讓李相與李德裕消除往日隔閡，只是怕李相不能採用。」

李宗閔眼睛一亮：「快說，有什麼辦法？」

李悰對曰：「李德裕素有文學，可惜不是科舉出身，他一直很遺憾。如果李相能舉薦李德裕主持今年的科舉考試，想必他一定會大喜過望。」

李宗閔面色凝重，沉默良久。

讓李德裕主持科舉考試，那不等於幫李德裕昭告天下，其才能經天緯地，科舉不在話下？

李宗閔不願意給李德裕送這麼大的禮，不行，本錢太大了。

「再想個別的辦法。」

杜悰聞言應對道：「若不舉薦他主持科舉，那就推薦他出任御史大夫吧。」

李宗閔沉思片刻：「好吧，這個可行。」

在李宗閔看來，御史大夫畢竟只是一個正三品。翻不了天，而如果舉薦李德裕主持科舉，那就幫李德裕把身上的唯一短板補齊了，這種為政敵插上夢想翅膀的事他是絕對不幹的。

杜悰怕李宗閔變卦，再三與李宗閔確認。

杜悰馬不停蹄趕到李德裕府上，一聽下人彙報京兆尹杜悰來訪，李德裕愣住了。

這位牛黨成員來訪，所為何事呢？

李德裕盛情款待杜悰，作揖道：「杜公怎麼想起看望我這冷門貨呢？」

杜悰連忙回道：「李相（李宗閔）讓我來問候李公。」

寒暄過後，杜悰和盤托出：「李相將舉薦李公出任御史大夫。」

李德裕聞言，喜出望外：「御史大夫是大門官，我何德何能能擔任如此重職呢？」

依據唐制，御史大夫在朝會時率領部屬糾察百官上朝秩序，最後在離皇帝最近的地方站定，位置特殊、意義非凡，因此稱為大門官。

李德裕回到京城立足未穩，如果能在兵部尚書外再擔任御史大夫，對其站穩腳跟大有好處。

李德裕一再請杜悰轉達對李宗閔的謝意，賓主雙方在和諧的氣氛中結束會見。

杜悰滿心以為牛李兩黨的恩怨就此化解，李德裕也準備與牛黨化干戈為玉帛，可惜計畫沒有變化快，最終李宗閔還是變卦了。李宗閔與死黨權衡再三，終究捨不得舉薦李德裕出任御史大夫，此事就此不了了之。

李宗閔可以當這件事沒發生過，李德裕卻不能。出爾反爾，當我李德裕是三歲小孩？

怨恨非但沒有解開，反而進一步加深了。

步步緊逼

西元八三三年二月十八日，皇帝李昂任命李德裕為兵部尚書，在兵部尚書之外加了「同平章事」四個字，這意味著李德裕位列宰相了。

李德裕按照慣例進宮謝恩，君臣二人把話題轉到了結黨營私上。

李昂知道朝中有人結黨，但不知道嚴重到什麼程度。李德裕身在其中焉能不知，他與牛僧孺、李宗閔的戰線漫長，不是皇帝一時半會能了解的。

李德裕畢恭畢敬地回應：「朝中三分之一以上的官員有結黨。」

李昂微微震了一下，他知道結黨的官員不在少數，但三分之一這個比例還是讓他有些吃驚。心中暗暗歎口氣，不急，慢慢來，先把大事辦了再說。

李昂的大事後面會陸續展開，先說李德裕。

李德裕好不容易重返長安位列宰相，那麼就得放開手腳先把那些礙眼的人從朝中趕走，省得影響情緒。李德裕還沒來得及出手，已經有一位「宿敵」自動稱病不來上班了。

不來上班的人叫張仲方，他與李德裕的樑子源自李德裕父親李吉甫的諡號。有關部門原本給李吉甫定的諡號為「敬憲」，張仲方不認可，他上書皇帝說這個諡號定高了，對李吉甫有點過於拔高。張仲方因為這次上書被貶，不過「敬憲」這個諡號也沒有落到李吉甫頭上，最後諡號定為「忠懿」。

張仲方跟李德裕父親的諡號過不去，那就是跟李德裕過不去了，這樣的仇是無法和解的。

張仲方也很識相，一看李德裕位列宰相索性稱病不去上班，你又能拿我怎樣？

李德裕也不含糊，直接將張仲方的官職進行了調動，左散騎常侍別做了，改任太子賓客。前者還算有實職，後者就是徹頭徹尾的虛職了，而且是到東都洛陽辦公。打發了張仲方，李德裕將目光鎖定在李宗閔的周圍，李宗閔與李德裕同為宰相，一時半會兒李德裕動不了他，不過動動手指打壓一下李宗閔的周邊還是可以的。

李德裕用的手法是隔山打牛，隔著皇帝李昂這座山，打李宗閔的牛。在李德裕回京之前，李昂便屢屢接到奏報，給事中楊虞卿、中書舍人蕭澣等人對上結交宰相、對下干預政府、替別人跑官要官，形象極壞。即便如此，李宗閔還不忘護犢子。

當李昂和李德裕已經將矛頭指向李宗閔一派時，李宗閔還不忘遮掩：「這方面我分得很清楚，所以從來不給楊虞卿這些人美差。」

李德裕正在這裡等著李宗閔呢：「給事中、中書舍人還不算美差？」

自己挖坑，自己掉進去了。沒辦法，誰讓自己落人口實了。

楊虞卿和蕭澣雙雙被貶出長安，楊虞卿調任常州刺史，蕭澣調任鄭州刺史，暫時幫不上李宗閔的忙了。

李宗閔知道李德裕正在步步緊逼，他只能徒呼奈何，因為他已經明顯感覺到皇帝正在疏遠他。

幾天後，一個看起來很普通的官員任命讓李宗閔感到了絕望。

任命看起來不複雜，工部尚書鄭覃出任御史大夫。之前咱們說過，李德裕聽說要被推薦為御史大夫時瞬間熱淚盈眶，說明御史大夫這個職位非常重要，工部尚書鄭覃升任御史大夫說明他得到了皇帝的賞識，而這是李宗閔不想看到的。

原本鄭覃在擔任工部尚書之外還擔任翰林侍講學士，屬於給皇帝講課的人，距離皇帝非常近。鄭覃經常在皇帝面前評論時政，評論的口徑與李宗閔定的調子不一致，這引起了李宗閔的極大反感，便找個機會免去了鄭覃的翰林侍講學士一職。李宗閔以為一勞永逸了，沒想到皇帝李昂對鄭覃念念不忘。

看似不經意，李昂對幾位宰相說：「義昌節度使殷侑的學問跟鄭覃有些像啊。」

李宗閔回應道：「殷侑、鄭覃對儒家經典還算熟悉，不過見解就很平庸了。」

李德裕看似漫不經心地遞出一招：「殷侑、鄭覃的見解別人不重視，只有陛下重視。」

老江湖就是老江湖，一句話既讚賞了皇帝眼光獨到，又貶損了李宗閔有眼無珠。

十天後，李昂直接下令任命鄭覃為御史大夫。

這個任命讓李宗閔如鯁在喉，因為鄭覃是他反感的人，而且沒有經過宰相由皇帝直接任命是不合常理的。

李宗閔不免有些牢騷，便跟相熟的宦官、樞密使崔潭峻抱怨：「以後事情都由陛下自己幹好了，還要宰相幹什麼？」

崔潭峻悠悠地回了一句：「八年皇帝了，也可以當家作主了。」

李宗閔聽出話裡有話，有心追問下去卻又忍住了，官場中有些事是靠自己悟的，說太明白就沒意思了。三天後，李宗閔一直擔心的事情發生了，皇帝李昂任命他為山南西道節度使，享受宰相待遇。

至此李德裕的基本目的達到了，可以甩開膀子大幹一場了。

就在此時，一個神人站了出來，這個人才是李昂要找的、一起幹大事的人。

神人鄭注

第十一章

傳奇經歷

很遺憾，我們現在從史書裡看到的鄭注是被貼上標籤的，史書描述他是一個相貌不佳、品行不端、不堪大用但同時又有點小聰明的人，其實我認為是一個貨真價實的神人。

鄭注的神在於他的經歷、在於他的九死一生，如果他不夠神的話，恐怕在得寵之前已經死上幾百回了。

鄭注，絳州翼城人，起家靠的是一樣特殊的法寶——藥。憑藉著有獨家秘方，鄭注遊走於長安的權貴之家，久而久之權貴們都知道有這樣一個神人存在。鄭注本不姓鄭，而姓魚，時間一長大家就開他的玩笑，給他起了個複姓「魚鄭」，背地裡又加送一個外號「水族」。

時間走到元和十三年，鄭注遇到了人生中的第一個貴人——襄陽節度使李愬。

李愬本來對鄭注沒有好感，只是礙於情面才留鄭注在軍中做事。接觸之後，李愬發現鄭注還是很有才能的，因此也願意時不時聽聽鄭注的建議。

人吃五穀雜糧總會生病的，李愬一度病得很重，吃什麼藥都不見好。李愬服了幾副鄭注開的藥後迅速康復了。從此李愬與鄭注的關係更近了，也因此鄭注成了李愬不可或缺的智囊。

李愬由襄陽調任徐州，鄭注也繼續在李愬身邊發揮重要作用。但時間久了，鄭注在軍中的口碑江河日下。

為什麼呢？

因為鄭注打著李愬的旗號作威作福，這一切李愬雖知道卻不制止。將士們不敢把怒火對準李愬，只能對準狐假虎威的鄭注。

怒氣在軍中蔓延，蔓延到監軍宦官王守澄那裡。

王守澄是代表皇帝的監軍，權威自不必說，眼下軍中出了一個囂張的鄭注，不收拾怎麼行？殺心已起，就看刀何時砍下了。

王守澄找了個機會，把自己的想法向李愬和盤托出。

監軍宦官想除掉的人李愬想保也保不住，因為宦官背後站著的是皇帝，借你李愬十個膽也不敢跟皇帝討價還價。

李愬平復了一下心情，態度極為誠懇：「鄭注雖有很多缺點，但確實是個奇才。將軍不妨跟他見上一面，簡單聊聊。如果確實不地道，再動手也不遲。」

李愬把話說到這個份上，王守澄也得給李愬面子。鄭注的生死就由這場談話決定了。

王守澄繃著臉，隨時都可能要鄭注的命。鄭注走了進來，開始了一生中最重要的一次談話。短暫的交談之後，王守澄的臉色緩和了。又過了一段時間，兩人進入內室談話。談到最後，真是相見恨晚。

第二天，王守澄對李愬說：「誠如公言，實奇士也。」

一番談話讓鄭注化險為夷，不僅不用死了，還搭上了人生中的第二個貴人王守澄。

隨後幾年，王守澄飛黃騰達，鄭注也跟著高升，朝野上下都知道鄭注是王守澄的人。鄭注也不避嫌，仗著王守澄的權勢上下其手，既滿足了自己的權力欲望又中飽私囊。久而久之，又得罪了一票人，甚至連皇帝李昂對鄭注的行徑也有所耳聞，在心底產生了厭惡。

藉著大家的怒氣，侍御史李款在朝會上狠狠參了鄭注一本：「內通敕使，外連朝士，兩地往來，卜射財賄，晝伏夜動，干竊化權，人不敢言，道路以目。請付法司。」

十天之內，李款連上了數十份奏章，大有不把鄭注拉下馬誓不甘休的架勢。王守澄一看情形不對，趕緊將鄭注藏匿在右神策軍大營，他認為自己是右神策軍總指揮，在自己的大營還是最安全的。

如果出了右神策軍大營呢？

想殺鄭注的不只侍御史李款一個。就在此時，左神策軍大營內正在醞釀如何除掉鄭注。這麼說吧，除了王守澄外，其餘幾個管事的宦官都想除掉鄭注。

為什麼？

因為鄭注很有能力，如果任由他在背後為王守澄出謀劃策，王守澄就會越來越強勢，其他管事宦官的生存空間就會越來越小。

一方面，以侍御史李款為代表的文官集團想除掉鄭注；另一方面，以左軍中尉韋元素為代表的核心宦官集團也想除掉他。

左神策軍將領李弘楚向韋元素建議道：「我以你患病的名義召喚鄭注來給你看病，等他來了之後推出去亂棍打死，然後你去向皇帝請罪，你有擁立之功，皇帝也不會為難你。」

韋元素點了點頭，對，就這麼辦。

韋元素是左軍中尉，手握左神策軍重兵，王守澄是右軍中尉，手握右神策軍重兵，兩人平級，以韋元素的名義請鄭注來看病，王守澄和鄭注都無法拒絕，不然太不給面子了。

鄭注心懷忐忑走進了左神策軍大營，又是熟悉的氛圍，不就是人為刀俎我為魚肉嗎？之前已經遇到過一次了，只不過這一次設局的人由王守澄變成了韋元素而已。

鄭注定了定神，從容應對。

他像尺蠖一樣彎曲著身體，態度誠懇謙卑，諂媚的話如源頭活水綿綿不絕。

站在一旁的李弘楚急得像熱鍋上的螞蟻，不停地給韋元素使眼色：「棍都準備好了，趕緊動手吧。」

韋元素被鄭注的馬屁拍得很舒服，同時大腦也在高速運轉，眼前這個鄭注絕非凡人，自己犯不著跟他過不去，更重要的是一旦鄭注死在左神策軍大營，那就是跟王守澄公然翻臉了，自己對付王守澄也沒有絕對的把握。

也罷。韋元素徹底放下了整死鄭注的念頭，反而饋贈金銀綢緞禮送他出營。

李弘楚失望到了極點，憤怒到了極點，不顧上下級身分衝韋元素吼道：「中尉失今日之斷，必不免它日之禍矣。」

李弘楚是對的，他的預言將在不久的將來得到驗證。只可惜李弘楚本人沒有驗證預言的時間了，他憤而辭職，不久背部生疽離世。

躲過了亂棍，躲得過雪片般的奏章嗎？

當然能。

說起來也很簡單，宰相班子裡有鄭注的人，這個人就是王涯。

王涯能當上宰相多虧了鄭注找王守澄運作，一方面王涯有把柄在鄭注手中，另一方面王涯也懼怕王守澄，明眼人都看得出彈劾鄭注的奏章表面彈劾的是鄭注，實際矛頭直指鄭注背後的王守澄。

如果讓這些彈劾鄭注的奏章到了皇帝那裡，自然要起一些波瀾。可王涯是宰相，扣留奏章的小動作還是可以做的。

李款以為這些奏章都到了皇帝那裡，實際上都扣留在王涯手裡，皇帝連一個字都沒有看到。與此同時王守澄也沒閒著，拼命地在皇帝面前替鄭注解釋，一番言語下來皇帝李昂對鄭注也沒有那麼厭惡了，看來此人確實有獨特之處，並不像御史們說的那樣。

不久王守澄得寸進尺，舉薦鄭注出任侍御史，同時充任右神策軍判官。有王守澄庇護，鄭注的日子越過越好。又過了幾天，鄭注一生中最大的機會出現了。

李昂突然中風了。李昂一下子病得很重，甚至不能說話。

千載難逢的機會，王守澄自然不會放過，王守澄火速向李昂推薦了鄭注：「陛下，不妨試試鄭注的藥。」

一吃見效。

李昂與鄭注的關係一下子拉近了，李昂盯著鄭注的眼睛，他看到了眼睛深處的風暴，這是一個渴望機會的人、這是一個不甘久居人下的人、這是一個能做大事的人。

李昂意味深長地看著鄭注，或許我們可以一起做點事情。

李仲言歸來

時間來到西元八三四年，之前有過出場的一個老熟人回到了長安。

老熟人名字叫李仲言，以前是宰相李逢吉的死黨，為李逢吉出了不少力。由於逼迫茅匯害人，最終事情驚動了朝野，李仲言落了個流放象州的下場。在象州熬了七八年，李仲言等到了皇帝大赦天下，這才從象州回到了東都洛陽，再次見到了老領導李逢吉。

一直在洛陽坐冷板凳的李逢吉渴望東山再起，聽聞李仲言與正當紅的鄭注有交情，李逢吉頓時眼前一亮，爽快地拿出一筆錢讓李仲言去找鄭注運作。

李仲言回到了長安，拿的是李逢吉提供的活動經費，心中想的卻是自己的東山再起。在象州八年，李仲言徹底想明白了，與其跟著李逢吉這樣的宰相站隊、搞黨爭，不如想辦法攀上最高的枝，直接成為皇帝面前的紅人。於是李仲言敲開了鄭注的家門，鄭注又帶著李仲言敲開了王守澄的門，王守澄又帶著二人叩開了皇帝李昂的大門。

要說王守澄能手握大權也不是白給的，在琢磨皇帝心理方面，王守澄自稱第二，沒有人敢稱第一。把李仲言引薦給李昂是需要技巧的，王守澄與李仲言交談了一番，心裡有了主意。

王守澄給出的推薦詞是「仲言善《易經》」。

這個推薦詞遞到了李昂心坎裡，李昂偏愛能講《易經》的人。有《易經》敲門，李仲言與李昂的接觸變得簡單起來，李仲言儀表堂堂、口才上佳，幾次接觸下來李昂對李仲言的好感直接爆表。

幾天後，李昂準備任命李仲言為諫諍官員，安置在翰林院。李昂剛說完自己的想法，宰相李德裕不幹了。

「李仲言以前的所作所為想必陛下都知道。這樣的人怎麼能安置在陛下的身邊呢？」李德裕有些憤然。

李昂有些出乎意料，李德裕公然跟自己唱反調。

李昂回應道：「難道不允許一個人改過？」

李德裕毫不退縮：「臣聽說只有聖賢顏回能夠真正改過，不再犯錯。聖賢偶爾犯錯只是思慮不周。李仲言品質惡劣、心術不正，焉能真正改過？」

如果李昂是一個辯論高手，應該抓住李德裕的漏洞，怎麼能說只有顏回一個人能改過呢？那孟子、孔子以及孔門其餘一眾聖賢都不具備改過的能力？

可惜李昂不是。

李昂的回應沒有底氣，近乎有點小孩耍賴的味道。

李昂回應道：「李仲言是李逢吉向朕推薦的，朕不想食言。」

李德裕正好抓住把柄：「李逢吉身為宰輔卻推薦奸邪之人誤國，也是罪人。」

李昂軟了：「那麼給李仲言另行安排一個官職呢？」

李德裕擺擺手：「也不可以。」

李昂向宰相王涯那邊看了看，王涯小聲回應道：「可以。」

李德裕衝王涯輕輕揮手，正巧李昂回頭看李德裕，李德裕的手停在了半空，然後輕輕放了下來。

李昂心中不悅，草草結束了朝會。

王涯這個人就是個牆頭草，原本他也是反對皇帝起用李仲言的，還上了奏疏進行了措辭激烈的反對。等到朝會上看到李昂的態度堅決，王涯頓時明白了立刻轉舵。

幾天後，關於李仲言的任命還是下來了，任命為四門助教。

這樣一個任命居然遭到了駁回，給事中鄭肅、韓佽乾淨俐落地封還了敕書，此舉意味著任命在這二位這裡就沒通過。李德裕得到消息非常滿意，臨出中書省辦公室時對王涯說：「李仲言的任命下來了，幸好被給事中駁回了。」

王涯點點頭，哦，哦。

李德裕前腳剛走，王涯馬上召見給事中鄭肅和韓佽：「李公剛才留了個話，讓二位不用封還敕書了。」

鄭韓二人互相看了一眼，哦，哦，李公改主意了。

第二天鄭韓二人來向李德裕彙報，昨日已按宰相指示把敕書發下去了。

李德裕大驚失色：「我如果不讓你們封還敕書自會當面跟你們說，怎麼會讓別人傳話。再者，你們主管官員有封還敕書的權力，怎麼還要向宰相請示呢？」

鄭韓二人大驚失色，看來中了王涯的奸計了。

經過這番波折，李仲言重返長安權力中心，雖然起步只是從八品的四門助教，但他已經深得皇帝賞識，接下來他將聯合鄭注一起跟皇帝做一件大事。

通過這番波折我們也能看出，皇帝還真不是像戲劇裡說的那麼一言九鼎，想要任命一個人要過宰相這一關，甚至連給事中也有駁回皇帝任命的權力。這說明儘管在皇權社會，權力還是有制衡機制的，並非我們想像的那般為所欲為。

經過一番波折，皇帝李昂將李仲言扶上了前臺，同時也對宰相李德裕心生不滿，這個李德裕太迂腐了，不足以共謀大事。

李德裕士大夫出身，的確有自己的原則和操守，同時也有自己劃定的底線，他可以幫助皇帝處理朝政、可以幫助皇帝出謀劃策，但絕不會與皇帝走得太近，更不會去幫助皇帝圍剿宦官。所以李德裕不是李昂的親密戰友。

誰是呢？

鄭注、李仲言。

甘露事變

第十二章

起伏不平

李昂認定李德裕不是自己的親密戰友，等待李德裕的只有出局。希望李德裕出局的人還有很多，有王守澄、鄭注、李仲言以及李德裕的一干政敵。

李昂用的還是借力打力，既然李宗閔與李德裕不睦，那麼就把李宗閔召回來讓他倆接著頂牛。李宗閔從山南西道回京出任中書侍郎、同平章事，再次位列宰相。李德裕呢，與李宗閔對調，出任山南西道節度使。

把李德裕擠出長安就是為了給李仲言讓路。就在同一天，李仲言被任命為翰林侍講學士。上次中了奸計的給事中鄭肅和韓佽聯合諸多同事以及諫議大夫、中書舍人一起抗議還是無果，任命還是生效了。

李仲言的口碑如此之差，群眾基礎如此不好，李昂卻執意要用，其背後恐怕是有深意的。李仲言有能力不假，但從歷次任命的反映看來，他已經被官場所不容，他想要出人頭地為自己的仕途拼出一絲光亮就必須抱住皇帝的大腿，除此之外別無他途。

李昂想要辦自己的大事，他需要的是李仲言這種能跟自己一條道跑到黑的人。

新人一一上位，好一番新氣象。

李仲言上書李昂請求改名李訓，新的名字似乎意味著新的開始，與不堪的過去宣布決裂。

在新貴李訓和鄭注的提攜下，浙西觀察使王璠回京出任尚書左丞。王璠在之前出過場，正是他洩露了宋申錫的秘密，可見這是個嘴不嚴的人。與王璠前後腳被提拔的還有舒元輿，他經過幾次提拔，由從五品的著作郎升任位高權重的御史中丞。

與新人上位對應的則是舊人落馬，在鄭注、李訓等人的運作下，李德裕、李宗閔、路隋三位宰相先後落馬，他們親近的官員也被一一整肅，李德裕一度被扣上了「企圖謀反」的帽子，路隋為李德裕仗義直言也跟著被整肅。

短短幾個月的時間，鄭注和李訓扳倒了三位宰相，朝野上下為之側目。

他們要幹什麼？

多數人不知道，只有李昂心如明鏡。

千挑萬選，李昂選擇了鄭注和李訓做自己的親密戰友，他們要一起幹的大事就是剷除以王守澄為首的宦官集團，同時排斥牛李黨爭的主力成員。

李昂曾經想要剷除宦官集團，結果合作夥伴宋申錫把事情辦砸了，李昂差點引火上身。如今再選擇合作夥伴，李昂擦亮了眼睛，最終選定了鄭注和李訓。

一方面這兩位都有不錯的能力，另一方面這兩位有一個共同的標籤——王守澄的人。

李昂想要剷除王守澄，他已經不敢聯合外廷的宰相了，他要用自己的人，鄭注和李訓都是他一手提拔的人，直接對他本人效忠，另外最重要的是他們深得王守澄信任，用王守澄信任的人對付王守澄。王守澄，你想到這步棋了嗎？

不僅王守澄沒有想到，滿朝文武都沒有看懂李昂的棋局。

棋局一開始似乎是朝著對王守澄有利的方向發展的。李昂一出手就懲治了王守澄的三個競爭對手，分別是左神策中尉韋元素、樞密使楊承和以及王踐言。鑒於這三位總是與王守澄奪權，還是都貶出長安當監軍宦官省得讓王守澄不高興。

韋元素到了淮南，王踐言到了河東，楊承和到了西川，這三位被貶出長安遂了王守澄的心願，心花怒放的王守澄在心中暗誇鄭注和李訓會辦事。

鄭注、李訓不動聲色，一切都在他們的掌控之中，只要按原定計劃進行大事可成。

沒過多久，進一步的懲戒來了。

楊承和因為曾經庇護宋申錫，韋元素、王踐言曾經與宰相李宗閔、李德裕勾搭收受賄賂。你們都是有污點的人必須要為自己的行為負責。對韋元素和王踐言的指控大致成立，對楊承和的指控恐怕是子虛烏有，就是要拿宋申錫說事。

事情到了這個地步已經無法挽回了，三位資深宦官只能接著搬家，楊承和去驩州安置，韋元素去象州安置，王踐言去恩州安置。驩州位於今天越南的榮市，象州位於今天廣西象州縣，恩州位於今天廣東恩平市。這三位不是去那裡旅遊，而是戴上手銬腳鐐裝入囚車押解前往。曾經的位高權重如今早已消失殆盡，他們能做的只是任人宰割。

即便到了這個地步還不是最壞的結局。就在他們被押解的途中，身負特殊使命的宦官追了上來，向他們傳達了皇帝的旨意，請他們自行了斷、一路走好。

韋元素一直擔心的事情還是來了，在此之前他的右眼皮一直在跳，兩年前部下李弘楚的話一直在他耳邊迴盪：「中尉失今日之斷，必不免它日之禍矣。」

一切的一切都是鄭注在背後搗鬼，真後悔當年沒有一刀砍了他。

後悔藥從來沒有在賣的，韋元素閉上了眼睛，該來的終究會來，躲不掉的。三位資深宦官無聲無息地消失，曾經的一切不過是一場夢。

收拾三位宦官的同時，李昂也沒有把另外一位關鍵人物漏掉，這個人就是陳弘志。即便陳弘志曾經百般為自己辯解，李昂還是認為陳弘志就是刺殺父親的凶手。現在三大宦官都伏法了，陳弘志，該你了。

時任山南東道（總部位於今天湖北襄樊）監軍宦官的陳弘志接到了徵召，回京覆命另有任用。剛剛走到青泥驛（位於今天陝西藍田），陳弘志遇到了皇帝派來的又一撥宦官。

陳弘志看到了宦官手中的刑杖，他頓時明白了，這麼多年過去了還是沒躲過。一陣亂棍之後，陳弘志追隨三位同事而去。

處理完幾位老前輩，該忙活王守澄這位老前輩了。

經鄭注和李訓提議，李昂擢升宦官仇士良為左神策軍中尉，接替已經伏法的韋元素。任命一出，王守澄這才明白此前被鄭注和李訓蒙蔽了，這兩個傢伙顯然已經反水，跟咱家不是一條心了。王守澄明白得太晚了，等他明白過來時鄭注和李訓已經準備收網了。

不久關於王守澄的任命出來了，升任左右神策軍觀軍容使、兼十二衛統軍。表面上看官職更高、位置更重要了，實際上王守澄被奪權了，他交出了右神策軍的軍權，不再是軍權在握的右神策軍中尉，他的頭上只有觀軍容使這個虛職。王守澄這才把棋局看透，原來他才是皇帝的真正目標，處理那幾位老資格宦官只不過是幌子。

對付失去軍權的王守澄，一切就變得很簡單了。一杯毒酒，一切了斷。

在王守澄身後，李昂追贈他為揚州大都督。

他擁立李昂登基，終究被李昂賜死；他提拔了鄭注、李訓，最終死於兩人的算計。王守澄死了，李昂的大事成功了一半，剩下那一半還得繼續努力。

原本鄭注要比李訓受寵，但隨著時間的推移，李訓後來居上成為皇帝面前的第一紅人。這也不難理解，鄭注受寵主要是因為他的醫術，在皇帝身患疾病時，鄭注不可或缺，而當皇帝已經康復，他的的作用就沒有那麼大了。李訓則不同，他懂的比鄭注多，他可以不斷向皇帝進言，多年的宦海沉浮經驗再加上不錯的文化功底，李訓自然要成為第一紅人。

鄭注在皇帝身邊效力，想的也是位極人臣，令鄭注沒有想到的是李訓不同意讓他得到宰相之位，李訓雖然曾經受鄭注提攜，但他不想與鄭注平起平坐。在李訓的阻礙下，鄭注的宰相夢沒能實現，宰相之位對於鄭注而言，那麼近卻又那麼遠。

宰相夢未圓，鄭注退而求其次，謀求出任鳳翔節度使。有唐一代，鳳翔節度使的職位非常重要，鳳翔離長安非常近，在這個地方當手握重兵的節度使必須是皇帝非常看重和信任的人。鄭注以為這個要求很容易實現，沒想到也有人阻攔。

阻攔的人是門下侍郎、同平章事李固言，李固言認為鄭注至多算是在醫術方面有點成就，出任鳳翔節度使就有點玩笑了。李固言是就事論事，他哪裡看得懂皇帝的棋局。

幾天後，李固言和鄭注的任命同時下來了，李固言出任山南西道節度使，鄭注出任鳳翔節度使。擋了半天，鄭注的節度使夢圓了，李固言的宰相卻做不成了，只能去當山南西道節度使。鄭注出任鳳翔節度使也是皇帝棋局的一部分，他們的大事只完成了一半，剩下的一半準備在鳳翔完成。按照原定計劃，鄭注與李訓裡應外合，李訓在裡鄭注在外，大家聯手在鳳翔徹底解決宦官問題。

鄭注以為一切都會按原定計劃進行，一如之前按步驟解決王守澄一樣。但李訓卻另有打算，他不想再和鄭注分享權力了，他要的是大權獨攬。事情走到這個地步，內部已經分裂了，一方面大家要齊心協力解決剩餘的宦官，另一方面李訓已經悄悄向鄭注舉起了刀，大事塵埃落定之日就是鄭注被棄用之時。

鄭注渾然不覺，他依然把李訓當作親密合作夥伴。除李訓之外，鄭注還想再找幾個合作夥伴。禮部員外郎韋溫被鄭注盯上了，鄭注準備委任韋溫為鳳翔節度副使，與自己一起搭班子鎮守鳳翔。

如此天上掉餡餅的事情居然被韋溫拒絕了。

旁邊的人趕緊勸韋溫：「你敢拒絕鄭注，恐怕後患無窮。」

韋溫倒是淡定：「當災禍無法避免時，那就選比較輕微的。拒絕鄭注頂多被貶，而如果跟隨他恐有不測之禍。」

態度堅定的韋溫決絕而去。從當下看，他的選擇可能不算正確，而把這個選擇放進歷史長河看，他的選擇又是多麼正確。

西元八三五年九月二十七日，李訓達到人生巔峰，這一天他官拜禮部侍郎、同平章事。一年前他還是流放的犯人，一年後他已經是紅得發紫的宰相。與李訓同時拜相的還有舒元輿，他原來的職位是御史中丞兼刑部侍郎，現在專任刑部侍郎，與李訓一樣同平章事。

皇帝李昂一方面要用這些人完成自己的大事，另一方面要用這些人衝擊朝中的朋黨，此前李德裕、李宗閔已經被貶出長安，他們的黨羽也被一貶再貶。如今任用舒元輿這些苦寒出身的官員就是為了填補空缺，徹底衝破牛李二黨對朝政的壟斷。

李昂在下一盤大棋，他的棋局很大，如果這盤棋算計得分毫不差，李昂有望成為比肩父親的有為皇帝。

只可惜，人生的棋局有時就差了那麼一點點。

功虧一簣

西元八三五年十一月，皇帝李昂走到了人生的十字路口。

按原定計劃，這個月的二十七日李昂將為集很多榮譽於一身的資深宦官王守澄舉行葬禮，將其安葬在滻水附近。鳳翔節度使鄭注會請求參與葬禮的保安工作，他有了這個理由將可以順理成章地率領親兵前往。與此同時，李昂命令神策軍中尉以下宦官全部參加王守澄的葬禮。然後大門一關，鄭注的親兵利斧出手，見到宦官就砍，一個不留。

如此這般，在滻水舉辦的就不是王守澄一個人的葬禮，而是王守澄與同事們的集體葬禮了。

為了辦好宦官們的集體葬禮，鄭注一到鳳翔就著手準備，精選了幾百名親兵，這些親兵的武器很特別，不是刀劍而是木棍和利斧。木棍拿在手裡，利斧則揣在懷裡。總體而言，這個計畫相對比較可行，在滻水動手可讓宦官遠離皇宮失去神策軍的保護，鄭注的親兵利斧齊下，宦官根本沒有反抗之力。

只可惜計畫永遠趕不上變化。如此完美的計畫居然被李訓棄用了。棄用的理由很簡單，他想貪天之功以為己力，把剷除宦官的所有功勞都搶到自己手裡。李訓摒棄了和鄭注一起制定的A計畫，他跟自己的親信著手制定了B計畫。

B計畫是這樣的：大理卿郭行餘外調，出任邠寧節度使，戶部尚書王璠出任河東節度使，二人到任後迅速招兵買馬，聽候差遣；京兆尹李石出任戶部侍郎，京兆少尹羅立言代理京兆尹；太府卿韓約出任左金吾衛大將軍。剷除宦官主力將由郭行餘的邠寧兵、王璠的河東兵、韓約的金吾衛兵以及御史臺和京兆尹府士兵共同負責。

人不可謂不多，計畫不可謂不細，但是李訓忽略了一個重要問題，在計畫中他們沒有把宦官與神策軍徹底分隔。一旦計畫不順，宦官調動神策軍，則B計畫將功虧一簣。

A計畫行動地點在滻水，宦官與神策軍分隔，徹底脫離神策軍保護；B計畫行動地點在左金吾衛駐地，宦官與神策軍近在咫尺，仍在神策軍保護下。

傻子都明白A計畫比B計畫靠譜，但李訓還是選擇了B計畫，原因在於李訓想獨攬這貪天之功。在利益的驅動下，李訓選擇了B計畫，進而說服李昂同意了B計畫。

說到底，李昂也是個沒有主見的人。

天作孽，猶可為，自作孽，不可活。

十一月二十一日，圖窮匕見。

李昂登紫宸殿，文武官員各就各位。此時左金吾衛大將軍韓約按慣例應該奏報：左右廂房內外平安。這一次韓約卻沒有按原定臺詞奏報。

韓約說：「昨夜，左金吾衛駐地後面的石榴樹上天降甘露，我已經連夜向陛下稟告。」

甘露，甜美的雨露。

《老子》：「天地相合，以降甘露。」

宋‧梅堯臣《和永叔桐花》：「曉枝滴甘露，味落寒泉中。」

峻青《秋色賦‧傲露篇》：「因為它有一種本事，能把下在它身上的霜變成甘露，來滋潤它的枝葉。」

古人認為甘露降是太平瑞徵。

文武官員聞言馬上跪下向皇帝李昂表示祝賀，天降祥瑞，大喜啊。

宰相李訓、舒元輿站出來，向皇帝表示熱烈祝賀的同時極力勸說李昂前往查看，接受上天的祝福。李昂點點頭，既然上天發來祝福，那得去看看。

紫宸殿位於宮內稱為內殿，含元殿位於大明宮稱為前殿，左右金吾衛駐地在含元殿前方兩側，想要查看甘露的真偽就需要李昂移駕含元殿。李昂出紫宸門登含元殿，文武官員跟隨一同前往。

雖是天降祥瑞，李昂還是決定謹慎一些，讓李訓、舒元輿帶著文武官員先去查看。李訓一干人等去了左金吾衛駐地很久才回來。

李訓面露難色：「臣等剛剛仔細查看了一下，發現可能不是真的甘露。如果貿然對外公布出現甘露的消息，全國人民為此進行慶祝，恐怕朝廷到時就被動了。」

李昂面露不悅：「竟然有這種事情？好吧，既然你們無法確定，那就換一批人再去看看。」

李昂指著仇士良和魚弘志說：「兩位中尉帶著宦官們一起去看看吧。」

事情發展到這一步，仇士良和魚弘志依然沒有察覺，他們乖乖地帶著手下向左金吾衛駐地走去，他們不知道在那裡已經有一群士兵磨刀霍霍。

仇士良和魚弘志剛走，李訓「嗖」地竄了出來：「王璠、郭行餘聽旨。」

王璠戰戰兢兢不敢上前，郭行餘倒是從容在殿前跪下聽候聖旨。

在此之前，王璠的河東兵、郭行餘的邠寧兵都集中在丹鳳門外，各有幾百人的規模，手持兵器全副武裝。李訓命人將這些士兵召集到含元殿接受詔書，此時混亂出現了。王璠的河東兵順利進到含元殿，郭行餘的邠寧兵居然沒進去。

不妙的開始。

仇士良、魚弘志一行人來到了左金吾衛駐地，仇士良還沒查看甘露就感覺左金吾衛大將軍韓約有點怪怪的。

韓約緊張過度，面色異常，大汗淋漓。

仇士良感覺事情有點不對：「將軍，你怎麼了？」

韓約慌慌張張地回應道：「沒什麼，沒什麼。」

仇士良斷定韓約肯定心裡有鬼，不然不會如此緊張。

就在這時一陣風來，韓約身後的帷幕被吹開，仇士良心裡「咯噔」一聲，他看到帷幕後面站著一排排手持兵器的士兵，士兵們手裡的兵器相撞發出了響聲。

「不好，有埋伏。」

仇士良轉身就跑，他的面前是一道門。

按照計畫是等仇士良他們走到石榴樹下，左金吾衛駐地將關閉大門，士兵一擁而上剷除宦官集團。現在仇士良等人剛走進大門不遠，還沒有走到石榴樹下，因而大門並沒有關上。眼看仇士良要跑，負責關門的士兵才開始關門。

仇士良一聲大吼，士兵渾身顫抖了一下，還是懼怕仇士良平日的聲威，大門居然沒關上。

仇士良目標明確，直奔含元殿，一定要把皇帝搶到自己手裡。

李訓看仇士良飛奔而出，暗叫不好，壞了壞了。

李訓衝金吾衛士兵大喊：「快保護陛下，每人賞錢一百貫。」

說話間，仇士良已經跑到了李昂面前：「情勢危急，請陛下馬上回宮。」

仇士良不由分說，命人將皇帝李昂放到軟轎上，抬起軟轎就往內宮跑。

李訓抓住軟轎：「我奏報的事情還沒有說完，陛下不能回宮。」

此時金吾衛士兵已經登上大殿平臺，代理京兆尹羅立言率領京兆尹府士兵三百餘人從東邊增援，御史中丞李孝本率領御史臺士兵二百餘人從西邊增援，瞬間已經砍殺了十餘名宦官。

抬轎的宦官不敢怠慢，抬著皇帝奮力往前跑，眼看要進入宣政殿大門。

李訓緊拽著軟轎不放，大聲喊叫，想讓皇帝停下來。

李訓以及皇帝的命運如何，就看這一瞬間的決定。

皇帝李昂呵斥李訓，讓他住口。

宦官郗志榮上前揮拳猛擊李訓胸口，李訓疼痛難忍栽倒在地，緊握軟轎的手鬆開了。宦官們趁機將軟轎抬進了宣政殿大門，馬上關門。

這場突發的皇帝爭奪戰以宦官的勝利告終，李訓注定大勢已去。

性格決定命運，這句話放在李昂身上最合適不過。

如果李昂有點血性、有點擔當，即便宦官氣焰再囂張，他還是有機會力挽狂瀾的。如果他能在軟轎上高喊「護駕」，由他親自號令士兵擊殺宦官，那麼事情還是有轉機的，畢竟封建時代還是皇帝最大，宦官即便手握兵權也不敢明目張膽對皇帝不敬。只可惜在危急關頭李昂退縮了，他不敢站出來反擊宦官，甚至連振臂一呼的勇氣都沒有。

溫室的苗木注定長不成參天大樹。

李訓涼透了心，自己苦心孤詣想要做一件大事，現在大事沒做成反倒惹下了大禍。可以想見宮城內的宦官們正在緊急調兵，用不了一會兒就會刀劍出鞘。

李訓急中生智，換上了隨從的綠袍，騎馬奔出了宮門。李訓一邊騎馬，一邊高喊：「我犯了什麼罪，要把我貶出京城。」一路過的行人以及守衛的士兵都不知道宮城內發生了大事，還真以為李訓只是被貶官。

李訓就這樣溜走了。

含元殿上，文武百官目睹了這一幕，老夥伴們都驚呆了，這是什麼戲碼啊？

兩派刀光劍影中，文武百官一哄而散。

宰相班子成員王涯、賈餗、舒元輿略顯淡定，回到宰相聯合辦公廳，互相安慰道：「皇上一會就要登延英殿，跟我們商量善後事宜。」

自我安慰、一廂情願。

不斷有官員進來詢問，到底發生了什麼事？三位宰相態度一致：「不知道。只管安心工作吧。」

宮城內，仇士良如夢方醒。

原來這一步步都是棋局，下棋的人就是皇帝。這是向我們下死手啊。

你還知道你是誰嗎？你還記得你的皇位是怎麼來的嗎？如果不是我們抬轎子捧你做皇帝，你現在在哪啊？

李昂注定是個失敗者，他面對宦官們的責難竟無言以對。或許在他心裡，他自己也覺得皇位原本並不屬於他；或許在他心裡，他始終沒有勇氣與宦官決裂。

仇士良見李昂沉默不語便不再搭理，眼下最重要的事就是清君側，把李訓、鄭注那些害群之馬徹底剷除。仇士良下令左右神策軍各出五百人，手持鋼刀出宮去肅清李鄭黨羽。

一千名神策軍士兵殺氣騰騰出了宮門。

宰相王涯等人正準備用午餐，手下氣喘吁吁地跑了進來：「神策軍士兵從宮城出來了，逢人就殺。」

王涯暗叫不好，連馬也顧不上騎了，七十多歲的人邁著自己的老寒腿立刻開溜。官員及金吾衛士兵紛紛得到了消息，一千多人步伐一致，都擠到大門口逃命。

不一會兒工夫，大門關閉了。逃出去的只有四百多，剩下的六百多人全部死於神策軍刀下。

仇士良還不解氣，下令關閉皇城所有大門，神策軍士兵進入政府機關搜捕。來不及逃跑的官員士兵，甚至進政府機關送貨的商販全部被殺，這一下又是一千多人。

剩下就是重點追捕了。

跟隨李訓平地起風雷的舒元輿脫下官服，換上了平民服裝，一人一馬出了安化門，正要慶幸虎口脫險時回頭一看，神策軍殺氣騰騰地追了上來。

別跑了，回去把事情說清楚吧。

七十多歲的老王涯開動著老寒腿跑到了永昌甲茶館，按說速度已經不慢了，還是被神策軍追上，被押往左神策軍總部。刑具戴上了、逼供開始了。七十多歲的老骨頭經不起拷打，很快就招供：我和李訓籌畫謀反，事成之後擁立鄭注為帝。

河東節度使王璠一溜煙跑到了自己位於長興坊的家，喘息未定的王璠命令自己的河東兵關閉大門嚴防死守，誰來叫門都不開。

神策軍士兵尾隨而至，看到了緊緊關閉的大門。領頭抓捕的神策軍將領在史書上沒有留下姓名，這位無名氏將領顯然是個愛動腦子的人。

將軍對著緊閉的大門高喊道：「王涯謀反，皇上已免去他的官職，要啟用你為宰相，我們魚弘志護軍讓我向你表示祝賀。」

裡面的王璠一聽，喲，天上還真能掉餡餅啊，我要當宰相了。

王璠喜出望外，喜滋滋地開了大門，此等好事焉能將報喜鳥拒之門外。

神策軍將領表情戲謔地向王璠道賀，那表情深深刺痛了王璠，完了，上當了。

王璠流淚了，他恨自己一廂情願、智商太低，他居然被這麼低劣的騙術給騙了。上當的並不是因為智商低，而是因為心中的貪念戰勝了理智。

淚流滿面的王璠被押送到了左神策軍總部，見到了老王涯。

王璠埋怨道：「你自己謀反，為什麼要牽連到我呢？」

王涯看看王璠，不滿地回應道：「當年你做京兆尹，如果你不把宋申錫的計畫洩露給王守澄，哪會有今天？」

王璠低頭不語。

第二天，百官入朝，等到太陽東升才開了福建門。禁軍有令，上朝官員每人只准攜一名隨從進宮。進宮路上，禁軍鋼刀出鞘夾道列隊。

眾人到了宣政門前，宣政門還沒有開。宰相、御史大夫無人到場，習慣一切行動都聽指揮的百官不知道今天該如何排隊。

朝會終於開始了，李昂登紫宸殿，他沒有看到幾張熟悉的面孔：「宰相為何沒來朝會？」

仇士良回應道：「王涯等人謀反已被囚禁監獄。」

仇士良呈上了王涯等人親筆寫的招供狀，並招呼幾位大臣一起辨認查看。

關於這段史實，《資治通鑑》是這樣記載的：

> 上御紫宸殿，問：「宰相何為不來？」仇士良曰：「王涯等謀反繫獄。」因以涯手狀呈上，召左僕射令狐楚、右僕射鄭覃等升殿示之。上悲憤不自勝，謂楚等曰：「是涯手書乎？」對曰：「是也！」「誠如此，罪不容誅。」

按照《資治通鑑》的說法，李昂詢問了招認狀是否為王涯親筆書寫，得到確認後表示：「誠如此，罪不容誅。」

如果這代表李昂的真實意思，那麼可以把他與晉惠帝司馬衷一起劃為白癡皇帝，王涯等人究竟有沒有謀反你不清楚嗎？李訓和王涯要擁立鄭注為帝的鬼話你也信？

如果這不是李昂的真實意思，這只能說明他在自保，用王涯等人的命保自己的命。從他一貫的表現來看，這種可能性比較大。

皇帝如此表態，等待王涯的還會有好果子嗎？

留給王涯的時間已經不多了。李訓、鄭注以及其黨羽的時間也不多了。

宰相之一賈餗是鄭注的人，經鄭注提攜登上宰相之位，他在甘露事變後喬裝打扮潛入民間。輾轉反側一宿，賈餗做了一個重大決定——主動投案。賈餗並不是不想跑，而是他發現天下之大已無他的藏身之地。

賈餗換了一身喪服，騎驢到了興安門，淡定地對守門士兵說：「我是宰相賈餗，受到奸臣牽連，帶我去神策軍吧。」守門士兵愉快地接受了請求，將他押送到了右神策軍。

甘露事變之前被提拔的代理御史中丞李孝本求生欲望比賈餗強，他一人一馬直奔鳳翔而去，從方向看應該是去投奔鄭注。只可惜，剛到咸陽就被神策軍追了回來。

李訓呢？

他悄悄上了終南山。李訓在終南山有個朋友，密友是個和尚，叫宗密。

宗密（七八〇～八四一年），唐代僧人，如來第三十九代法孫，華嚴宗五祖。因常住圭峰蘭若，世稱圭峰禪師。俗名何炯，果州西充（今四川西充縣）人，曾第進士，於遂州遇道圓禪師出家受教。以拯律師受具足戒，文宗大和九年召問佛法大義，賜紫衣為大德。武宗會昌初坐滅於興福寺塔院。

宗密有心將李訓剃度，藏匿在終南山，可是遭到徒弟們反對。終南山離長安太近了，李訓目標那麼大，就算剃光了頭髮還是會被指認出來。

李訓不想讓宗密為難，自己主動下山準備前往鳳翔投奔鄭注。還沒走到鳳翔，李訓就被盩厔鎮遏使（**衛戍司令**）宋楚擒住，戴上枷鎖押送長安。行至昆明池，李訓做了個決斷，他要說服押解官給自己來個痛快的。與其到神策軍被折磨得死去活來，不如早點做個了斷。

李訓對押解官說：「得到我就得到了富貴。我聽說神策軍正在到處搜捕我，萬一讓他們看到了一定會從你手中把我搶走。為你考慮，不如砍下我的頭去領賞吧，這樣誰也搶不走。」

押解官眼珠轉了幾轉，認為李訓說的有道理，那就恭敬不如從命吧。

李訓以三寸之舌從被流放之人登上宰相之位，又以三寸之舌讓押解官提前處決了自己。人生如坐過山車，瞬間巔峰、瞬間谷底，太刺激了。

十一月二十四日，大清算開始。

左神策軍出兵三百，高舉李訓的首級在前面開路，後面押解王涯、王璠、羅立言、郭行餘；右神策軍出兵三百，押解賈餗、舒元輿、李孝本一起前往太廟及農神地神祭壇，像呈獻牲畜一樣行呈獻儀式，然後押解到東市和西市。

這次監刑的官員很多，文武百官都參與了監刑。這不是監刑，而是殺雞給猴看，看你們這些猴誰還敢跟宦官作對。

獨柳樹下，李訓和鄭注的同道中人一起被腰斬，頭顱被砍下懸掛在興安門外。受刑官員的親屬家人不論遠近親疏一律處死。

被處死的人中有個人叫王沐，是王涯的堂弟。

王沐本住江南，年老且貧窮，日子過得很苦悶。聞聽王涯出任宰相，王沐千里騎驢投奔，準備為自己謀劃個縣尉或者主簿。王沐在長安待了兩年才見到了王涯，王沐很激動、王涯很冷淡，總而言之，王涯不喜歡王沐這個千里騎驢投奔的堂弟。

王沐還不死心，一直耐心地尋找機會。總算走通了王涯寵信的家奴門路，讓他給王涯遞話，王涯才鬆了口，答應找機會給王沐謀份差事。王沐從此天天到王涯家報到請安，期待著有一天能得償所願。

等到神策軍上門抓捕時，王沐恰好也在，那就一起吧。王沐與王涯一起被腰斬於獨柳樹下。

相比之下，舒元輿的堂侄舒守謙要幸運得多。

舒守謙原本深得舒元輿喜愛，受舒元輿照顧提攜達十年之久。有一天，舒元輿忽然無緣無故對舒守謙大發雷霆，之後的每一天都對舒守謙斥責一番。時間長了，舒守謙在舒元輿面前徹底沒地位了，連舒元輿的僕人和婢女都不給舒守謙好臉色。舒守謙心緒難平，索性請辭返回江南老家。舒元輿也不作挽留，任由舒守謙離開。

舒守謙憤憤不平踏上返鄉路，傍晚行至昭應，聽到舒元輿全家被屠的消息。

一切都是命運，一切都是煙雲。

眾人塵埃落定，該說說鄭注了。

李訓單方面將計畫提前，事先並沒有通知鄭注，鄭注還是按照原計劃率領五百親兵從鳳翔出發，抵達扶風。扶風縣令韓遼見多識廣，見鄭注無緣無故地率領五百名殺氣騰騰的士兵抵達扶風，心裡明白了八九分。扶風離長安很近，韓遼很清楚皇帝與宦官之間的矛盾。如今鄭注率領五百親兵到扶風駐紮，恐怕有大事要發生。

韓遼權衡再三，兩邊都不敢得罪，還是跑吧。韓遼攜帶印信，領著縣衙的大小官員一起躲到了武功縣避風頭。

鄭注正惱怒韓遼不辭而別，長安傳來消息，李訓把事辦砸了。鄭注惱怒到了極點，但他不敢在扶風停留了，趕緊折返鳳翔，畢竟在自己的地盤上要安全一些。

鄭注前腳剛到鳳翔，皇帝的密旨也到了。密旨當然不是李昂的旨意，而是仇士良的指示，仇士良已經掌控了全域，他的指示就是皇帝的旨意。密旨交到了監軍宦官張仲清手上，指示很明確：處死鄭注。

張仲清驚慌失措，不知該如何是好，以前他從來沒辦過這麼大的事，一下子挑這麼重的擔子有點吃不消。

關鍵時刻，張仲清身邊的人站了出來。站出來的人叫李叔和，在鳳翔戰區擔任押牙（內營管理官）。李叔和與張仲清走得比較近，平時並不起眼，但這一次李叔和讓張仲清刮目相看。

李叔和建議道：「我以你的名義宴請鄭注，屆時先調開他的親兵，在宴席上把他拿下，大功可成。」

重任在肩，張仲清別無選擇，馬上安排宴席並布下伏兵，只等鄭注上鉤。

鄭注接到邀請也曾猶豫了一下，但轉念一想，有五百親兵護衛，料他張仲清也玩不出花樣。

鄭注上門了，賓主雙方寒暄再三，說了很多肝膽相照的話。李叔和將大多數親兵留在了外邊，準備了好酒好菜招待，大家吃好喝好。鄭注一想也合理，因此只帶了幾名親兵進去赴宴。賓主落坐飲茶，鄭注沒有想到這是他人生中最後一次飲茶。李叔和趁鄭注不備，手起刀落，一刀砍下了鄭注的頭。

外面的大門悄然關上，伏兵四起。正在大吃大喝的鄭注親兵猝不及防紛紛倒地，一會兒工夫五百親兵全部跟隨鄭注而去。張仲清見大局已定，拿出密旨向在場將士宣讀。宣讀完畢，清算開始，鄭注全部家人以及手下及助手一千餘人全部被殺。被殺的人中有節度副使錢可復，他的遭遇令人唏噓。

錢可復乃名門之後，祖父錢起，天寶十年登進士第，大曆年間與韓翃、李端並稱「十才子」，留有名句——曲終人不見，江上數青峰。父親錢徽，貞元初年進士及第，元和初年入朝任左補闕，後以祠部員外郎升任翰林學士，遷中書舍人，知制誥，被憲宗稱為長者。

錢可復，進士及第，累官至禮部郎中。太和九年，鄭注出鎮鳳翔，尋求名門之後給自己當副手，錢可復進入鄭注視野，任鳳翔節度副使，兩人一拍即合。

原本鄭注的第一目標是韋溫。還記得韋溫是如何拒絕的嗎？

「當災禍無法避免時，那就選比較輕的。拒絕鄭注頂多被貶，而如果跟隨他恐有不測之禍。」韋溫有看到未來的第三隻眼，可惜錢可復沒有。

受制家奴

第十三章

唇齒交鋒

鄭注死後，家產被罰沒，僅絹一項就高達一百餘萬匹，其餘東西可想而知。罰沒報告上奏到李昂那裡，李昂歎息了一聲，是歎息鄭注的貪婪，還是歎息鄭注出師未捷呢？

十二月九日，李昂想了解一下京城裡的最新情況。此時宰相已經換成了鄭覃和李石，這二人陪伴李昂共度最艱難的時光。

李昂問道：「大街小巷是否已恢復往日平靜？」

李石回應道：「逐漸恢復正常了，但最近幾天特別冷，可能是殺人太多的緣故。」

鄭覃補充道：「罪犯的親人都已經差不多死盡了，其餘的最好不要追究了。」

李石和鄭覃之所以如此說，是因為宦官們還沒解恨，還不準備收手。

李昂點點頭，是啊，該結束了。

七天後，李昂下詔：逆人親黨，自非前已就戮及指名收捕者，餘一切不問。諸司官吏雖為所脅從，涉於詿誤，皆赦之。他人毋得妄相告言及相恐愓。見亡匿者，勿復追捕，三日內各聽自歸本司。

也就是說除了指名通緝的，其餘一律不追究了。

追查結束，但鬥爭還遠沒有結束。

西元八三六年正月一日，李昂登宣政殿，赦免天下，改年號為開成。

正月初一，仇士良又鬧么蛾子：建議用神策軍代替金吾衛守衛殿門。

此舉並非簡單換防，而是仇士良想把更多的地方置於自己的掌控之下，金吾衛不歸仇士良直管，神策軍才是他最放心的嫡系部隊。沒等李昂表態，諫議大夫馮定就把仇士良懟了回去：「不行，沒這規矩。」

仇士良心中有氣也不敢硬來，規矩橫在那裡，即便他手握神策軍也不能強行改變。

仇士良恨恨地看了看馮定，走著瞧。

自甘露事變後，仇士良為首的宦官集團氣焰日益囂張，王朝大權掌握在他們這些「北司」（皇宮）宦官之手，而「南衙」（政府）的宰相們只不過是依照宦官們的意思發發公文。即便如此仇士良仍不滿足，動輒拿李訓和鄭注說事，你們這些宰相都不靠譜，李訓和鄭注就是你們的代表。

宰相李石和鄭覃都是宦海浮沉多年的人，知道打蛇要打七寸，既然宦官們老拿李訓和鄭注說事，那就要在這件事上找出反擊點。

李石和鄭覃回擊道：「李訓和鄭注是禍亂的頭目不假，請問李訓和鄭注又是什麼人推薦來的呢？」

仇士良啞了，無言以對。李訓和鄭注都是老領導王守澄推薦的，王守澄代表的是整個宦官集團。日後這種唇齒交鋒發生過多次，每次都是仇士良無言以對結束。沒辦法，他就是有再多的兵，也改變不了宦官集團推薦李訓和鄭注的事實。

天外飛仙

宰相李石和鄭覃雖然每次都能噎住仇士良，但他們知道這都是虛的，對付仇士良這種武裝宦官僅僅講道理是不夠的。

李石和鄭覃感覺力不從心時，意想不到的支持者出現了。支持者是昭義節度使（總部在今山西長治）劉從諫。

劉從諫，以忠義自許，父親劉悟原為平盧節度使李師道的都知兵馬使。西元八二〇年（元和十五年），唐憲宗李純下令討伐平盧，劉悟襲殺李師道，被委任為義成節度使，後轉任昭義節度使，鎮守潞州。劉從諫由於父親的緣故，幼年即得功名，初為將作監主簿，後不斷升遷，成為僅次於父親劉悟的二號人物。

父親劉悟去世之後，劉從諫穩住了局面，又給宰相李逢吉和王守澄送了厚禮，一番上下其手後順利接任昭義節度使。原本劉從諫心向長安，還是想對朝廷表忠心的。西元八三三年，劉從諫興致勃勃來到長安，想請求皇帝李昂將他調到其他藩鎮，以此表明絕無割據之心。

然而劉從諫在長安住了一段時間，他發現長安跟他想像的不一樣。在長安政出多門、事權不一，請託送禮的事層出不窮。

長安之行也不是一無所獲，他與老資格官員王涯的交情日進千里形同莫逆，無論有多少人說王涯的不是，劉從諫依然認可王涯

現在王涯死於仇士良之手，劉從諫憤憤不平，憤怒之餘一張奏表遞到了長安：

涯等儒生，荷國榮寵，咸欲保身全族，安肯構逆。訓等實欲討除內臣，兩中尉自為救死之謀，遂致相殺，誣以反逆，誠恐非辜。設右宰相實有異圖，當委之有司，正其刑典，豈有內臣

擅領甲兵，恣行剽劫，延及士庶，橫被殺傷。流血千門，僵屍萬計，搜羅枝蔓，中外恫疑。臣欲身詣闕庭，面陳臧否，恐並陷孥戮，事亦無成。謹當修飾封疆，訓練士卒，內為陛下心腹，外為陛下藩垣。如奸臣難制，誓以死清君側。

劉從諫的奏章說到了點上，即使宰相真的有罪也應該按照司法程序審理，怎麼能不經審訊就直接殺害呢？

奏章最後，劉從諫不忘震懾仇士良：別得意，惹我火了我就清君側。

皇帝李昂看完奏章，心情著實複雜，一方面為有劉從諫這樣的節度使感到欣慰，另一方面又有遠水解不了近渴之感。倘若劉從諫就在身邊，是否一下子就能剷除了仇士良這些禍害呢？

李昂不願再去想了，一朝被蛇咬，十年怕井繩。

李昂只能對熱心的劉從諫表示勉勵，加授中央官銜：檢校司徒。

官職是虛的，榮譽卻是真的。

沒過幾天，仇士良的么蛾子又來了。

仇士良授意皇城留守長官奏報：各儀仗隊有帶刀的，一律送繳宮廷軍械庫，值班列隊時以木刀代替。

仇士良執意把真刀換成木刀，原因只有一個，提前戒備以防萬一。

仇士良正要得意，劉從諫又來找不痛快了，這回他不僅上了奏章，而且還派了全權代表進京。

劉從諫在奏章上寫道：臣所做的陳述都是關係帝國大體，如果陛下採納，那麼王涯等人應該沉冤昭雪；如果陛下不採納，那麼就不應該給我獎賞。怎麼可以冤死的不能昭雪，而活著的卻由此享受國家俸祿。

劉從諫跟仇士良槓上了。李昂又能怎樣，只能將劉從諫的全權代表安撫一番，再口頭把劉從諫表揚一番。

奏章沒有取得實質戰果，但震懾作用還是有的，仇士良明白像劉從諫這樣的節度使還有不少，一旦激怒了他們局面恐怕不可控制。

於是仇士良收斂了許多，李昂和他的宰相們日子好過了一點。

然而雙方關係如同瓷器，一旦破碎，即便修復再也回不到完好如初時，而且修復的關係經不起一點風吹草動。

西元八三六年五月二十一日，李昂與宰相們舉行了一場再普通不過的朝會，李昂恩准了宰相們的提議，宰相們叩頭謝恩。不料就是這麼簡單的一件小事，以訛傳訛成了大事。

謠言說李昂要把兵權交給宰相，宰相們因此叩頭謝恩。謠言傳到了仇士良的耳中，仇士良打了一個寒顫：「莫非又要來一次甘露事變？」

接下來幾天，空氣中瀰漫著緊張的分子，仇士良命令神策軍打起十二分精神，一定要確保萬無一失。

謠言很快從宮裡傳到了宮外，整個長安城都緊張了。「甘露事變」殷鑒不遠，不少無辜的人死於非命，長安城中人心惶惶，有人甚至準備逃亡。

謠言傳到最後，連宰相和皇帝都知道了，一件普通小事怎麼傳成了這樣呢？

五月二十七日，在宰相李石的建議下皇帝、宰相、宦官三方碰面，驗證謠言的真偽。宰相李石和皇帝李昂一起向仇士良解釋一切都是謠言。仇士良將信將疑地看著李石和李昂，心頭的疑慮總算消除了幾分，謠言在三方對證下終於消除。

僅此一件事便能看出李昂的悲哀，身為皇帝還要向宦官解釋事情原委，內心的屈辱有多強烈恐怕只有李昂自己知道。

不是因為敵人強大，而是因為你自己太弱小。

心如死水

自甘露事變後，皇帝李昂一直怏怏不樂。以前他酷愛蹴鞠，現在左右神策軍的蹴鞠比賽也減少了六七成，即便在蹴鞠比賽現場也再無往日的興致勃勃。盛大的宴會場面還是一如既往宏大，絲竹繞梁、載歌載舞，李昂的笑容卻消失不見。閒暇無事時要麼徘徊、要麼遠望、要麼自言自語、要麼暗自歎息。

西元八三六年十一月十七日，李昂登延英殿與宰相朝會。

李昂對宰相們說：「朕每次與卿等討論天下事，總是滿腔愁緒。」

宰相們趕緊給皇帝寬心：「治理天下不能速成。」

李昂依舊愁眉不展：「朕飽讀史書，也想做個有為皇帝，不想做平庸之輩。」

李石安慰皇帝道：「如今宦官與朝臣之間還是有不少小人挑撥，陛下對待宦官還是寬以待之，其中奉公守法如劉弘逸、薛季棱者，陛下還是應該褒揚獎賞。」

李昂點點頭，若有所思。

兩天後，再次朝會，李昂依然緊鎖眉頭。

李昂說：「朕與卿等討論天下大事，有些事根本無法實行，朕只能退回內宮中飲酒，只求喝醉。」

宰相們連忙承認錯誤：「這都是臣等的過錯。」

酒不能解決任何問題，只能讓你自己騙自己而已。

和所有皇帝一樣，李昂的後宮煩心事也不少。有人的地方就有江湖，有女人的地方更是江湖，有皇帝女人的地方則是江湖中的江湖。李昂的後宮中，地位最高的是太子李永之母王德妃，最受寵的卻是楊賢妃。皇帝李昂不喜歡王德妃，進而對王德妃的兒子李永也不欣賞。

太子李永呢，他知道父親不欣賞自己，也知道父親不寵愛母親，多重壓力之下，他開始自暴自棄了。給事中韋溫擔任太子侍讀，親眼見證了李永的自暴自棄。

韋溫早晨到東宮報到準備給太子講課，結果苦等幾個小時，直到中午才見到太子本尊。韋溫失望到了極點，按捺住內心的不滿規勸道：「太子當雞鳴而起，問安視膳，不宜專事宴安。」

遺憾的是李永聽不進韋溫的金玉良言。不能說李永的品質不好，只能說他活得太真實了。身為太子就要背負責任、接受束縛，如果一味我行我素，那麼離廢黜就不遠了。韋溫眼見太子扶不上牆，索性向皇帝李昂請辭，要求辭去太子侍讀一職。

李昂心如明鏡，他知道李永的所作所為便不再勉強，免去了韋溫的太子侍讀一職。

李永的境遇越來越糟，母親王德妃不受寵愛也幫不上忙，雪上加霜的是王德妃莫名其妙地死了。

《資治通鑑》關於王德妃的死寫得很簡略，只有一筆：太子永之母王德妃無寵，為楊賢妃所譖而死。

如此看來王德妃死於楊賢妃的構陷，歷代後宮只有血淋淋的爭鬥，你死我活的互掐。

王德妃死了，楊賢妃更加變本加厲，目標直指太子李永。李永活得過於真實不知克制，吃喝玩樂親近小人，普通人家孩子極為平常的舉止在他身上都變成了缺點。李永是一隻有縫的蛋，現在被楊賢妃這隻蒼蠅叮上了。

在構陷這條道路上，楊賢妃停不下來了，她已經害死了李永的母親王德妃，接下來一定要把李永置於死地，不然等李永掌握大權後一定會把之前的恩怨加倍奉還。

楊賢妃的構陷日夜不停，時間一長皇帝李昂也有些迷糊了。

西元八三八年九月七日，李昂登延英殿，召集宰相、兩省官員、御史、郎官，命令大家指摘太子過失準備廢黜。

李昂大為失望：「這樣的人能當天子嗎？」

群臣雖不參與宮鬥，但宮中的事情還是略知一二的。太子之母王德妃枉死，太子又被置於廢黜邊緣，這一切是誰幹的？不言自明。

群臣勸道：「太子年少，應該允許改過。國本至關重要，豈能輕動。」

御史中丞狄兼謨最為堅持，說到激動處淚流滿面。

狄兼謨曾祖叫狄仁續，狄仁續正是狄仁傑的堂兄弟，因此狄兼謨是狄仁傑的曾族孫。延伸說一句，狄兼謨後來與白居易等人志趣相投，結為九老會，史稱「香山九老」。

已經免去太子侍讀的韋溫關鍵時刻還是力挺太子：「陛下只有一子，沒有好好教育他以至於沉淪到這個地步，難道讓他一個人承擔所有責任？」

韋溫說到了點上，太子是有缺點、有過失，但是讓他一個人承擔所有後果就不合情理了。群臣反對，廢黜太子的棋陷入僵局。第二天，六位翰林學士、十六位神策六軍軍使站出來為太子辯護，廢黜太子的棋局無法繼續了。

李昂見群臣多數反對廢黜太子便暫時按下了廢黜太子的心思，提心吊膽好幾天的太子李永總算暫時躲過了一劫，當晚返回了自己居住的少陽院。

太子暫時平安，身邊的人卻沒有那麼幸運。如京使（採購官）王少華以及宦官、宮女幾十人，有的被處死、有的被流放，他們都成了替罪羊。

史書上的文字波瀾不驚，波瀾不驚的背後卻是驚心動魄。這段看似平常的敘事應該隱藏著宮廷內的劇烈鬥爭，一派是楊賢妃領銜的倒太子派，另一派是狄兼謨、韋溫這些保太子派，看似平常的唇齒交鋒，背後盡是刀光劍影。

從平實的敘事中，我為皇帝李昂的精神狀態感到擔憂。按常理來說應該是父子情深，李昂只有李永一個兒子，即便其母並不受寵但父子親情是一定有的。動議廢黜自己唯一的兒子，李昂的父子親情又在哪裡呢？或許經歷過甘露事變，經歷過宦官們的壓迫，李昂的精神狀態已經不能完全用正常人的標準來衡量了。

甘露事變後，武裝宦官的氣焰達到頂點，神策軍人事變動直接由宦官決定，公文送到中書省，由宰相向皇帝奏報後實行。

九月二十八日，李昂下了一道詔書：神策軍人事變動要先奏報，由皇帝交中書省審查後實行。一道詔書折射出皇帝內心的苦。詔書發布前，他對神策軍無能為力；詔書發布後，也只是形式上的改變。武裝宦官將軍權抓到手，斷不會因為一紙詔書輕易放棄。

九天後，苦悶的李昂得到了一個不好的消息：太子李永暴斃。

《資治通鑒》記載如下：太子永猶不悛，庚子，暴薨，諡曰莊恪。

如果李永是正常死亡，沒有必要加上「猶不悛」這三個字。「悛」有改變、改過之意，「不悛」，知錯不改。

《資治通鑒》如此表述可以得出如下結論：由於李永不知悔改，最終暴斃。而他的暴斃，父親李昂事前是知情的但沒有阻止。

父親明知兒子將死於非命卻沒有加以阻止。是不是有些荒誕？

但在李昂、李永父子身上真的發生了。

李昂究竟在做什麼？他的精神狀態到底是怎樣的？無人知曉。

或許那時的李昂已經是一位限制行為能力的人了。除此之外無法解釋。

甘露事變功敗垂成，朝中黨爭暗流湧動，太子李永突然暴斃，所有事情疊加到一起使得李昂的內心充滿了挫敗感。李昂坐立不安，他突然萌生了一個念頭：他想看自己的起居注。

起居注是記錄帝王的言行錄，顧炎武在《日知錄》中講：「古之人君，左史記事，右史記言，所以防過失，而示後王。記注之職，其來尚矣。」從漢以後，幾乎歷代帝王都有起居注，但流傳下來的很少。主要因其一般不外傳，僅作為撰修國史的基本材料之一。

傳說最早的起居注是漢朝漢武帝時的《禁中起居注》。其後，在漢明帝時也有《明帝起居注》，但這些起居注多為中國宮廷內部自行編撰，並未設有專職與專人來負責編撰。

直到晉朝時開始設立起居令、起居郎、起居舍人等官員來編寫起居注，其後一直到清朝，各朝代都曾有起居注的撰寫；但是由於動亂與本身未成為一個持續性的制度，在清朝以前的起居注大部份均已不存。

負責修起居注的官員，在皇帝公開的各種活動中均隨侍在旁，因此起居注記錄的內容甚為廣泛，包括除了皇帝宮中私生活外的種種言行。

李昂想看自己的起居注是因為他心裡沒有底，他不知道在史官的筆下他會是一個怎樣的皇帝。越是強者越不在乎別人的評價；越是弱者越看重別人的看法。

李昂沒有想到他碰了軟釘子。李昂命起居舍人魏謨把起居注拿來看看，魏謨皺了一下眉，搖了搖頭。

「《起居注》記錄善行也記錄惡行，為的是讓帝王保持警醒。陛下只要努力做善行就可以了，不用去管怎麼記載。」

「哦，朕以前看過。」

「這是以前負責起居注的官員失職，如果陛下自己查看起居注，那麼史官必然會有所避諱，那麼後人如何能信服這樣的記錄。」

魏謨堅持原則，說話硬氣，生生把李昂懟了回來。

什麼人敢對皇帝這麼硬氣？魏謨是魏徵的五世孫。

就《起居注》延伸說兩句。李昂並不是第一個想看《起居注》的皇帝，他的祖爺爺唐太宗李世民也曾動過看《起居注》的念頭。李世民曾找諫議大夫褚遂良想看起居注也碰了釘子。李世民問：「朕有不善，卿亦記之邪？」褚遂良回答說：「臣職當載筆，不敢不記。」黃門侍郎劉洎則說：「借使遂良不記，天下亦皆記之。」

秉筆直書，史官天職。

西元前五四八年，大臣崔杼殺害了當朝的齊莊公。國君殺得，就沒有什麼人殺不得了。一時間齊國血雨腥風、人人自危。儘管崔杼譁變是被齊莊公賜他的「綠帽子」所激，但齊太史公還是毫不留情地秉筆直書：「崔杼弒其君。」崔杼二話沒說，殺了太史公。繼任的是死者弟弟，他再書：「崔杼弒其君。」崔杼再殺。三弟還書：「崔杼弒其君。」就在崔杼為殺與不殺猶豫不決的時候，南史氏也收拾行裝準備前仆後繼。崔杼終於害怕了，他沒有敢殺第三位太史公，「崔杼弒其君」這五個字就這樣滴著鮮血載入了史冊。

煩惱總是接二連三，李昂的朝廷不太平，後宮也不清靜。楊賢妃扳倒了太子李永，自然不會讓這個位置空缺，那麼該由誰來做太子這個位子呢？

楊賢妃自己名下無子，她只能尋找便於自己將來控制的人，尋思一番後，楊賢妃目光鎖定安王李溶。

李溶是穆宗李恆的兒子，皇帝李昂的弟弟。關於安王李溶的身世背景，《舊唐書》和《新唐書》相互矛盾。

《舊唐書》：安王溶，穆宗第八子。母楊賢妃，長慶元年封。太和八年，授開府儀同三司、檢校吏部尚書。開成初，敕安王、潁王，並以百官例，逐月給料錢。

《新唐書》：穆宗五子：恭僖皇后生敬宗皇帝，貞獻皇后生文宗皇帝，宣懿皇后生武宗皇帝；餘二王，亡其母之氏、位。

《舊唐書》裡說安王李溶的生母是穆宗的楊賢妃，《新唐書》直截了當地說「不知道安王李溶生母的姓氏以及品級」。

綜合《資治通鑒》後來的記載，大致可以推測出安王李溶的母親可能姓楊，但品級不高，李昂寵愛的楊賢妃想扶持李溶上位，第一是因為他沒有強大背景，將來好控制；第二是李溶的母親可能與楊賢妃同宗，可以打感情牌。

楊賢妃試圖說服丈夫李昂立安王李溶為皇太弟，這就有點胡鬧了。歷代王朝如果皇帝沒有子嗣，一般會在皇族裡找一個子侄輩的繼承人。兄終弟及不是沒有，但當朝皇帝健在就堂而皇之冊立「皇太弟」的真不多。

有唐一代，總是有不少稀罕事。

唐睿宗李旦第二次出任皇帝，實際上就是叔叔搶了侄子的位置，不過這次皇位更迭是在太平公主的主持下，李旦並沒有「皇太叔」的頭銜。後面咱們會說到唐宣宗李忱，他就是以「皇太叔」的名義繼位，貨真價實的皇太叔。

「皇太叔」很奇葩吧，還有更奇葩的。

唐中宗李顯的女兒安樂公主曾有過一個提議，要求父親冊立自己為「皇太女」。

現在楊賢妃試圖說服丈夫冊立皇太弟，這個奇思妙想沒有通過宰相這一關。經過反覆權衡，李昂立敬宗李湛的兒子、陳王李成美為太子，太子風波到這個時候總算告一段落。

到此時，李昂的心情稍稍平復。一天後，李昂心情又無法平復了。

這本該是輕鬆愉快的一天。李昂與群臣在會寧殿設宴，期間有雜技助興，其中一個節目是「童子爬高竿」。

童子正在高竿上賣力地表演，高竿下有一個面露擔憂之色的中年男子在來回走動。

李昂感到奇怪，此人舉止為何如此怪異？

左右解釋道：「此人是童子的父親。」

說者無意，聽者有心，李昂的心被狠狠地扎了幾刀。淚水順著李昂的臉龐流了下來，流不盡的眼淚、寫不盡的哀傷。

「朕貴為天子，卻不能保全自己的兒子。」

於是李昂把教坊（皇家歌舞團）劉楚材等四人、宮女張十十等十人叫來，怒斥道：「都是你們這些構陷太子的，如今又冊立了新太子，你們是不是還想再來一次啊？」

劉楚材等人還想解釋，李昂揮揮手，十四人全被拉了下去。兩天後，十四人全部被誅殺。

史書語焉不詳，不知道劉楚材這十四個人曾如何構陷太子，很有可能他們是在扳倒太子的過程中做過不利於太子的偽證。

人在後宮。身不由己，當楊賢妃派人找到他們要求作偽證時，他們拒絕得了嗎？

這一切李昂應該心知肚明，只是當時沒有點破。現在受了刺激就把火發到了劉楚材、張十十這些人身上。

可憐，可歎。

構陷太子的人伏法了，李昂卻感傷過度舊病復發了。

如果鄭注尚在或許還能妙手回春。如今鄭注不在了，能醫治李昂的人天下難找。李昂的病在心裡，身上的疾好醫，心裡的病難癒。

一個月後，李昂病情略有好轉，他登上了思政殿想找人說說話。李昂召來直學士（**皇家初級文學研究官**）周墀，命人給周墀倒了一杯酒以示親近。李昂看著周墀，似乎想從周墀的臉上找到答案。

「朕可以與前面王朝的哪些帝王相提並論？」

「陛下可比堯舜。」

「朕豈敢與堯、舜相提並論，與周赧王、漢獻帝相比如何？」

周墀腦袋「嗡」地一下，皇上把話說到這個地步，該如何接呢？

周墀大驚道：「那些都是亡國之君，豈能與陛下相提並論。」

李昂臉色蒼白，神情落寞：「周赧王、漢獻帝受制於諸侯，如今朕卻受制於家奴，這麼比的話朕還不如他們。」

看得見的眼淚順著臉龐流，滴下來打濕了衣襟；看不見的眼淚在心裡流，攢下來匯成了江海。

周墀不敢再接話，趴在地下，嗚咽流淚。

愁腸已斷無由醉。

自此之後，李昂不再出宮早朝，生命也進入倒數計時。

三選一

西元八四〇年正月二日，李昂發出一道詔書：立穎王瀍為皇太弟，應軍國事權令句當。太子成美年尚沖幼，未漸師資，可復封陳王。

這詔書有些莫名其妙。

僅僅四十餘天前剛剛冊立李成美為太子，怎麼過了個年就換成皇太弟了呢？再說，皇太弟之前的提名人選可是安王李溶，怎麼又換成穎王李瀍了呢？

一切的一切都是宦官搞的鬼。

從唐憲宗李純繼位開始，之後的歷任皇帝繼位都有宦官忙碌的身影，就連李純自己的繼位也有宦官忙碌的身影。

無利不起早，宦官圖的是自己的將來。

李昂知道自己時日無多，讓樞密使劉弘逸、薛季棱召喚宰相楊嗣復、李珏進宮，打算讓他們輔佐太子李成美監國。

在非常時期監國之人將在皇帝駕崩後登基稱帝已是慣例。眼見四人進宮，仇士良和魚弘志明白即將發生什麼。仇士良和魚弘志也早有打算，他們要推出自己的人選。

如果太子李成美順利登基，將來會重用有擁立之功的薛季棱、李珏；如果安王李溶順利登基，將來會重用的是劉弘逸、楊嗣復。所以這兩人都不能擁立，只能找第三人選，這個人就是穎王李瀍。

仇士良和魚弘志找來宰相們商量：「太子年幼，而且身患疾病，是不是該換個人選？」

李珏馬上變了臉色：「太子位分已定，怎能變卦？」

仇士良和魚弘志相互看了看對方，既然這樣就不用商量了。在仇士良和魚弘志的授意下，更換太子詔書火熱出爐：立穎王李瀍為皇太弟。

當日仇士良、魚弘志派神策軍士兵前往親王十六宅迎接穎王李瀍，士兵們將李瀍接到了少陽院。少陽院是太子居所，將李瀍接到少陽院，用意不言自明。

此時局勢看似很複雜。

宰相李珏、宦官薛季棱支持的是太子李成美；宰相楊嗣復、宦官劉弘逸支持的是安王李溶，而仇士良、魚弘志支持的是穎王李瀍。如果你是朝中大臣，你選擇支持誰呢？

其實也不難選，看哪一派手裡有兵。文武百官簡單一對比就知道該支持誰了。

思賢殿上，穎王李瀍與大臣們的見面會正在進行，文武百官相互看了看，人都到齊了，看來大家的判斷是一致的。

兩天後，李昂駕崩，享年三十三歲。

十天後，李昂遺體入斂；七個月後，李昂被安葬於章陵，謚號元聖昭獻孝皇帝，廟號文宗。

第十四章

李德裕時間

各就各位

李昂的時代結束了，李瀍的時代開始了。

從李湛開始，經李昂接力，再到李瀍接棒，唐穆宗李恆的三個兒子先後過了皇帝癮。如果泉下有知，他該作何感想呢？

和李昂一樣，李瀍之前並沒有想過自己能當皇帝，只是仇士良、魚弘志為了鞏固自己的利益找到了他；和李昂不一樣的是，李瀍的駕馭能力遠在他之上。

李昂當了十餘年皇帝，最終受制於宦官這些家奴，李瀍登基後不久便霸氣十足、睥睨一切，仇士良、魚弘志雖然武裝到了牙齒，在他的面前終究只是家奴。

不得不承認當皇帝是要有天賦的，李瀍有這個天分，李昂卻沒有。李昂終其一生身背枷鎖受制於宦官，他想過掙脫，但甘露事變功敗垂成，他從此認命再也無法扭轉局面。

李昂的面前有一道門，李昂以為門是緊鎖的，他不敢再碰那道門。同樣的門擋在李瀍面前，李瀍輕輕一推，門居然是虛掩著的。

西元八四〇年正月初六，李成美、李溶、李瀍三選一的遊戲勝負已定，李瀍脫穎而出，李溶、李成美敗局已定。

該如何處理兩位失敗者呢？

仇士良給出了兩個字：賜死。

太子李成美、安王李溶，他們原本是第一順位和第二順位的繼承者。如果不出意外，新皇帝就是他們二人中的一個，可惜的是他們的支持者沒有兵權，等待他們的只能是死局。

那位寵冠後宮的楊賢妃也沒能逃脫被賜死的命運。她曾經風光無限、豔壓群芳，以為榮華富貴可以長久，可惜她不知道她只是借了皇帝的勢，皇帝在時千好萬好，皇帝駕崩一切隨之歸零。

正月十四日，李瀍登基稱帝，迎來屬於自己的時代。

三天後，李瀍追贈自己的母親韋妃為皇太后，一個月後追贈為「宣懿皇太后」。

此時後宮居住的有太皇太后郭氏（**唐穆宗李恆的母親**）皇太后王氏（**唐敬宗李湛的母親**）皇太后蕭氏（**唐文宗李昂的母親**），如果韋太后也健在，四位老太太正好湊一桌麻將。

接下來該梳理一下朝中大臣了。

一朝天子一朝臣，這是鐵律。無論哪個皇帝上臺都要用上自己順手的宰相，前任皇帝的政治遺產能拋也就拋了。最先被拋棄的是宰相楊嗣復，風傳他是楊賢妃的人。

李昂駕崩當天，楊嗣復被任命為攝塚宰（**帝國最高攝政**）。所謂攝塚宰，可以通俗理解為臨時攝政王。從唐敬宗李湛登基算起，之後連續數任皇帝都會指定一個攝塚宰。唐敬宗時，攝塚宰是李逢吉；唐文宗時，攝塚宰是裴度；唐武宗李瀍時，攝塚宰是楊嗣復；唐宣宗時，攝塚宰是李德裕。

前兩位算是發揮了一下餘熱，多少起到了一點穩定大局的作用。但是從楊嗣復開始，攝塚宰就成了讓你靠邊站的信號。僅僅四個月後，楊嗣復宰相也當不成了，他被免去宰相資格，改任吏部尚書，再接下來他將有一場生死劫。

又過了三個月，李珏的宰相也當不成了。大行皇帝李昂安葬於章陵，章陵就是李珏負責修建的。李昂的柩車在前往章陵的途中曾出現過車輪陷到泥裡的小事故，就是這個小事故讓李珏丟了宰相資格。

欲加之罪，何患無辭，荏要找的話總是能找到的，誰讓你們當初擁立的不是李瀍。在擁立這件事上，李瀍的記憶力很好，有恩一定報，有仇也一定要報。

兩位託孤宰相先後去職，朝堂空缺該由誰來填補呢？

宦官向李瀍提到了一個人，李瀍連連點頭，對，就是他，讓他即日趕赴京城。

來者何人？淮南節度使李德裕。

李德裕幾度宦海沉浮、幾次進出長安。元和十四年，他三十二歲，出任監察御史，一年後，進入翰林院，擔任翰林院士。此後在帝國權力中樞與地方官之間折返跑，再次歸來拜相時已經五十三歲了，距離他首度擔任翰林院士已經過去了二十年。

之前李德裕有過幾次亮相，但表現並不亮眼，接下來將進入「李德裕時間」，年過半百的他終於迎來了屬於自己的時代。

同時代的詩人李商隱在為《會昌一品集》作序時將其譽為「萬古良相」，近代梁啟超甚至將他與管仲、商鞅、諸葛亮、王安石、張居正並列，稱他是中國六大政治家之一。

說起來，李德裕贏得機會並不容易。

李德裕擔任淮南節度使（總部設在揚州）時，擔任監軍宦官的是楊欽義，兩人相安無事並無太多交情。某一日，當時的皇帝李昂下詔讓楊欽義返回長安，眾人紛紛揣測楊欽義回長安將得到重用出任樞密使。淮南戰區的官員紅了眼，開始大肆巴結楊欽義，唯獨李德裕不為所動。

被奉承包圍的楊欽義有些不滿，心中暗罵李德裕有眼無珠。就在這時李德裕的邀約送到，邀請楊欽義赴宴。

楊欽義如約而至，發現這是只有他和李德裕兩人的宴席。李德裕在中堂大廳擺下宴席，空空蕩蕩的大廳，只有楊李二人。人雖然很少，宴席的檔次卻很高，李德裕的禮數也極為周到，楊欽義頓時感覺找回了面子。宴席旁邊，李德裕準備了幾床晶瑩奪目、爭芳鬥豔的珠寶。宴席結束後，李德裕將幾床珠寶送給了楊欽義。楊欽義心花怒放，心想原來李德裕早有安排。

帶著沉甸甸的珠寶上路，楊欽義乘興走到了汴州（今河南開封）。這時新的詔書到了：楊欽義返回淮南，繼續擔任淮南監軍宦官。

再回淮南的楊欽義如霜打的茄子，垂頭喪氣的他準備將李德裕的珠寶如數奉還。李德裕面色如常，擺擺手：「這能值幾個錢？」

非常之人行非常之事，李德裕用自己的非常舉動徹底征服了楊欽義。數月後，皇帝換成了李瀍，楊欽義返回長安出任樞密使，也正是他向李瀍隆重地推薦了李德裕。

九月一日，李德裕返回長安；三天後，李德裕出任門下侍郎、同平章事，從此便是宰相了；又三天後，李德裕進宮謝恩，君臣雙方的一席對話為之後的合作打下了基礎。

李德裕對李瀍推心置腹：「陛下誠能慎擇賢才以為宰相，有奸罔者立黜去之，常令政事皆出中書，推心委任，堅定不移，則天下何憂不理哉。先帝於大臣好為形跡，小過皆含容不言，日累月積，以至禍敗。茲事大誤，願陛下以為戒。臣等有罪，陛下當面詰之。事苟無實，得以辯明；若其有實，辭理自窮。小過則容其悛改，大罪則加之誅遣，如此，君臣之際無疑間矣。」

核心意思有兩條：一、陛下選擇宰相，那麼就信任宰相，政府日常行政宰相負責；二、君臣推心置腹，親密無間，有問題當面提，君臣沒有隔閡。

李德裕是痛快人，李瀍也痛快，雙方一拍即合，一段堪稱傳奇的君臣際遇就此開始。

秋後算帳

李瀍登基，李德裕拜相，無疑李德裕是最大受益者。有受益者，就一定有失意者，那麼失意者是誰呢？名單很長。

諫議大夫裴夷直就是其中一位，說起裴夷直的遭遇還算有點倒楣。按照以往慣例，官員要在新天子即位時聯名上疏表示祝賀。這回李瀍登基，官員們依照慣例上疏祝賀，唯獨缺了裴夷直的簽名。

什麼意思？新皇登基你不高興？

裴夷直很快品嘗到了苦果，諫議大夫不用做了，去杭州當刺史吧。

裴夷直的遭遇有點匪夷所思，按說宦海浮沉多年，這個規矩不應該不懂，為何卻漏了簽名呢？

事情還得從李瀍即位前說起。

正月四日，先皇李昂駕崩，李瀍下令正月十四日入棺時再改穿喪服。諫議大夫裴夷直坐不住了，馬上上了一道奏疏：先皇正月四日龍馭上天，正月十四日入棺，時間長達十天，有些不妥。

李瀍不理。

又過了幾天，在李瀍的默許下仇士良開始行動，凡是李昂生前信任的、寵信的樂師及宦官，不是被殺，就是被貶。

裴夷直又上了一道奏疏：陛下由親王入繼大統，應迅速為先皇舉行葬禮，商討大政方針，早日安撫百姓。如今先皇屍骨未寒，其親近信任的樂師、宦官非貶即殺，若這些人無罪定然不該如此處置；若有罪，他們已無藏身之地，十天後再處置又如何？

李瀍還是不理。

平心而論，裴夷直的奏疏合情合理，只是李瀍剛開始品嘗做皇帝的滋味，不想聽別人指指點點。試想，憋屈了三十多年忽然當了皇帝，終於能體會到萬人之上的感覺了，馬上就有人跟你說這樣不行、那樣不對，你會不會煩？

再者，此時李瀍的所作所為多半是仇士良的主意，李瀍或默許、或縱容，只是對其擁立自己的酬庸。

回過頭說裴夷直這次漏簽名，一種可能是被擺了一道，皇帝李瀍授意大臣們不帶裴夷直玩，以此來貶斥裴夷直；另一種可能是裴夷直對新皇帝的所作所為寒心，故意不簽名以示不滿。皇權社會下，第二種可能微乎其微。前因後果聯繫到一起，最大的可能是皇帝和其他大臣聯手一起擺了裴夷直一道，裴夷直有口難言，只能灰溜溜地去杭州當刺史了。

裴夷直之後，給事中李中敏也倒楣了。李中敏的倒楣跟裴夷直一樣，說了別人不愛聽的話，得罪了開府儀同三司、左衛上將軍、宦官總管仇士良。

仇士良的頭銜是不是有點長？

因擁立有功，仇士良的頭銜加了「開府儀同三司」。「開府」指開設府第，設置官吏。「儀同三司」是說儀仗同於三司。三司指太尉、司空、司徒，亦稱三公。「開府儀同三司」不是具體官職，但象徵著榮譽，也是社會地位的肯定。

仇士良有了這個頭銜後得寸進尺，他想為自己的「兒子」謀點福利，以開府儀同三司的官位福蔭兒子做御前帶刀侍衛。

要求提出來，皇帝李瀍不太好拒絕，但還是有人拒絕。給事中李中敏輕輕一句話把仇士良打發了。李中敏淡淡地說：「開府儀同三司確實能福蔭兒子，問題是宦官哪來的兒子？」

仇士良漲紅了臉。

罵人揭短，打人打臉，李中敏你過分了。

正巧宰相李德裕看李中敏也不順眼，原因在於李中敏是前任宰相楊嗣復的人，而楊嗣復是牛黨成員。仇士良和李德裕聯手，李中敏毫無抵抗能力，只能接受被貶的命運，出任婺州（浙江金華）刺史。

刀下留人

說完裴夷直和李中敏，接下來該說說幾個大人物了。

這幾個大人物是樞密使劉弘逸、薛季棱，前任宰相楊嗣復、李珏，他們有一個共同身分是文宗李昂的託孤大臣。原本李昂指望四位託孤大臣輔佐太子李成美登基，不想計畫被仇士良破壞了，生生將李瀍推上了皇位。如今李瀍皇位已穩，該到了清算的時候了。

仇士良最恨的是劉弘逸和薛季棱，同行是冤家；李瀍最恨的是楊嗣復和李珏，兩個有眼無珠的傢伙，之前根本沒把他放在眼裡。李瀍恨意難消，把楊嗣復貶為湖南道（總部設湖南長沙）觀察使，李珏貶為桂州道（總部設廣西桂林）觀察使。

仇士良的恨簡單明瞭，四個人別貶來貶去了，直接賜死吧。

李瀍同意了。

距離產生美感，距離也產生緩衝時間。

劉弘逸、薛季棱就在宮中，他們沒有緩衝時間被直接賜死，兩個託孤宦官就這樣悄無聲息地消失了。劉弘逸、薛季稜都是品質不錯的宦官，有一次薛季稜到外地出差，在當地看到諸多民間疾苦，回到長安便向皇帝彙報民間真實情況。無論古今中外，能在皇帝面前彙報真實民間疾苦的人都是值得欽佩的。

和劉弘逸、薛季稜不同，當時楊嗣復和李珏則在外地，遙遠的距離為他們贏得了緩衝時間。仇士良向湖南、桂州派出了索命宦官，不出意外的話楊嗣復和李珏在劫難逃。

意外還是出現了。

時任戶部尚書的杜悰得到了消息，一個激靈，立刻騎馬來找李德裕商量。

杜悰心焦可以理解，一方面兔死狐悲，他不想曾經的同僚就這樣白白喪命；另一方面，他與楊嗣復、李珏都是牛黨成員，面對本黨同志焉有見死不救的道理？

事情變得有些微妙，原本牛黨李黨勢不兩立，現在為了營救牛黨成員，牛黨成員杜悰急匆匆跑來找李黨黨魁李德裕商量。

杜悰氣喘吁吁地說道：「天子年少，新即位，茲事不宜手滑。」

杜悰的核心意思是，天子剛剛即位就這樣殺人，如果不就此攔住，萬一殺習慣了將來恐怕就攔不住了。杜悰是對的，表面看賜死楊嗣復、李珏與他關係不大，實則關係巨大。試想一個朝代的皇帝如果開了濫殺宰相的先河，這次與你無關、下次與你無關，誰能擔保下下次呢？

杜悰為楊嗣復、李珏奔走，同時也是在為自己的將來奔走。

現在杜悰求到了李德裕門下，李德裕能夠不計前嫌為牛黨成員的生死奔走嗎？

答案是肯定的。

聽杜悰一說，李德裕馬上意識到事態嚴重，必須讓皇帝刀下留人否則後果不堪設想。這一次倒楣的是牛黨成員，下一次可能就是李黨成員，再下一次可能就是自己了。

第二天，李德裕聯合崔珙、崔鄲、陳夷行連上三道奏疏，又把樞密使（宮廷主管機要宦官）請到了中書（宰相聯合辦公大廳），請其代為上奏：

德宗疑劉晏動搖東宮而殺之，中外咸以為冤，兩河不臣者由茲恐懼，得以為辭。德宗後悔，錄其子孫。文宗疑宋申錫交通藩邸，竄謫至死。既而追悔，為之出涕。嗣復、珏等若有罪惡，乞更加重貶。必不可容，亦當先行訊鞫，俟罪狀著白，誅之未晚。今不謀於臣等，遽遣使誅之，人情莫不震駭。願開延英賜對。

李德裕的意思是，德宗懷疑劉晏進而誅殺，後來追悔莫及；文宗懷疑宋申錫進而貶斥，後來也追悔莫及。如今楊嗣復、李珏處於同樣境地，那麼即便懷疑也應該走正當司法程序，不能直接派宦官誅殺，懇請陛下登臨延英殿聽我們細說。

奏疏上去了，轉奏也完成了，但皇帝李瀍還是沒有回應。

從早上一直等到了傍晚，李瀍終於有了回應，登延英殿，召喚李德裕等人進去。

李德裕等待了一天情緒有些激動，流淚勸誡道：「陛下對待這個決定一定要格外慎重，不要將來後悔。」

李瀍態度很堅決：「朕不後悔。」

李瀍指了指椅子示意李德裕等人就座。從這個細節可以看出有唐一代宰相的地位還是很高的，宰相可以坐著與皇帝對話，雙方既是君臣又是師友。

李瀍再三讓李德裕等人就座，李德裕就是不坐：「臣等懇請陛下免除楊嗣復、李玨的死罪，不要等他們死後天下為之喊冤。如今臣等沒有收到陛下免死的聖旨，不敢就座。」

李瀍不動聲色，使勁看著李德裕等人。

君臣雙方僵持了一會，李瀍終於鬆口了：「看在你們的份上，免他們死罪。」

李德裕等人如釋重負，連忙三拜九叩謝恩，生怕李瀍改變主意。李瀍示意李德裕等就座，君臣雙方這才開始坐著對話。

李瀍歎息一聲：「朕繼位的關鍵時刻，宰相們何嘗為朕說過公道話。李玨、薛季稜擁護的是陳王李成美，楊嗣復、劉弘逸擁護的是安王李溶。陳王還算是文宗生前的意思，安王呢？一心依附楊賢妃。據說楊嗣復還給楊賢妃寫信建議何不仿效武則天垂簾聽政，如果安王得償所願，朕哪有今天呢？」

李德裕謹慎地回應：「此時曖昧不明，虛實難知啊。」

李瀍繼續說道：「楊賢妃有一次生病，文宗讓其弟楊玄思進宮服侍了一個多月，楊賢妃他們就是通過楊玄思傳遞消息。朕詳細詢問過當值的宦官和宮女了，情況屬實，一點不假。」

皇帝把話說到這個份上，李德裕不敢再為楊嗣復辯護，只要免除了死刑也就千恩萬謝了。

李瀍當即下令，追回前往湖南、桂州索命的宦官，但死罪已免活罪難逃，楊嗣復貶為潮州（今廣東潮州）刺史，李玨貶為昭州（今廣西平樂縣）刺史，外加一個裴夷直貶為驩州（今越南榮市）司戶。

又見回鶻

寫唐朝歷史一定不能不提回鶻，回鶻在安史之亂後收復兩都的戰爭中起到了關鍵作用，如果沒有回鶻助力，唐軍收復兩都的時間表還要往後推。當然回鶻也是無利不起早，圖的也是利益。（回鶻，亦稱袁紇、烏紇、回紇。隋朝時又稱韋紇，唐朝前期音譯為回紇。回紇人在唐德宗貞元四年要求將其漢字改為回鶻，因而唐中期以後稱其作回鶻人。）

總體來說，回鶻在唐朝處於危難的關鍵時期對唐朝還是幫了很大的忙。如今風水輪流轉，回鶻開始走下坡路了。

伊吾（今新疆哈密）之西、焉耆（今新疆焉耆縣）之北有一個黠戛斯汗國，唐朝初年時稱為結骨部落，後來改成黠戛斯部落。原本黠戛斯部落與唐朝有來往，後來被回鶻擊破就與唐朝斷了聯繫。黠戛斯部落為求生存便與回鶻以及吐蕃保持友好關係，回鶻和吐蕃則給黠戛斯部落首領阿熱一個酋長的頭銜以示籠絡。

時過境遷，回鶻衰落後黠戛斯部落漸漸不把回鶻以及吐蕃當回事，阿熱酋長便自稱可汗要與回鶻可汗平起平坐。

吐蕃內亂，自顧不暇，對黠戛斯部落酋長自稱可汗視而不見、聽而不聞。回鶻卻不幹了，小子，太不把我們可汗當回事了。

回鶻派出宰相領兵進攻，拉開了雙方長達二十年戰爭的序幕。二十年裡，回鶻不斷地被擊敗，畢竟今時不同往日。黠戛斯部落可汗阿熱撂下一句話：「你們氣數已盡，我一定奪了你們的金帳。」

金帳，回鶻可汗所居之地。

堡壘總是從內部攻破的。如果回鶻不內亂，阿熱酋長也就是過過嘴癮，不幸的是回鶻內亂了。宰相掘羅勿誅殺了回鶻彰信可汗藥羅葛胡，擁立藥羅葛㕎馺繼任可汗，一殺一立，回鶻馬上分成了兩派，一派擁護新任可汗，一派堅決不認。回鶻機動部隊將領句錄莫賀屬於後者。

如果進行類比的話，句錄莫賀與吳三桂是同一類人。句錄莫賀高舉的旗幟是為已故彰信可汗復仇，吳三桂高舉的旗幟是為殉國的崇禎皇帝復仇，他們的理由也很有說服力，只可惜他們走了同一條路：向外族借兵。

原本想的是為君王復仇、為王朝復興，可惜一走上向外族借兵這條路形勢就徹底失控了。句錄莫賀引領黠戛斯汗國十萬騎兵大破回鶻軍隊，誅殺繼任可汗藥羅葛㕎馺以及宰相掘羅勿，彰信可汗藥羅葛胡的大仇得報。

接下來句錄莫賀傻眼了。黠戛斯汗國十萬騎兵將回鶻汗國王庭所在城市縱火燒毀，曾經繁華的王庭所在地盡成灰燼。歷史上沒有留下句錄莫賀結局的記載，我想結局應該好不過吳三桂吧。

王庭湮滅，國之不存，回鶻部眾四散逃離，有的投奔葛邏祿部落、有的投奔吐蕃，還有的投奔安西。留在本土的一支部眾四顧茫茫，不知路在何方。思考良久後，這支部眾在已故可汗藥羅葛䔢馺的弟弟嗢沒斯以及宰相赤心的帶領下輾轉來到了唐朝天德（內蒙古烏拉特前旗東北）邊塞請求唐朝收容。

嗢沒斯這個名字大家肯定很陌生，但如果說一個人大家就會恍然大悟。這個人就是北宋時期党項政權開國皇帝李元昊，李元昊正是嗢沒斯的六世孫。

回鶻部眾雖已是殘兵，但橫寬六十里，縱深望不到殿後部隊。

怎麼辦？

打還是不打？收容還是不收容？

邊塞急報遞到了長安，急需決斷。李瀍來不及考慮太多，下詔命令振武節度使劉沔進駐雲迦關戒備。

時間走到西元八四一年二月，回鶻仍留在原王庭附近的十三個部落擁護藥羅葛烏希繼任可汗，稱烏介可汗，這支回鶻部眾接下來也要與唐朝發生聯繫。

當然眼下最棘手的還是天德要塞邊上這支回鶻殘軍。李瀍和宰相們還沒有商量出對策，天德軍使田牟、監軍宦官韋仲平的奏疏到了，奏疏上寫道：回鶻叛將嗢沒斯等侵逼塞下，吐谷渾、沙陀、党項皆世與為仇，請自出兵驅逐。

田牟和韋仲平的意思是聯合吐谷渾、沙陀、党項等與回鶻有仇的部落一起攻打回鶻殘軍，過一把痛打落水狗的癮。

奏疏擺上李瀍的案頭，李瀍召來大臣一起商議，打還是不打呢？

多數人認為嗢沒斯背叛了回鶻可汗不可收留，可以批准田牟的請求出兵攻打。

李德裕卻堅定搖了搖頭，不，不能這麼做。

李德裕向眾人解釋道：「無路可投的鳥撞入懷中，還要放其一條活路。況且回鶻為唐朝屢建大功，如今他們為鄰國所迫，部落離散、窮途末路，從邊遠的塞外前來投奔大唐皇帝，一路秋毫無犯，我們為何還要乘人之危發動攻擊呢？不僅不能攻擊，還應派使者去安撫，輸送糧草給他們，漢宣帝收服呼韓邪單于用的就是這個方法。」

宰相陳夷行不同意李德裕的意見：「這是送武器給強盜、送糧食給盜賊，不會有收服之效，不如直接出兵攻打。」

李德裕見無法說服陳夷行，馬上換了個角度：「吐谷渾那些部落有利可圖就爭著向前，一旦戰事不利必將作鳥獸散，怎麼會為大唐誓死而戰。如今天德邊塞駐軍只有一千餘人，如果戰事不順必將陷落。不如用恩德招撫回鶻殘軍讓其不成為災難。即便回鶻殘軍不聽招撫騷擾邊塞，那也應該徵調各戰區大軍一起征討，絕不能只靠天德邊塞一支孤軍。」

宰相，主宰也。在我看來宰相更是為國布局的棋手，宰相若目光短淺則國之不幸，宰相若目光如炬、思慮長遠則國之大幸。李德裕無疑屬於後者。

聽宰相們爭論不休，李瀍難下決斷。之前他派鴻臚卿張賈為巡邊特使前往查探回鶻殘軍情形，如今張賈尚未歸來。李瀍見李德裕說的在理，便問道：「嗢沒斯請降，你能保證他的誠心嗎？」

這問話是存心想讓李德裕背鍋。李德裕何等聰明，擺手示意，陛下，這個鍋我不背。

李德裕誠懇地說道：「朝中之人臣都不敢擔保，更別說千里之外的戎狄之心，不過把嗢沒斯稱為叛將恐怕不妥。如果當時可汗健在，嗢沒斯率領部眾前來那是不能接受的。如今聽聞回鶻內亂無主、將相逃散，有的投奔吐蕃、有的投奔葛邏祿，只有這麼一支部眾來投奔大唐。看他的奏疏言辭誠懇可見處境艱難，這樣的人怎麼能稱之為回鶻叛將？再者，嗢沒斯去年九月就到了天德，今年二月烏介可汗才登基，他們之間沒有君臣名分。因此陛下只需下詔河東、振武戰區戒備，如果他們主動進攻大唐再進行武力驅逐即可。如果他們進入吐谷渾等部落進行搶奪，可由各部落自行處置，大唐軍隊不必干涉。陛下另外下詔給田牟、韋仲平，令他們不得為了立功而惹是生非，一定要恪守與回鶻之間的誠信。對回鶻安撫得當，即便他們是戎狄也知道感恩。」

李德裕說完，李瀍點了點頭，為今之計對付回鶻還是要以安撫為主。

不過幾天後李德裕又提出一個建議，這下讓李瀍遲疑了，李瀍不知道該不該同意。

李德裕建議李瀍向北方邊塞派出安撫回鶻特使，並且賞賜回鶻三萬斛糧食以安其心。

派安撫特使？賞賜三萬斛糧食？成本是不是有點高了？

李瀍對李德裕的建議有些懷疑，還是召其他宰相一起商量一下吧。

產生懷疑的不僅僅是李瀍。與李德裕搭班子的陳夷行也不同意，陳夷行反覆強調：「這是給強盜送武器，給仇敵送糧食，絕不可取。」

李德裕據理力爭：「如今兵馬尚未完成徵集，天德孤懸一線。若不把饑餓的戎狄餵飽，讓他們暫時安靜，萬一天德就此陷落這個責任誰來負？」

陳夷行傻眼了，眼看天大的黑鍋要向自己扣過來。

是啊，萬一天德陷落，到時李德裕反戈一擊說「就是你不讓送糧食導致的」，陳夷行扛得住嗎？陳夷行不敢再說話，再說就得背鍋。

李瀍權衡利弊，感覺李德裕說的有理，好吧，那就賞賜回鶻糧食讓他們暫時安靜，不過三萬斛太多了，減為兩萬斛吧。

所謂「兩害相權取其輕」，一邊是天德可能陷落，一邊是送出兩萬斛糧食，孰輕孰重？明白人都能算清楚這筆帳。李德裕並非對回鶻退讓，他在尋找徹底解決回鶻的方法，他需要時間也需要得力的人選。

就在李德裕在苦苦尋找得力人選時，盧龍戰區的一系列變故為李德裕送來了一個得力人選。

安史之亂後，河北諸藩鎮保持高度自治，一直到元和十五年，唐憲宗李純已經大致把諸藩鎮平復了，藩鎮節度使由朝廷委任和指派。可惜唐憲宗突然駕崩，唐穆宗李恆能力有限生生錯過大好機會，沒能維持父親留下的大好局面，河北諸藩鎮再叛，重回高度自治局面，藩鎮節度使由其內部推舉或爭鬥產生，朝廷唯有事後補發委任狀而已。

西元八四一年（唐武宗會昌元年）九月二十六日，盧龍（總部設在幽州）戰區再次發生重複多次的故事：節度使史元忠被殺，兵變士兵擁立牙將陳行泰為候補節度使。

兵變的劇情在河北諸藩鎮重複過多次，陳行泰等人對於流程了然於胸。兵變後，陳行泰派監軍宦官的隨從攜帶本戰區高級將領聯名奏章前往長安，要求朝廷承認既定事實，委任自己為盧龍節度使。

類似的故事發生過多次，陳行泰以為這一次還是同樣的劇情。令陳行泰沒想到的是這一次劇情不一樣了，前往長安的人被扣下了，而朝廷也沒有向盧龍派出使節。

朝廷既不支持也不反對，就是無視，陳行泰被晾在了一邊。

為何陳行泰沒能等到熟悉的劇情呢？

因為長安城中的宰相換成了李德裕。看到盧龍戰區高級將領的聯名奏章後，李德裕決定不讓劇情再次重複。

李德裕告訴李瀍：「臣很熟悉河北藩鎮的情形，以往朝廷在兵變後很快就下達節度使委任狀，因此軍心容易穩定。如果拖延幾個月置之不理，他們內部一定會發生變化。現在最好的辦法是扣留送信的人，也不往盧龍派觀察使，靜觀其變。」

不久盧龍再次發生兵變，兵變士兵誅殺了陳行泰，擁立牙將張絳。張絳再向長安派出信使，要求朝廷任命自己為盧龍節度使。他遭遇的劇情跟陳行泰一模一樣，朝廷依然不理不睬。

張絳急了，他擔心自己的結局跟陳行泰一樣。就在張絳在幽州城裡團團亂轉時，雄武軍使（基地司令）張仲武出兵了，他要替朝廷平叛。

張仲武出兵攻打張絳的同時，派自己的參謀吳仲舒攜帶奏章前往長安，張仲武在奏章上指出張絳的殘暴不仁，請求皇帝李瀍允許自己以本部兵馬加以討伐。

聰明人做聰明事，張仲武將自己的聰明用到了點上。

如果不派人去長安，即便打敗張絳，也會被視為盧龍內部爭鬥，張仲武得到的結局也將是「置之不理，前景未卜」。派人去長安送奏章請求皇帝同意性質就不一樣了，不再是內部爭鬥而是為國平叛。

聰明人的朋友往往也是聰明人，張仲武是聰明人，他的參謀吳仲舒同樣是聰明人。

吳仲舒到長安後，李瀍安排李德裕接見了他。

寒暄過後，吳仲舒開始介紹盧龍的情況：「陳行泰、張絳都不是本戰區出身，因此無法服眾。張仲武是幽州資深將領，性格忠義、通曉兵法、熟悉軍事、人心所向。張絳誅殺陳行泰時召喚張仲武到幽州，準備擁立張仲武為候補節度使，不料軍中有一兩百人不同意。張仲武已經到了昌平，張絳又讓張仲武返回雄武。如今張仲武剛從雄武發兵，幽州城內的士兵已經開始準備驅逐張絳了。」

李德裕發問：「雄武軍有多少兵？」

吳仲舒回應道：「正規士兵八百，外加民團五百。」

李德裕有些擔憂，「兵丁如此少，何以立功？」

吳仲舒胸有成竹道：「關鍵在人心。若人心不從，有三萬士兵又如何？」

李德裕追問道：「萬一不能攻克幽州城，下一步怎麼辦？」

吳仲舒從容對曰：「幽州糧食全靠嬀州以及北邊七鎮供應，如果不能攻克幽州，那就據守居庸關斷其糧道，時間一長幽州城必定自亂。」

吳仲舒說得絲絲入扣滴水不漏，李德裕頻頻點頭深表認同，張仲武是個能成大事的人。

李德裕立刻上奏李瀍：行泰、絳皆使大將上表，脅朝廷，邀節鉞，故不可與。今仲武先自表請發兵為朝廷討亂，與之則似有名。

簡而言之，陳行泰和張絳都是讓高級將領聯名脅迫朝廷授予節度使，而張仲武是主動請命為朝廷平叛，兩者性質完全不一樣，前者必須予以打擊而後者可以授權以資鼓勵。

李瀍被說服了，馬上委任張仲武為盧龍候補節度使。張仲武沒有讓李德裕和李瀍失望，不久便攻克幽州，盧龍戰區回歸平靜。一個多月後，張仲武正式出任盧龍節度使，聰明人辦事事半功倍。

自此張仲武的名字被李德裕記在了心裡，這個人管用，以後能派上大用場。

和親公主

在中國歷史中有一個名詞是無法繞開的，那就是「和親」。

和親始於西漢。漢王朝為了緩和與匈奴的關係進行政治聯姻，劉邦將漢室宗女嫁給匈奴冒頓單于，是為和親之濫觴。

第一個提起和親策略的人叫婁敬，齊國戍卒出身。婁敬經同鄉引薦拜見劉邦，力陳國都應該建於關中而非洛陽，受劉邦肯定，賜姓劉。漢高祖七年，婁敬出使匈奴親眼看見匈奴的強盛，歸朝後向劉邦進言匈奴不可擊。劉邦不聽，將婁敬羈押於廣武，然後御駕親征，被困白登七天七夜，史稱「白登之圍」。陳平運籌帷幄，終解「白登之圍」。之後劉邦釋放婁敬並當面道歉，婁敬進而建議和親，將漢朝公主嫁給匈奴單于，將來公主生下兒子繼任單于便是漢室的外孫，親上加親。呂后不忍讓女兒魯元公主遠嫁，劉邦便把一漢室宗女封為公主嫁給冒頓單于。中原王朝第一起和親就此誕生。

據統計，西漢和親十六起，隋唐和親四十五起，宋以後和親共計三十七起。兩宋一起也沒有，宋室寧可多掏歲幣也不對外和親。

隋唐和親四十五起多數發生在唐朝，畢竟隋朝國祚太短。唐朝和親以文成公主、金城公主最為知名，還有就是與回鶻和親的咸安公主、太和公主等等。

接下來我們要說的就是太和公主。

太和公主，唐憲宗之女，唐穆宗之十妹，長慶元年（八二一年）出嫁回鶻，最初嫁的是崇德可汗。回鶻實行的是「父死，妻其後母」的收繼婚制風俗，因此太和公主在崇德可汗之後先後被三任可汗收婚，最後一任就是藥羅葛𠫊馺。藥羅葛𠫊馺兵敗被殺，太和公主不知所蹤。幸好宰相李德裕思慮周密，想到了下落不明的太和公主。

李德裕給李瀍上了一道奏疏：今回鶻破亡，太和公主未知所在。若不遣使訪問，戎狄必定會認為唐朝對下嫁番邦的公主並不愛惜，既有負公主，又傷害戎狄的感情。不如派遣通事舍人苗縝攜帶詔書拜訪嗢沒斯，令其轉達公主，順便也能從這件事上試探嗢沒斯是否真有歸順之意。

李瀍准奏。

踏破鐵鞋無覓處，得來全不費工夫。就在李德裕等人著手尋找太和公主下落時，好消息送上門來了。報喜鳥是黠戛斯人，正是他們在攻破回鶻後俘獲了太和公主。

黠戛斯人如獲至寶，有太和公主在手中，黠戛斯與唐朝就算搭上線了。黠戛斯人看著太和公主由衷地歡喜：「公主，咱們是親戚啊。」

親戚，從哪論呢？

黠戛斯人自稱漢朝飛將軍李廣之孫李陵後人，你唐朝不是自稱李廣後人嗎，這不就是親戚嗎？從李廣和李陵那兒論確實是親戚，問題是黠戛斯人跟李陵論得上嗎？

《新唐書》記載，黠戛斯人赤髮、白膚、藍眼，用現代的視角看是典型的白種人。李陵呢，炎黃子孫，即便他身陷匈奴娶匈奴女子，也不至於後世子孫能混血混到黃種人變白種人。

由此可見，黠戛斯人是拿李陵碰瓷（北京方言，泛指投機取巧、敲詐勒索的行為）呢，黠戛斯人的先祖跟李陵的關係至多是鄰居，而從膚色看起來李陵應該不是隔壁老王。

黠戛斯人管不了那麼多了，先扯上關係再說。

為表誠意，黠戛斯人派出十名將領率軍護送太和公主歸國，闊別故土二十餘年的太和公主總算看到了歸國的曙光，但曙光卻一閃而滅。

歸國途中，太和公主一行遭遇了回鶻人的伏擊。領頭的是回鶻新立的烏介可汗，他率軍斬殺了所有的黠戛斯人，挾持太和公主為人質，渡過瀚海沙漠，挺進天德邊境。烏介可汗以為一切盡在自己掌握，殊不知在他挾持太和公主做人質時，他已經為自己的悲劇人生埋下了伏筆。

若烏介可汗能懂得分寸，誠意地向唐朝求援，念在回鶻過往有功於唐朝的份上，唐朝皇帝還是會給予適當的援助，然而挾持太和公主做人質與唐朝談條件，性質就變了。烏介可汗忽略了一點，他們已是喪家之犬，沒有談條件的資格了。烏介可汗渾然不覺，他以為有太和公主在手還會有迴旋餘地。

在烏介可汗的脅迫下，太和公主給自己的侄子、皇帝李瀍上了一道奏疏，告訴李瀍回鶻新可汗已經擁立，懇請唐朝給予冊封。在太和公主的奏疏之後，烏介可汗又讓宰相頡幹伽斯給李瀍上了一

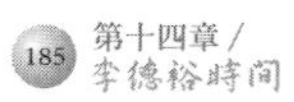

道奏疏，懇請暫借振武城好讓太和公主和烏介可汗有一個容身之所。

烏介可汗會如願嗎？

想得美。

李瀍派出使節表示慰問，並且送來了兩萬斛糧食，至於借振武城，沒門。

李瀍詔書寫道：可汗應該率領部眾逐漸恢復舊有疆域，目前漂泊塞外的方法絕非長久之計。借振武城一事，過往朝代未曾有過先例。如果希望另外找一個地方以求得唐朝聲援，也需要以瀚海沙漠南部邊緣為界。朕會允許太和公主回國朝見，當面詢問回鶻事宜。如果回鶻需要大唐說明，大唐定不會吝嗇。

雷霆出擊

通常外交辭令都是華麗優美，華麗優美的背後卻是磨刀霍霍。

李瀍和李德裕心如明鏡，回鶻已是喪家之犬，生存的壓力會使得他們更有攻擊性，國與國之間沒有永遠的朋友，只有永遠的利益。

李瀍一面派出使節巡邊並考察邊防將領才幹，另一面同意李德裕整修受降城、增兵天德軍，唐軍做好萬全準備，就看回鶻怎麼出牌。

烏介可汗的奏疏又來了，主題在借糧、借振武城外加請求唐朝主持公道，懲罰搶奪回鶻財物的吐谷渾和党項部落。

李瀍安排宦官帶去了慰問信：借城免談，其他好說。

一來一回之間，李瀍派出巡邊的的使節李拭回來了，李拭向李瀍推薦了一個可用之才——振武節度使劉沔。

在之後與回鶻的戰爭中，劉沔和張仲武將起到重要作用，外加李德裕破格提拔的石雄，這三位原本不顯山露水的將領，在李瀍的妙用下終成開疆擴土不可或缺的一代名將。

關於劉沔，《舊唐書》、《新唐書》的記載相矛盾。

《舊唐書》記載，劉沔出身許州牙將，憑藉戰功一步步升任振武節度使。

《新唐書》記載的故事性更強，在《新唐書》裡，劉沔的父親是劉廷珍，曾率羽林軍護衛唐德宗李适避難奉天，後升任左驍衛大將軍、封東陽郡王。

不過劉沔沒有沾到父親的光，少年時父親便去世，劉沔流落振武，被振武節度使范希朝委任為牙將（**藩鎮親兵**）。

軍中大會，劉沔手握大刀立於堂下，范希朝看了看劉沔暗暗稱奇。會後范希朝召來劉沔，拍拍劉沔肩膀：「早晚有一天，你會坐到我的位置。」

千里馬常有，伯樂難尋，范希朝堪稱劉沔最早的伯樂。

范希朝並沒有看到劉沔當上振武節度使，元和九年（八一五年）范希朝病逝，劉沔離開振武到長安出任神策軍將領。唐文宗太和末年（八三五年），劉沔累積戰功終於坐上振武節度使的位子，此時范希朝已經病逝二十年。

數年後，李拭奉天子之命巡邊，劉沔的才幹給李拭留下了深刻印象，李拭回長安後向皇帝李瀍大力推薦，李瀍求才若渴，將劉沔從振武調任河東節度使，從此劉沔重任在肩。

石雄，原武寧戰區捉生兵馬使（**搜索作戰司令**），隸屬節度使王智興。王智興是個狠人，擅長快走，速度可比《水滸傳》裡的神行太保戴宗。王智興為人殘暴、對屬下冷酷無情，而石雄打仗時身先士卒，領賞與眾均分。兩相對比，石雄的支持率節節攀升，擁護石雄的將士開始串聯，準備將王智興逐出武寧戰區，擁立石雄做武寧節度使。

狠人王智興豈能束手就擒，藉口石雄有功應該高升建議朝廷將石雄提升為刺史。不久石雄的任命下來了，調出武寧戰區，出任壁州刺史。石雄前腳剛走，王智興立即動手將與石雄親近的一百多人全部誅殺，又上了一道奏疏：建議誅殺圖謀不軌、動搖軍心的石雄。

時任皇帝的正是平庸皇帝文宗李昂，李昂雖然平庸、軟弱，但他不傻。李昂沒有誅殺石雄，而是將石雄調到白州做刺史，避一避風頭。後來邊塞軍情緊急，李昂又將石雄調派到振武戰區做裨將。雖然石雄屢立戰功，但李昂礙於王智興的面子一直沒有將石雄提升。

這次回鶻殘軍壓境，朝廷急需良將，李德裕想起石雄，於是火線提拔將其委任為天德軍都團練副使。困頓數年的石雄終於等來了大場面。

將領調整到位，李瀍開始對回鶻分而治之。

鑒於烏介可汗一再要求大唐冊封自己，李瀍決定滿足烏介可汗這個請求，派出將作少監（**建設部副部長**）苗縝為冊封使，攜帶詔書前往冊封烏介可汗。李瀍和李德裕在政治上都是成熟的，他們早已看破烏介可汗的用心，既然你回鶻沒有誠意，那就別怪我大唐虛與委蛇。

李瀍命令苗縝：「慢慢走，不著急，就在河東住下，等到烏介可汗的位子坐穩了再去冊封」。

果不出李瀍所料，烏介可汗還是跟大唐撕破臉了，沒有等到冊封詔書。原本烏介可汗在天德、振武之間徘徊，時不時劫掠這一帶的羌部落以及渾部落，最後烏介可汗將王庭設在了杷頭烽北，這就觸及唐朝的底線了。

李瀍在之前的詔書裡說得很明白，兩國以瀚海沙漠南部邊緣為界，現在烏介可汗將王庭設過了這個邊界，意欲何為？

李瀍幾次下詔要求烏介可汗退出邊界線，烏介可汗拒不接受。李德裕想了一想，烏介可汗可能擔心北返的路不安全，那麼大唐就幫他打通北返之路吧。

當時烏介可汗忌憚的是回鶻那頡啜公爵，那頡啜公爵手裡還有一部分兵馬駐紮恆山以北，與奚部落、契丹部落互通消息。如果那頡啜與奚部落、契丹部落聯手攔截，烏介可汗很難應付。李德裕讓盧龍節度使張仲武傳話，命令奚部落、契丹部落配合烏介可汗消滅那頡啜。

還沒等張仲武與奚部落、契丹部落聯手，那頡啜自己送上門來了。急於尋找安身立命之所的那頡啜自己作死，居然打起了盧龍戰區的主意，想奪取幽州作為自己的根據地。踏破鐵鞋無覓處，得來全不費工夫，張仲武命兄弟張仲至率軍三萬迎戰。此役打得毫無難度，那頡啜的部落軍隊全軍覆沒，只有那頡啜僥倖逃脫，卻被烏介可汗生擒然後誅殺。

現在北返的路打通了，烏介可汗該走了吧？

不走，就是不走。

這時，有官員提出，可能烏介可汗是等著大唐結算戰馬貿易的尾款吧。

李瀍當場表態，一次性付清。

還是不走。

這就是要撕破臉了。

西元八四二年（唐武宗會昌二年）八月，烏介可汗率軍越過杷頭烽南突入大同川，搶掠河東各戎狄部落牛馬數萬頭後轉戰雲州城下，雲州刺史張獻節閉城自守，附近吐谷渾、党項部落紛紛進山躲避。

李瀍並不慌亂，他和宰相們早就算到了烏介可汗會有露出獠牙的那一天，既然已經紅了眼、撕破了臉，那就奉陪吧。李瀍下詔，調集陳州、許州、汝州、襄陽等兵馬分別前往太原、振武、天德三地駐紮，待來年開春與回鶻大戰一場。

為何要等到明年開春？

因為之前盧龍節度使張仲武、河東節度使劉沔一起上疏，鑒於與回鶻作戰戰線漫長，要避開冬季作戰，建議大軍先於三地集結，等到來年開春再出塞作戰。

李瀍准奏。

總體來說，李瀍可以算作一個合格皇帝，雖然他性格固執，能力也有所不足，但他有皇帝必須具備的品質——有膽識、會判斷。看似只是簡單的六個字，能做到的皇帝其實並不多。

一周後，李瀍又給幾個回鶻人賜了李姓。被賜李姓的是嗢沒斯兄弟四人。

之前嗢沒斯帶領部眾前來唐朝邊境投奔，長時間沒有得到皇帝李瀍的肯定答覆。嗢沒斯擔心控制不住隨行的赤心等人便耍了個小聰明，向天德都防禦使田牟告發赤心準備向唐軍邊塞進攻。田牟立功心切，正愁找不到理由，雙方一拍即合。

赤心毫無防備就掉到了嗢沒斯和田牟聯手挖好的坑裡，後被田牟捕殺，嗢沒斯借刀殺人成功。赤心的手下收攏部眾脫離嗢沒斯而去，嗢沒斯只剩下兩千餘人。嗢沒斯再次率眾請降，這一次李瀍毫不猶豫地同意了。

之前遲遲不接納嗢沒斯是不想與烏介可汗撕破臉，現在沒有這方面顧慮了，況且此時接納嗢沒斯更有政治意義，更容易在回鶻內部產生分化。

嗢沒斯兄弟被賜李姓，嗢沒斯叫李思忠，其餘三兄弟叫李思貞、李思義、李思禮。連帶嗢沒斯的宰相愛邪勿也被賜姓，他被賜姓愛，叫愛弘順。在如今的《百家姓》裡有愛這個姓，愛姓人將愛弘順作為愛姓的始祖。

嗢沒斯不僅被賜姓，還被委任為左金吾大將軍，封懷化郡王。

延伸說一句，嗢沒斯一脈從此在中原王朝繁衍生息，繁衍到第六代出了個李元昊，在北宋時期建立夏國。李元昊為何姓李？就是因為這次賜姓。

當然李瀍還沒放棄對烏介可汗的努力，安排之前被扣留的回鶻使者回返，帶去給烏介可汗的詔書。李瀍詔書寫道：

自彼國為黠戛斯所破，來投邊境，撫納無所不至。今可汗尚此近塞，未議還蕃，或侵掠雲、朔等州，或鈔擊羌、渾諸部。遙揣深意，似恃姻好之情。每觀蹤由，實懷馳突之計。中外將相咸請誅翦，朕情深屈己，未忍幸災。可汗宜速擇良圖，無貽後悔。

終究是大國皇帝，分寸拿捏到位，既體現慈悲之心又暗含威懾之意，表現得仁至義盡，就看烏介可汗是否迷途知返了。

與此同時，李瀍遣使給太和公主送棉衣，命李德裕替自己寫了封信：

先朝割愛降婚，義寧家園，謂回鶻必能禦侮，安靜塞垣。今回鶻所為，甚不循理，每馬首南向，姑得不畏高祖、太宗之威靈！欲侵擾邊疆，豈不思太皇太后慈愛！為其國母，足得指揮。若回鶻不能稟命，則是棄絕姻好，今日已後，不得以姑為詞！

信寫得有些微妙，有點責怪太和公主沒有起到回鶻國母作用的意味。不知太和公主接信後作何感想，便是有千般委屈更與何人說？

九月，李瀍開始作戰爭布局：河東節度使劉沔兼任招撫回鶻使，一旦軍事行動開始，各戰區特遣兵團統一由劉沔指揮。以張仲武為東面招撫回鶻使，其東方戰區特遣兵團及奚、契丹、室韋等部落軍隊統一歸其指揮。以李思忠為河西党項部落軍總指揮兼回鶻西南面招討使，諸軍於太原會合。

軍事行動尚未開始，張仲武先做了點工作，工作看似不多，但對回鶻而言是致命的。之前奚部落、契丹部落隸屬於回鶻，回鶻可汗向兩個部落派駐使節主管徵稅和進貢，並且有偵察唐軍動向的秘密任務。張仲武大破回鶻軍隊後，奚部落和契丹部落態度轉為向唐軍靠攏。張仲武派出牙將石公緒管轄兩個部落，並給了石公緒一個任務。石公緒一上任，立刻動手將回鶻派駐兩個部落的八百多位使節全部誅殺，徹底斷了奚部落和契丹部落與回鶻的聯繫，奚部落和契丹部落別無選擇，只能跟唐軍一條心了。

解決完兩個部落遺留的問題，張仲武著手解決室韋部落。

事有湊巧，之前張仲武派弟弟張仲至率三萬大軍合圍那頡啜，這次合圍居然陰差陽錯地俘虜了室韋部落酋長的妻子。酋長焦急萬分，願意不惜一切代價將妻子贖回。張仲武只開出了一個條件：只要殺了所有回鶻派駐室韋部落的使節，立刻毫髮無損地送還酋長妻子。

酋長已無討價還價餘地，只能遵命照辦。

張仲武事先做的這些工作徹底地切斷了三個部落與回鶻的聯繫，烏介可汗的部隊失去這些部落的策應成了獨木難支的孤軍。

時間走到西元八四三年（會昌三年）正月，烏介可汗自己送上門來了。之前李瀍與各節度使約定開春出擊回鶻，現在烏介可汗率軍進逼振武戰區，找打來了。

河東節度使劉沔派出麟州刺史石雄、都知兵馬使王逢率沙陀、朱邪、赤心三部及契苾、拓跋三千騎兵為先鋒部隊，目標直指烏介可汗御帳，一場針對烏介可汗的「斬首行動」即將開始。

出發前，劉沔對石雄說：「黠虜離散，不足驅除。國家以公主之故，不欲急攻。今觀其所為，氣凌我輩。若稟朝旨，或恐依違。我輩捍邊，但能除患，專之可也。公可選驍健，乘其不意，逕趨虜帳，彼以疾雷之勢，不暇枝梧，必棄公主亡竄。事苟不捷，吾自繼進，亦無患也。」

從劉沔的話可以看出，由於太和公主受烏介可汗裹脅，李瀍事前的布置策略是不急攻，慢慢尋找機會。劉沔老於兵事，深知戰場上束手束腳難有作為，便授意石雄率軍突襲直撲烏介可汗的御帳。

將在外，君命有所不受，事實證明劉沔是對的。

石雄率軍進駐振武城，登上城樓觀察回鶻軍動態，突見回鶻大營內有幾十輛氈車，氈車周圍走動的人有的穿紅色、有的穿綠色，極像大唐官服。莫非這就是太和公主的居所？

石雄派出間諜一問，果然就是公主御帳。

石雄再派間諜去稟告公主：「公主到了這裡，這裡是公主的娘家，應該想辦法回來。今夜唐軍將出兵攻擊，公主和侍從們一定要保持鎮定，氈車停留原地切勿移動。」

石雄又叫來士兵，在振武城城牆不起眼的地方鑿出了十幾個洞。夜幕低垂，行動開始，白天鑿好的洞派上了用場，石雄不開城門而是率軍從這十幾個洞中悄無聲息地出發，直撲烏介可汗御帳。

直到快要摸到御帳，回鶻士兵才從夢中驚醒，看到如從天而降的唐軍。烏介可汗大吃一驚，所有輜重都顧不上了，騎上馬便落荒而逃。石雄緊追不捨，一直追到殺胡山。殺胡山下，唐軍大破回鶻，烏介可汗中箭受傷，數百名騎兵死戰，護送他殺出了重圍。

此戰石雄斬首一萬、生俘兩萬，徹底讓烏介可汗傷了元氣，此後再無作為。三年後，烏介可汗被自己的宰相斬殺，以烏介可汗為首的這支回鶻湮滅於歷史雲煙之中。

戰爭結束兩個月後，太和公主抵達長安，此時距離出嫁已經過去了二十三年，出嫁時十八歲，如今已經四十一歲了。

太和公主前往光順門，換下盛裝、摘下首飾，為回鶻負恩、自己和親失敗請求寬恕。李瀍派出宦官以示安慰，改封太和公主為安定大長公主。

對於太和公主而言封號已經不重要了，重要的是終於回家了，從此告別異國他鄉的生活。

烽煙再起

第十五章

互不信任

在前面的章節我們說過，昭義節度使劉從諫頻頻仗義執言為皇帝李昂撐腰，深深得罪了當權宦官仇士良。兩人你來我往，互指對方為奸佞。劉從諫控訴仇士良居心叵測，仇士良控訴劉從諫對抗中央，二人矛盾已不可調和。

等到李瀍登基，劉從諫特意命人到長安獻馬。此馬高九尺，外形健壯、體態優美、健步如飛，劉從諫想以此馬討好李瀍。

不料李瀍竟然拒絕了，劉從諫心中惱怒，他懷疑是仇士良從中作梗。懷疑也有幾分道理，畢竟李瀍是仇士良擁立的，仇士良與李瀍的關係終究比劉從諫近一些。

劉從諫有口難辯，如果是前任皇帝李昂尚能理解自己的良苦用心，自己在皇帝最困難的時候發聲，幫他度過了人生中最灰暗的日子。如今這位皇帝受宦官擁立與自己毫無交集，就連主動奉上的寶馬都不笑納，看來沒有接近可能了。心灰意冷到了極點，劉從諫覺得自己與長安的通路斷了，只要仇士良在斷無和解可能。

既然如此，先立足自保吧，大不了學河北那些藩鎮。自此劉從諫暗自整修軍備、招降納叛，與長安漸行漸遠。

昭義戰區的實力越來越強，錢越來越充足，但劉從諫卻高興不起來。每年徵收的馬稅以及商人的商業稅有五萬貫，鹽鐵專賣所得也有數萬貫，錢是越來越多，但是把周圍戰區都得罪光了。

這又是為何呢？因為劉從諫陷入到一個惡性循環。

劉從諫想要加強軍備就需要有源源不斷的錢，為了收更多的錢，凡是在昭義戰區活動的大商人都授以軍職，並派他們到附近戰區做生意。附近戰區的大小官員本來還想在商人身上吃拿卡要，仔細一盤問底細，原來商人都有軍職在身，這就不好辦了。

《資治通鑑》記載說，有軍職的商人在附近戰區凌辱將士，時間一長引起了普遍反感，對此我表示懷疑。商人逐利是天性，沒有人願意得罪主顧，真實原因是這邊油揩不成了，收入減少，而劉從諫那邊賺得盆滿缽滿，財大氣粗。長此以往，附近戰區與劉從諫的關係焉能友好？

劉從諫想跳出這種惡性循環，但他跳不出來。

劉從諫憂鬱成疾，鬱鬱寡歡地對妻子裴氏說，「我對朝廷忠心耿耿，朝廷卻不懂我的心意，附近戰區跟我們關係也不好。我死之後如果由外人來主持軍政，我們家的爐灶就不會冒煙了。」

劉從諫知道自己時日無多，加快布局，以侄子劉稹為牙內都知兵馬使，堂侄劉匡周為中軍兵馬使，孔目官（文書）王協為押牙親軍兵馬使，一再囑咐親信要好好輔佐劉稹。

不久劉從諫病逝，劉稹秘不發喪，一切靠王協謀劃。

此情此景對於王協而言實在是太熟悉了，他在寶曆元年（八二五年）八月就經歷過一次。那一次是劉從諫的父親劉悟病逝，劉從諫接替父親繼續執掌昭義戰區。

王協信心滿滿地對劉稹說：「我們就遵循寶曆元年的先例，不出百日朝廷的委任狀就會下來。現在只需要侍奉好監軍宦官、打點好欽差，同時不跟四鄰戰區起衝突，城中做好戒備即可。」

王協算盤打得挺好，只可惜時代不同了。如果宰相還沒有換人一切好說，王協的謀劃還有成功的可能，只可惜如今宰相換成了李德裕。

事實上，寶曆元年時朝中也並不缺有見識的宰相，時任宰相的李絳強烈反對劉從諫繼任昭義節度使，但資深宦官王守澄收了劉從諫的厚禮，愣是幫劉從諫把事情辦成了。

這一次呢？

皇帝李瀍召來宰相，商討如何處置劉從諫身後的昭義戰區。

多數宰相認為：「回鶻還沒有根除，邊境警報尚未解除，此時再對昭義戰區用兵恐怕國力不支，不如就讓劉稹先代理昭義節度使吧。」

贊同這種說法的不在少數。李瀍看李德裕一直默不作聲便知他有不同的意見。

正如李瀍所料，李德裕一開口就強烈反對：「昭義戰區情況與河朔三鎮（盧龍、成德、魏博）不一樣。河朔三鎮割據已久，人心難以挽回，因此幾任皇帝都對他們聽之任之。昭義戰區離長安近而且一向忠義。寶曆元年劉悟去世，敬宗皇帝不理朝政，宰相又無深謀遠慮，因此劉從諫得以繼任節度使。如今劉從諫臨死之前擅自把兵權交給不懂事的娃娃。朝廷如果循例准許繼任節度使，那麼四方藩鎮誰不想效仿？天子號令還有誰會遵守？」

李瀍追問道：「卿有何良策制服？能不能出奇制勝？」

李德裕對曰：「劉稹所依仗的就是河朔三鎮，只要讓成德、魏博不與他站在同一陣營，劉稹就無能為力了。陛下可以派得力大臣傳詔成德節度使王元逵、魏博節度使何弘敬，跟他們說以前的幾位皇帝允許他們父子相傳已成慣例，昭義戰區跟他們情況不一樣。如今朝廷對昭義戰區用兵，並不準備派兵進入太行山以東，昭義戰區在太行山以東的三個州就由成德、魏博攻打，攻下了就歸他們。同時傳令給戰區將士，平定昭義戰區後重重有賞。只要魏博、成德兩戰區聽命，不阻撓朝廷軍隊行動，劉稹必定要束手就擒。」

李瀍喜上眉梢：「好，李德裕和朕想到一塊去了，就這麼定了，朕絕不後悔。」

李德裕馬不停蹄，立刻替皇帝起草詔書：

澤潞一鎮（昭義戰區），與卿事體不同，勿為子孫之謀，欲存輔車之勢。但能顯立功效，自然福及後昆。

李德裕話說得很明白，他告誡魏博和成德節度使，昭義戰區跟你們情況不一樣，不要自以為是的為子孫考慮，企圖保全昭義戰區，將來互為依靠。只要你們能夠為朝廷建立功勳，福氣自然延續到子孫身上。（**暗指節度使位子傳承**）

李瀍過目後甚為滿意：「對，就應該直截了當地告訴他們。」

處理完魏博和成德戰區，李瀍給盧龍節度使張仲武又下了一道詔書：回鶻餘燼未滅，塞上多事，委任你全權處理。

兩道詔書一下，效果立顯。

魏博和成德節度使接到詔書，一看就明白了，如今的皇帝和宰相都是能人，詔書分寸拿捏得恰到好處，既有長遠的利益誘惑又有眼前的利益相送，高，實在是高。

魏博和成德節度使表態遵命，與朝廷站到同一條戰線。

至於盧龍張仲武就是憑藉朝廷的支持才做到盧龍節度使，對朝廷的命令只有遵從一途。

重拳出擊

昭義戰區被孤立了起來，他們只是一支孤軍。

李瀍不是沒有給劉稹改過自新的機會，李瀍給過但劉稹沒要。

劉稹發布劉從諫逝世的消息後，李瀍輟朝以示哀悼，並追贈劉從諫為太傅。李瀍下詔命劉稹護送劉從諫靈柩到東都洛陽，劉稹拒不從命。李瀍再命人寫信勸解劉稹，劉稹依然置之不理。機會就這樣從劉稹手邊溜走，他沒有珍惜，等到想珍惜的時候已來不及了。

西元八四三年五月十三日，李瀍下詔剝奪劉從諫、劉稹所有官職，任命成德節度使王元逵為北面招討使，魏博節度使何弘敬為南面招討使，會同河中節度使陳夷行、河東節度使劉沔、河陽節度使王茂元一起討伐昭義戰區。

以往河朔三鎮節度使去世，身後事是固定劇情，一般都是朝廷先派特使弔唁，然後拒絕節度使一職繼承，繼而該戰區反抗，最後朝廷對之用兵，雙方要來回試探半年，半年後撕破臉開打。如今李瀍把這些繁文縟節都免了，從劉從諫死訊發布到李瀍下詔用兵前後只有二十天。

這速度足以讓他的父祖以及哥哥們汗顏。

即便李瀍提高了效率，魏博和成德也配合朝廷軍隊作戰，但攻打昭義戰區的軍事行動還是不順利，仗一打就打了一年多，一直打到了西元八四三年閏七月。這期間朝廷軍隊與昭義軍隊多次作戰，雖然不斷有勝利喜訊傳出，但都不足以動搖昭義戰區的根基。

堡壘往往是從內部攻破的，昭義戰區同樣如此。

接替劉從諫的劉稹畢竟太年輕了，沒有自己的主張，一切都靠押牙王協和宅內兵馬使李士貴作主。偏偏李士貴是個捨命不捨財的主。

昭義戰區處於非常時期，在非常時期需要非常手段，該賞的必須重賞、該罰的必須重罰，可惜他們只做到了一樣，該罰的重罰而該賞的卻不捨得賞。時間一長，人心離散。

劉從諫的妻子裴氏眼見士氣低落，焦急萬分，看來劉稹還是年輕難以主持大局啊。裴氏有個兄弟叫裴問，率軍駐守邢州，裴氏有意召回裴問讓他幫助劉稹主持軍政。

消息傳到了李士貴耳朵裡，李士貴急了，不行，絕不能讓裴問回來，他回來了，我幹什麼去？李士貴「語重心長」地告誡劉稹：「太行山以東的事，全要仰仗五舅（**裴問在兄弟中排行第五**），若把他召回就等於放棄太行山以東的三州了。」

奸佞之人就是這樣，明明謀的是一己私利卻總會找出冠冕堂皇的理由。

毫無經驗的劉稹點頭表示同意，向著自己作死的道路又邁進了一大步。之後劉稹的豬隊友王協又出了兩個餿主意：一、推薦昭義都頭王釗出任洺州都知兵馬使，二、向商人徵收捐稅。

王釗率軍一萬駐紮洺州，他帶兵有方深得將士擁護。之前一年多的作戰，已經有幾位將軍或因為有投降之心、或因為作戰不力被劉稹滅門，王釗免不了兔死狐悲，開始提防劉稹。恰好此時有人舉報王釗有二心，劉稹召喚王釗回昭義戰區總部述職。王釗連忙推辭：「自從率軍到洺州以來還沒有立過功著實慚愧，希望多留幾個月再回總部述職。」

劉稹想了一下，同意了。

王釗呢？躲過了這一次，下一次呢？

王釗不想把命運掌握在別人手中，他要自己掌握自己的命運。好在劉稹的豬隊友王協幫他爭取到了「洺州都知兵馬使」，有兵權在手一切就好辦。

王協的第二個主意實在是餿得不能再餿了，朝廷軍隊大兵壓境，唯有內部團結一致、矛頭一致對外方能有望度過難關，而王協卻在人為地製造矛盾。

說到底，他是為了自己的腰包。

大敵當前的背景下，王協向昭義戰區下屬五州各派出一員將領負責徵收財產稅。徵稅將領挨家挨戶評估財產，一律往高評估，然後按百分之二十的稅率徵收財產稅。

錯誤的時機，錯誤的稅率，萬劫不復的結局。

眼見徵稅有油水可撈，有人急紅了眼，機會千載難逢，有條件要上，沒條件創造條件也要上。有一位叫劉溪的將領，為人既貪婪又殘暴，劉從諫索性棄之不用，這樣劉溪就在昭義戰區坐了多年冷板凳。眼見徵財產稅這樣重大的「商機」出現，劉溪決定這一次絕不錯過。

劉溪下了血本重重賄賂了王協，王協投桃報李把富商最多的邢州給了劉溪，至於劉溪能撈到多少那就看自己本事了。劉溪馬不停蹄到了邢州，一出手就抓了很多富商，交稅、交稅、交稅。

劉溪的大難即將臨頭卻渾然不覺。劉溪太急了，他還沒有摸清邢州的底細，抓了不該抓的人。

前面說過劉從諫妻子裴氏的兄弟裴問帶兵駐紮邢州，裴問帶的部隊叫「夜飛兵團」，屬於邢州駐軍中的精銳部隊。「夜飛兵團」士兵多數是本地富商子弟，在這一次劉溪的抓捕中有不少士兵的兄長或者父親被抓。

士兵們紛紛找裴問幫忙求情，裴問親自拜訪劉溪再三懇求他手下留情。可惜劉溪眼裡只有錢沒有裴問，言語中多有不敬之語。裴問不動聲色，心中的怒火卻燃燒了起來，與其向這種人卑躬屈膝，不如殺了他然後向朝廷投誠。

裴問與手下將士謀劃完畢，想了又想並把計畫告訴了邢州刺史崔嘏。仕途宦遊多年的崔嘏一看形勢唯有同意一途，你已經知道了這個天大的秘密只能同意，否則後果自己想。

西元八三四年閏七月二十五日，裴問與崔嘏關閉邢州城門，以快刀斬亂麻之勢斬劉溪等四員將領，然後向成德節度使王元逵投降。

原本鐵板一塊的昭義戰區被打開了一個缺口，接下來還會有第二個、第三個。第二個缺口出現在洺州，打開缺口的人正是洺州都知兵馬使王釗。這些天王釗一直坐立不安，他知道必須做出抉擇，要麼認命伸出脖子任人宰割，要麼反戈一擊主宰命運。

王釗準備從雞蛋裡挑骨頭，進而挑起士兵們的怨恨。昭義戰區這枚雞蛋裡的骨頭實在太多了，王釗根本不用挑。

之前戰區總部賞賜洺州將士每人五丈麻布，大家領了賞賜都很高興，因為這次是額外的賞賜，冬季還會再有一次賞賜。將士們高興了沒幾天，戰區總部傳達了新的指示：五丈麻布就算作冬季賞賜了。

將士們的心一下子就涼了，什麼意思？把我們當猴耍呢。

軍中的怨氣慢慢地瀰漫開來，正巧徵收財產稅的將領又到了洺州。

百分之二十的稅率，搶錢啊。

軍中的不滿情緒到達了頂點，王釗知道機會來了。

王釗集合將士，義憤填膺地演說：「候補節度使劉稹年少，政令根本無法作主。如今倉庫充實，足夠十年供應，為什麼就不能稍微發放一些犒勞一下辛苦的將士們呢。我作主了，總部的徵財產稅命令不執行。」

掌聲雷動。

王釗趁熱打鐵：「總部不犒賞大家，我賞。每人絹一匹，穀十二石。」

山呼海嘯，地動山搖。軍心可用。

王釗見時機一到，關閉城門斬殺徵稅將領，然後向魏博節度使何弘敬投降。昭義戰區五州已失二州。

投降也是可以傳染的。磁州守將安玉聽說邢州、洺州相繼投降，馬上也向何弘敬投降。

三州接連投降的好消息傳到長安，宰相們一起進宮向皇帝李瀍表示祝賀。

李德裕興致很高：「昭義戰區的根基盡在太行山以東，如今三州歸降，昭義總部上黨用不了幾天就會發生變化了。」

李瀍補充道：「那個叫郭誼的一定會砍下劉稹的腦袋為自己贖罪。」

李德裕順便誇一下領導：「一切盡在聖主掌握之中。」

李瀍被誇得很舒服：「如今我們要先做點什麼呢？」

李德裕早有準備，推薦給事中盧弘止為邢州、洺州、磁州三州候補刺史：「萬一被成德和魏博搶先要求合併三州，朝廷就左右為難了，所以這件事要快。」

盧弘止，大曆十才子之一盧綸之子。盧綸，著名詩人，著有《塞下曲》六首。

林暗草驚風，將軍夜引弓。平明尋白羽，沒在石棱中。

李德裕這是要跟成德和魏博戰區玩文字遊戲，當初詔書上寫得很清楚，攻下三州，三州就歸成德或魏博所有，如今三州是自己投降而不是攻下的，因此不能歸成德或魏博所有。搶先一步布局三州的人事安排，屆時還有說辭：「你看，朝廷的任命都出來了，你們魏博和成德不能讓朝廷言而無信吧。」

李瀍同意了李德裕的布局，不過沒有接受李德裕提名的人選，而是任命山南東道節度使盧鈞兼任昭義戰區節度使，火速上任。至於李瀍為何沒同意李德裕提名的人選，可能是出於帝王術的考慮，李瀍雖然對李德裕倍加信任，有些時候還是會以拒絕提名的方式提醒李德裕：朕才是天下之主。

帝王術，深著呢。

好消息都是通向長安的，壞消息都是送往上黨的（**昭義總部所在地**）。當三州接連投降的消息傳到上黨時，劉稹的心腹將領郭誼、王協意識到該為自己做點什麼了，既然劉稹這艘船要沉了，就讓他自己沉吧。

郭誼和王協準備對劉稹動手，但他們忌憚一個人，這個人就是劉稹的堂兄劉匡周。劉從諫去世時做了兩個安排，一是讓劉稹接掌兵權，另一個就是讓劉匡周做中軍使兼押牙，率領親衛部隊駐紮節度使官邸以保家眷萬全。

郭誼和王協稍作商議，便制定了三步走方案：第一步，忽悠劉稹；第二步，調走劉匡周；第三步，動手。

對付劉稹這個智商讓人無法理解的傢伙，確實有這三步就夠了。

郭誼和王協「誠懇」地跟劉稹說：「十三郎（劉匡周在同輩兄弟中排行十三）率軍駐紮節度使官邸，將領們都不敢多說話，生怕被十三郎懷疑進而惹禍上身，這就是山東三州最終失去的重要原因。如果讓十三郎不再進入節度使府，將領們就能開誠布公地暢所欲言，你多聽大家的建議就一定能找到解救危局的辦法。」

若是有正常智商的人，恐怕都不會相信這種鬼話，但劉稹信了。

劉稹究竟有沒有智商？劉從諫為何會選定他做繼承人？難道就因為劉稹是親侄，劉匡周是堂侄？

劉稹召見了劉匡周，要他對外稱病不要再進入節度使官邸。

劉匡周瞪大了眼睛，有些著急：「我在院中諸將才不敢有異心，如果我離開了全家必將被滅門。」

劉稹不為所動：「此事就這麼定了。」

劉匡周悲憤萬分，以手揩淚哭著走了出去。

接下來的事就好辦了，接著忽悠。

郭誼派出親信董可武遊說劉稹：「山東三州叛變都是由五舅裴問引起。如今城中這些人誰能擔保不變心？候補節度使今後準備作何打算？」

「城中還有五萬兵馬，關閉城門死守。」

「不，這並非良策。候補節度使不如單人匹馬去向朝廷請罪，像當初張元益那樣最差也能再做個刺史。不如暫且讓郭誼做候補節度使，待朝廷任命下達再侍奉太夫人和家眷以及金銀財寶返回東都洛陽，如此豈不是更好。」

「郭誼？他肯善待我嗎？」

董可武一臉忠義地說道：「我和郭宜可對天發誓，絕不辜負大帥一家。」

對天發誓，騙騙小孩子的話，劉稹居然也信了。劉稹點頭同意，董可武把郭誼叫了進來，三人又說了一番肝膽相照的話。

事情敲定之後，劉稹向伯母裴氏稟告，裴氏面色凝重：「能平安歸朝當然是好事，只怕為時已晚。我連自己的弟弟裴問都不能擔保，焉能擔保郭誼。你自己拿主意吧。」

劉稹決定相信郭誼，以伯母裴氏的名義任命郭誼為都知兵馬使，兵權交由郭誼掌管。劉稹用自己的親身經歷活靈活現地演繹了一個成語——太阿倒持，把寶劍的劍柄交由別人，自己的生死由別人掌握，自作孽。

劉稹起身到內宅收拾行裝，心裡還殘存著刺史的夢。宅內兵馬使李士貴聽說劉稹將兵權交給郭誼大吃了一驚，馬上集合後院數千兵馬攻打郭誼。

要說郭誼也是刀尖上飲血的人物，大風大浪見過很多。他只用了一句話就把李士貴給滅了。

郭誼輕飄飄地說了一句：「你們為什麼自己不去拿賞金，反而還要陪李士貴一起死啊。」

一語驚醒夢中人。

是啊，那邊郭誼剛剛接任都知兵馬使正在發錢呢，為什麼有錢不拿啊？士兵們瞬間反水擊殺李士貴，然後領賞去了。

郭誼忙活了一夜，上上下下都換上了自己人，是時候叫醒劉稹了。

郭誼讓董可武進去拜見劉稹：「請到前廳議事。」

劉稹察覺有些不對：「在這裡不能說嗎？」

董可武回道：「恐怕驚動太夫人（裴氏）」

劉稹想想也對，便跟著董可武一起到了官邸北院。酒席已準備好，主題是歡送劉稹平安歸朝。

酒至半酣，該辦點正事了。

董可武一臉忠誠地對劉稹說：「今天的事我們也是為了保全太傅（劉從諫被追贈太傅）一家。您還是自己了斷吧，朝廷必定會因此憐憫進而寬恕太傅一家。」

劉稹眼淚汪汪，他知道無論如何自己面臨的都是死局。

劉稹悲哀地說道：「若真像你說的那樣，正是我的心願。」

董可武上前按住劉稹的手，殺手在劉稹背後一刀。了斷，一刀兩斷。

昨天還指天發誓要善待劉稹的郭誼下令逮捕劉稹滿門，從劉匡周以下一個不留，連嬰兒都不放過。同樣沒被放過的還有李訓和鄭注的餘黨，他們在劉從諫的昭義戰區得到了善待，度過了幾年快樂的日子，但幸福總是那麼短暫，終究沒有掙脫命運的牢籠。

郭誼將劉稹的頭放在木匣裡，連同降表一同送往長安。木匣路過澤州時，守將劉公直率全營慟哭。哭過之後向朝廷投降。自此昭義戰區五州全部投降。

消息傳到長安，宰相們再次進宮向皇帝表示祝賀。

李德裕奏報說：「如今不用再設立邢州、洺州、磁州候補刺史了，讓盧弘止到三州以及成德、魏博慰問安撫即可。」

李瀍不接話茬，問道：「該如何處置郭誼呢？」

李德裕對曰：「劉稹只是個沒見識的娃娃，對抗朝廷抗拒任命都是郭誼出的主意。郭誼等到劉稹氣勢衰退孤立無援時又賣主求榮，這樣的人不誅何以懲惡揚善？應該趁著朝廷軍隊還在昭義境內將郭誼等一併誅殺。」

李瀍點了點頭：「朕意亦以為然。」

宰相杜悰卻不認可，他認為如今軍糧供應不足，朝廷軍隊不可能在昭義戰區常駐，為了安撫昭義戰區，郭誼等人可以赦免。

李瀍看了杜悰很久，一言不發。

李德裕明白李瀍心思：「今年春天時昭義戰區未平，河東又出現騷亂，若非陛下決斷堅定，兩處的叛軍怎麼可能被消滅？外邊的人都說，若在文宗時恐怕兩處叛軍早就被赦免了。」

李瀍看了看李德裕，還是你懂我。

李瀍來了興致：「你難道沒有發現，文宗與你見解不同，怎麼可能溝通呢？」

你懂我，我也懂你。

不過李瀍還是有所保留，再次拒絕了李德裕的提名人選，而是堅持用山南東道節度使盧鈞，這一回更徹底，盧鈞不再是兼任昭義節度使，而是免去山南東道節度使，專任昭義節度使。當然李瀍對李德裕還是認可的，在讓誰率軍進駐昭義總部潞州的問題上，李瀍沒有猶豫，讓石雄率七千軍馬進駐。

李德裕可以說是石雄的伯樂，如果沒有李德裕，石雄可能還在邊遠的白州當刺史呢。

李德裕先是將石雄火線提拔推上抗擊回鶻的第一線，石雄自己也爭氣，一戰奪回公主並擊破回鶻。

石雄在這次對昭義的用兵再次被李德裕提拔出任晉絳行營節度使。出任節度使的第二天，石雄率軍連破昭義戰區五個營寨，誅殺以及俘虜的叛軍士兵數以千計。

李瀍得報直稱石雄是良將，李瀍大喜之下賞賜石雄大批綢緞。

石雄將綢緞堆到大營門口，自己只拿了一匹，剩下的大家均分。

在大批綢緞面前，石雄再次顯示了他與眾不同的一面。

古來成大事者，必有過人之處。

已調任河中節度使的石雄率領七千人馬向潞州推進，潞州城內的郭誼還在做著繼任節度使的夢。

「按慣例，任命該下來了啊。」郭誼自言自語。

「或許是改任其他戰區節度使，任命下達慢。」郭誼自己安慰自己。

郭誼開始整理行裝，做好改任其他戰區準備，省得到時手忙腳亂。一切準備妥當，屬下來報，石雄率領七千人馬正向潞州趕來。郭誼覺得有些不太對勁，心中不安，該不會……

石雄抵達後，郭誼率領潞州各級將領參拜。參拜完畢後，欽差宦官張仲清「善解人意」地說「郭誼的任命狀明後天才到，其餘諸位的任命狀都在這裡，晚點集會時發放。」

就在郭誼還在期待明後天到來的任命狀時，石雄已經率領河中兵團在集會的球場完成了包圍，張開口子靜候郭誼等人到來。

集會開始，石雄一個一個點名，郭誼以下一向桀驁不馴、對抗朝廷的昭義將領一個不留，全部五花大綁，押送長安。到此時郭誼的所有幻想都破滅了，本來搬起石頭是砸劉稹的腳，沒想到最連自己的腳也砸了。

已死的劉稹沒有逃過應有的懲罰，李瀍下詔挖出屍體暴屍三日。三日後，石雄命人將劉稹屍體拖到球場斬成數段然後剁碎。

可憐，可恨，可歎。

不久，郭誼、王協等人在長安被斬首，算計了半生最終還是沒有算出自己的命運。

這輩子白算了。

至此昭義戰火全部平息，新任節度使盧鈞上任後迅速收復人心，昭義重歸平靜。

這次對昭義的用兵主要歸功於李瀍和李德裕的堅持。李瀍資質只能算一般，但性格堅韌，認準的事情就一定要做到底，而且最重要的一點是他發自肺腑地信任李德裕。李德裕目光長遠，大局觀超出他所處的時代，以往的宰相都是頭痛醫頭腳痛醫腳，而他著眼於全方位調理。

這樣的君臣際會歷史罕見，如果命運給他們多一點點時間，該有多好。

西元八四四年八月二十八日，李瀍加授李德裕為太尉（三公之一），封趙國公，李德裕連連表示辭讓。

李瀍推心置腹地對李德裕說：「只恨沒有更高的官職賞賜你了。你若不應該加官進爵，朕必然不會給你。」

皇帝把話說到這個份上，李德裕不好再推辭。

這次軍事行動除了平定昭義，更重要的意義是李德裕為王朝立下了規矩。

以往出動朝廷軍隊平叛收效甚微，李德裕經過研究找到了癥結所在：一、皇帝直接下詔指揮軍隊，恨不得一天連下三四道詔令；二、監軍宦官干預軍政，臨陣指揮的將領反而要聽命於監軍宦官；三、監軍宦官抽調精銳士兵組成保護自己的衛隊，真正衝在一線的反而不是最精銳的部隊，而且一旦戰事不利，監軍宦官率領自己的衛隊先跑。三者疊加到一起打得贏才怪。

對於監軍宦官干預軍政的問題，李德裕與楊銘義、劉行深兩名擔任樞密使的資深宦官進行了溝通，達成了一致的協議，然後定下了規矩：今後監軍宦官不得干預軍政，宦官衛隊士兵只能採用千裡抽十的辦法，一千名士兵挑選十名，最大程度地把精兵留給帶兵將領。即便監軍宦官不參與軍政，一旦軍隊立功受賞，監軍宦官依然保有應得的那份獎賞以作為回報。

至於皇帝直接下詔指揮軍隊，李德裕與李瀍約定以後除非宰相建議皇帝直接下詔，其餘的一律不得由皇帝直接下詔，放手由前線將領自行指揮。

聞道有先後，術業有專攻，讓專業的人做專業的事，看起來簡單但實施起來卻很難。

李德裕定的規矩初步取得了成效，只是這樣的成效能變成長效嗎？

因為李瀍對李德裕信任有加，所以他能在一定程度上限制皇帝；楊銘義、劉行深受李德裕個人魅力感染，所以願意約束宦官跟李德裕合作。

如果這樣的組合能夠長久，該有多好。

鬥天鬥地

第十六章

所謂秘訣

從高力士以後，宦官在皇宮中的分量越來越重、地位越來越高，但這都改變不了一個事實：宦官是個高危職業。

遠的如李輔國、魚朝恩，近的如吐突承璀、王守澄，一個個都曾經紅極一時，但都沒有走出命運的怪圈，他們都曾經紅過，但最後都無聲無息地非正常死亡。

仇士良呢？他能跳出這個怪圈嗎？

他想，也很努力。

李瀍登基之後，仇士良的感覺越來越不好。原本李瀍只是一個碌碌無為的平安王爺，生生被仇士良扶上了馬，即便李瀍對仇士良禮遇有加，仇士良還是感覺有點不太對勁。

之前仇士良想用自己儀同三司的身分為乾兒子「福蔭」一個帶刀侍衛官職，皇帝李瀍還沒表態就被給事中李中敏否決了。仇士良用期待的眼神看著李瀍，希望皇帝能替自己說句「公道」話，李瀍卻一言不發。

仇士良明白了，說到底皇帝是不想給自己這個臉。仇士良歎口氣，看來新皇帝是個難纏的主。

不行，得讓他知道我的分量。

仇士良開始尋找機會，機會很快地到來了。

這段時間李德裕等宰相忙著給皇帝李瀍上尊號，並計畫大赦天下。原本仇士良與李德裕並沒有太多交集，但自從李德裕出任宰相之後二人的矛盾便產生了，因為李德裕不肯順著仇士良。

仇士良與李德裕不睦，更糟糕的是還有人從中挑撥。

有人向仇士良彙報：李德裕正在與度支（全國財政總監）商議裁減禁軍經費，衣服、糧食以及馬匹所需草料都會削減。

仇士良心中的怒火被點燃了，「騰」地站了起來：「若果真如此，到了大赦那一天，神策軍將士必定會雲集丹鳳樓前抗議示威。」

話如果只是私下說說，問題也不大。問題是仇士良在公開場合也如此說，而且說了不止一次。這就是仇士良要找的機會，他要讓皇帝看看他的能量，也要讓李德裕下不了台，到時他他伸出蘭花指：「看，宰相引起了神策軍示威。」

刻舟求劍，愚不可及。

時代變了，皇帝變了。

李德裕得知消息後不敢怠慢，連忙上疏請求李瀍登延英殿跟大臣們見面，給自己一個澄清事實的機會。延英殿上，李德裕明明白白地將事情說了一遍，李瀍聽完後知道是仇士良在背後搗鬼。

李瀍大怒，派貼身宦官到左右神策軍傳達口諭：朕跟宰相只是討論大赦天下，並無削減糧草之議。況且大赦令是朕的意思並非出自宰相，爾等怎麼可以說那些話？

仇士良聞言大氣也不敢出，看來皇帝真生氣了。連正式詔書都沒有，李瀍僅僅一道口諭就把仇士良晾在了那裡。

這就是一個皇帝應有的自信。

還記得文宗遇到同樣情況是怎麼做的嗎？

他和宰相一起向仇士良解釋：你多慮了，沒有這回事，沒有這回事。

李瀍用自信鎮住了仇士良，同時用氣場告訴仇士良，朕才是天下之主，而你始終只是朕的家奴。

仇士良這些武裝到牙齒的宦官說白了是隻紙老虎，張牙舞爪看起來很嚇人，但只要皇帝夠硬氣，一根火柴就可以讓它化為灰燼。所有被宦官裹脅的皇帝只是因為心中有枷鎖，心中的枷鎖戴得太久了，都忘了自己原本可以反抗。

仇士良看明白了，李瀍不好惹，再拿對付李昂的辦法對付李瀍也不管用了。恐懼突然爬上了仇士良的心頭，這是以前從來沒有過的感覺。也罷，說到底只是人家的家奴，何必硬碰硬呢。

仇士良決定認慫，先保住眼前的富貴再說。仇士良以年老多病為由，請求調任一個閒散職位。

李瀍看了看仇士良，心中暗道：「算你識相。」

幾日後，李瀍下詔仇士良不再擔任神策軍中尉一職，改任左衛上將軍兼內侍監，主持宦官總管府工作。這一任命意味著仇士良交出了最核心的兵權，從李瀍身邊抽離。

一個月後，仇士良在左衛上將軍、內侍監任上退休，徹底退出了政治舞臺。屬下們為仇士良風風光光辦了退休儀式，送他出宮回到宮外的私宅。

仇士良回到家中感慨萬千，幹了一輩子革命工作終於能在家休養了。從侍奉太子李純開始，仇士良先後陪伴了祖孫三代共五任皇帝，從憲宗李純、穆宗李恆，再到敬宗李湛、文宗李昂、武宗李瀍。幾十年過去了，他也從一個小宦官變成了老宦官。

屬下們鞍前馬後伺候給足了仇士良面子，備受感動的仇士良決定不再保留，他要回饋屬下，教授他們絕招。

仇士良指點道：「絕對不能讓天子閒著，應該讓他沉醉於奢侈糜爛的生活裡，讓天子無暇顧及其他事情，這樣我們就能得志了。不要讓天子接近知識份子，一旦讓他知道前代興亡故事就會心懷憂懼，我們這些人就會被疏遠。」

屬下們作恍然大悟狀，千恩萬謝，叩頭離去。

仇士良這些方法算絕招嗎？

其實不算。早在秦朝時，趙高對付秦二世胡亥用的就是這招。

從仇士良個人職業生涯來看，這些花招至多對穆宗李恆、敬宗李湛父子管用，對憲宗李純、武宗李瀍完全失效，因為兩人都有政治理想，仇士良這種小兒科的玩意迷惑不了他們。對付文宗李昂也無效，李昂雖然文弱，但他也有治國理政的雄心。因此仇士良的這些小花招只對那些不知上進的皇帝管用。

不久，仇士良因病去世，走完了自己波瀾壯闊的一生。在他身後，李瀍追贈他為揚州大都督。同李輔國、魚朝恩那些宦官相比，仇士良的結局算好的了，雖然最終失勢但至少是正常死亡，不像那幾位個個死於非命。

仇士良就這樣蓋棺定論了？沒那麼簡單。

在仇士良去世的第二年，跟仇士良有宿怨的幾個宦官聯合舉報：仇士良家中藏有鎧甲、武器多達數千件，圖謀不軌。李瀍命人突擊檢查仇士良私宅，果然在其家中發現鎧甲和武器數千件，舉報被坐實了。

細想起來，舉報的真實性還有待考證，既然仇士良已經交出了所有兵權，他還有什麼能力圖謀不軌？即便圖謀不軌，鎧甲和兵器為何要藏在自己家中？難道找不到更隱蔽的地方？

綜合來看，這次舉報更像是一次合作，與仇士良有宿怨的宦官與想抹掉仇士良所有痕跡的皇帝李瀍的合作。畢竟李瀍是仇士良擁立的，這個皇位來得不太光彩，只有把仇士良的痕跡一一抹掉，李瀍得到皇位才顯得更加理直氣壯。

李瀍不再客氣，下詔剝奪仇士良官爵，家產罰沒充公，家人全部淪為奴婢，男做奴、女做婢。該來的還是來了。

從一名不文，到權勢顯赫，從光榮退休，再到官爵全部被剝奪，仇士良的人生是一個圈，一輩子風風火火、忙忙碌碌，到頭來為誰辛苦為誰忙？

一生對手

如果說李德裕與仇士良的短暫交鋒只是一個插曲，那麼李德裕與牛僧孺、李宗閔之間的牛李黨爭就是永恆的主旋律。雙方從唐憲宗元和年間結怨，恩怨延續了幾十年，從唐憲宗元和時代一直延續到唐武宗會昌時代。

之前李德裕一直處於劣勢，如今不同了，他是高高在上的宰相，而牛僧孺等人只能在地方官任上蹉跎。

上任之初，李德裕仗義出手挽救了牛黨成員楊嗣復、李玨的生命，但這並不意味著李德裕與牛黨和解，反而在與牛黨死磕的路上越走越遠。

就在會昌元年，李德裕抓住一次機會擺了牛僧孺一道。

這次機會是漢水氾濫。漢水即今天的漢江，流經陝西、湖北兩省，在武漢龍王廟匯入長江。會昌元年，大水氾濫淹沒襄州，居民、房屋損失慘重。

襄州是山南東道戰區總部所在地，擔任山南東道節度使的正是牛僧孺，此時牛僧孺還掛著同平章事銜，兼任宰相。水災讓李德裕找到了藉口，李德裕認定牛僧孺負有不可推卸的責任，由於防災不利已經不適合再擔任節度使了。

李瀍同意李德裕的意見，牛僧孺就此卸任山南東道節度使，改任太子太師。節度使是實職，太子太師是虛職，一杯茶、一張報紙，一天就過去了。

同為牛黨核心成員的李宗閔呢？他的日子過得怎麼樣呢？

李宗閔的仕途折返跑比牛僧孺更辛苦。

文宗太和七年，李德裕第一次拜相，李宗閔被免去宰相職務，出任節度使。之後鄭注、李訓為了排斥李德裕，又把李宗閔召回出任宰相，而將李德裕貶出長安。

太和九年，李宗閔因救援牛黨成員楊虞卿而觸怒皇帝李昂，被貶出長安。幾次調任之後，李宗閔出任太子賓客。在太子賓客任上，牛黨成員、宰相楊嗣復準備推薦李宗閔再次出任宰相。想不到還沒來得及推薦文宗就駕崩了，武宗繼位，李德裕歸來，李宗閔只能繼續當賓客。

到會昌三年，李宗閔連太子賓客也當不成了。

當時昭義戰區對抗朝廷烽火再起，昭義戰區前任節度使劉從諫成了敏感詞。李德裕輕而易舉地將李宗閔和劉從諫聯繫到了一起，順勢參了一本：太子賓客李宗閔在洛陽與劉從諫暗中勾結，不宜再留在洛陽。就這樣李宗閔在洛陽也待不住了，只能到湖州出任刺史，離長安越來越遠。

一年後，昭義戰區被朝廷軍隊征服，李德裕得到李瀍空前的信任登上人生巔峰。高處不勝寒的李德裕沒有忘記兩位老對手，他無時無刻不在牽掛。

李德裕給李瀍上了一道奏疏：劉從諫盤踞上黨十年，太和年間入朝拜見，牛僧孺和李宗閔當時是宰相，非但沒有把他扣留還加授宰相之銜，養虎為患最終成了天下禍害。朝廷竭盡天下之力才將昭義戰區平定，而追根溯源都是牛僧孺、李宗閔之罪。

儘管李德裕寫的是白字黑字，說得有鼻子有眼，但總體看來屬於「欲加之罪何患無辭」。即便追究養虎為患的責任，第一責任人是文宗李昂而不是牛僧孺和李宗閔。再者扣押節度使可是大事，牛僧孺和李宗閔沒有那麼大的權力。

為了要坐實牛僧孺和李宗閔的罪行，李德裕特意派人到昭義戰區總部調查，看能否找到劉從諫與牛僧孺、李宗閔交往的信件，哪怕只是禮節性的問候，只要找到一封就能坐實二人的罪行。

調查結果出來了，一封信也沒找到。

李德裕被仇恨包圍了，他無法忘記牛僧孺、李宗閔對父親李吉甫的挑戰，更無法忘記牛黨成員對自己的打壓，如今自己掌握了主動權絕對不能淺嘗輒止。

偽證。

當偽證二字閃過李德裕的腦海，李德裕自己也嚇了一跳，反應過來後歎了一口氣，終究有一天變成了自己討厭的樣子。管不了那麼多了，把牛僧孺、李宗閔踩到底再說。

李德裕在昭義戰區物色了一個人選，這個人叫鄭慶言。鄭慶言順著李德裕的意思供述說：劉從諫做事謹慎，每次收到牛僧孺、李宗閔的信閱後即焚。

無懈可擊，死無對證。

李德裕把鄭慶言的「口供」上報皇帝李瀍，李瀍下詔讓鄭慶言到御史臺接受調查。一番調查下來，御史中丞李回認定「證言」真實可信。

這時又有一個人證站了起來，這個人證叫呂述，時任河南少尹（**洛陽特別市副市長**）。呂述指證說：「當劉稹失敗的消息傳來後，牛僧孺發出一聲歎息。」

這個指證太要命了。

當李德裕將呂述的指證轉奏給李瀍時，李瀍大發雷霆，屋子裡已經盛不下他的怒火。盛怒之下，李瀍將牛僧孺貶為太子少保，即日起到東都洛陽上班，李宗閔被貶為漳州刺史。過了幾天，牛僧孺再被貶為汀州（福建長汀縣）刺史，李宗閔被貶為漳州長史。一個月後，貶斥再次升級，牛僧孺被貶為循州（廣東省惠州市）長史，李宗閔終身流放封州（廣東省封開縣）。

這下總算踩到底了。

步步埋雷

整個會昌年間，李德裕是權力最大的宰相，其餘宰相只是給他搭班子的。在皇帝李瀍的支持下，李德裕辦事大刀闊斧，同時也有大權獨攬之勢。

著名書法家柳公權先生原本與李德裕關係不錯，不料因為推薦程序的問題，柳公權的官職由實職變成虛職。柳公權時任右散騎常侍，宰相崔珙知道柳公權有水準便向李瀍推薦，建議皇帝任命柳公權為集賢殿學士並代理主管集賢殿事務。本來是件好事，沒想到最終變成了壞事。

李德裕看到這個推薦，皺起了眉頭：「老柳啊，你想當集賢殿學士跟我說啊，讓崔珙推薦算怎麼回事呢？」

李德裕對這事起了反感，進而對柳公權有了意見。不久柳公權被免去右散騎常侍，貶為太子詹事，哪涼快哪待著吧。

順著柳公權的話題延伸一下，用一點篇幅說說這個傳奇人物。

柳公權（七七八年－八六五年），字誠懸，漢族，京兆華原（今陝西銅川市耀州區）人。唐代著名書法家、詩人，兵部尚書柳公綽之弟。

柳公權壽命很長，歷經十朝，七朝為官，三朝侍書，八十二歲退休，八十七歲去世。

柳公權出生在西元七七八年，當時在位的皇帝是唐代宗，年號大曆。唐代宗之後是唐德宗，唐德宗之後是唐順宗。唐順宗比較可憐，年號還是兒子後來送的，自己沒來得及改年號就去世了。之後就是唐憲宗，唐穆宗、唐敬宗、唐文宗、唐武宗，加上之後唐宣宗、唐懿宗，柳公權就是在這七朝為官。

當然主要是這七朝太短了。柳公權從元和三年入仕（八〇八年），到唐懿宗咸通初年（八六〇年）退休，期間不過五十二年，還沒有康熙或者乾隆一任皇帝時間長。

唐宣宗大中十二年（八五八年）正月一日，宣宗在元旦舉行朝會，柳公權年已八十，便在群臣之首向宣宗稱頌祝賀。因含元殿較遠，柳公權到時因年邁已感疲憊，在稱賀之後，本要為宣宗上尊號「聖敬文思和武光孝皇帝」，但柳公權誤稱為「光武和孝」，因此遭御史彈劾被罰了一季的俸祿，御史們議論紛紛，有點怨恨老柳還不退休的意味。直到唐懿宗咸通（八六〇年－八七四年）初年，柳公權以太子太保之職致仕。

柳公權在其所處的時代裡，仕途並不順利，官運也不亨通，但這並不影響他名垂千古。

柳公權之後，又一位我們熟悉的人物被李德裕耽誤了仕途，這個人就是白居易。

白居易的個人魅力很強大，唐朝的數任皇帝都是他的粉絲，唐武宗李瀍、唐宣宗李忱是其中的典型。會昌年間，白居易擔任太子少傅，李瀍久仰白居易的名望，想讓白居易出任宰相。這是白居易距離宰相之位最近的一次，只可惜咫尺天涯。

當李瀍向李德裕徵詢意見時，李德裕想了一想，順著皇帝的意思說了幾句，然後又強調白居易年逾古稀經常生病，不能勝任金鑾殿上三拜九叩的工作量。

君臣相知，李德裕懂李瀍心思，李瀍也懂李德裕心理。

李瀍明白，所謂身體原因只是藉口，根本原因是李德裕跟白居易不對盤。李瀍不再勉強，畢竟國家大事還要仰仗李德裕，那就按李德裕的意思來吧。

李德裕攔下了白居易，卻把白居易的堂弟白敏中扶上了馬。李德裕向李瀍推薦，說白敏中的文學造詣不在白居易之下，年齡又有優勢，比白居易年輕二十多歲，而且有器度和遠見。

於是白敏中由從六品的左司員外郎升任翰林學士，一步跨進天子朋友圈，在他前面是一片光明坦途。

白居易不涉黨爭，做人不偏不倚，為何李德裕卻對白居易心生厭惡呢？

世上畢竟沒有無緣無故的愛，也沒有無緣無故的恨。李德裕厭惡白居易歸根結柢還是因為黨爭。起源還是元和三年的那場賢良方正直言極諫科考試。

當時李德裕之父李吉甫執掌國政、籌畫用兵，背後得到宦官吐突承璀的支持。白居易雖不反對用兵藩鎮，但堅決反對用宦官為統帥，同時反對在沒有勝算的情況下進行軍事冒險，更反對用加重賦稅的方式來維持曠日持久的戰爭。觀點與牛僧孺、李宗閔在對策中提出的觀點完全一致，卻和李吉甫的政策是相悖的。由此李吉甫貶斥牛僧孺、李宗閔，當然也不會善待白居易。

李吉甫與白居易的恩怨很自然地延續到了李德裕。李德裕對白居易的反感到了極致。李德裕曾對劉禹錫說，儘管白居易文名極高但他從來不看白居易的《白氏文集》，因為他怕看了以後會對白居易產生好感。也夠難為李德裕的。

兩相對比，白居易與牛黨成員卻有著不錯的關係。

白居易結婚很晚，他於元和三年（八〇八年）結婚，時年三十七歲。妻子姓楊，出自東漢以來的名門望族：弘農楊氏。在白居易所處的時代，先後有楊虞卿、楊嗣復先後出任過宰相，他們是白居易妻子的堂兄，都屬於牛黨。白居易和楊虞卿關係尤其密切，兩人曾同在宣州應鄉貢州試，友誼源遠流長。與牛僧孺、李宗閔等人更是有並肩戰鬥的友情。

元和三年的那場考試中，牛僧孺、李宗閔、皇甫湜三人指斥時政，得罪了宦官及宰相李吉甫，三人都不能按常例授予官職，只能受聘於藩鎮幕府。時任左拾遺的白居易上《論制科人狀》，力諫牛僧孺等人不當被貶黜。後來白居易曾主持復策，因而與牛僧孺有師生關係。

太和六年，牛僧孺罷相，改任淮南節度使。在赴揚州途中路經洛陽，時任河南尹的白居易接待

牛僧孺，並賦《洛下送牛相公出鎮淮南》一詩，末句云：「何須身自得，將相是門生。」意思是說：我不一定要親自當將相，我的門生當上將相也是一樣。可見雙方都很重視這種師生之誼，關係非常親密。

開成二年，牛僧孺又自淮南改任東都留守，此時白居易已辭去河南尹一職，以太子少傅分司東都。兩人同居一城且都宦情已滅，無復進取之意，自然少不了經常在一起遊宴聚會、飲酒吟詩。牛僧孺在洛陽買了新宅，白居易為之寫了《題牛相公歸仁里宅新成小灘》一詩，顯然就是在牛僧孺的喬遷之宴上所作。

據統計，《白居易集》中寫給牛僧孺的詩大概有三十多首。二人經常來往，關係匪淺。

身處牛李黨爭的時代，白居易雖與牛黨成員私交不錯，但政治上並不參與。因此李德裕只是截斷白居易通往宰相之路，並無格外打壓。

李德裕沒有想到，費盡心機攔下了白居易、扶起白敏中，他以為白敏中會對自己感恩戴德一輩子，卻沒想到白敏中只是感恩戴德了一陣子。李德裕親手為自己埋了一顆雷，他與白敏中之間即將上演農夫和蛇的故事。

最大的坑

時間走到會昌五年，李德裕親手給自己挖了一個巨坑，這個巨坑的名字叫「吳湘案」。

吳湘時任江都縣令，被淮南節度使李紳彈劾：盜用出差糧票代金及強娶轄區內平民顏悅之女，顏家陪送的嫁妝實為給吳湘的賄賂。

彈劾到最後，李紳的結論是吳湘所犯罪狀嚴重，依律應該判處死刑。

李紳這次彈劾玩得有點大。即便吳湘有職務侵佔之嫌，即便有強娶民女收受賄賂之嫌，依照唐律也到不了必須處死這一步。

吳湘以為自己的事情還會有轉機，因為多數人都說他冤，諫官們紛紛上疏要求重審。李瀍聽取了大家的意見，派監察御史崔元藻、李稠前往複查。

複查結果很快出來了：盜用出差糧票代金事實清楚證據確鑿，至於強娶轄區內民女一事有所出入。顏悅曾擔任平盧戰區大營侍衛官，妻子出身士族，因此顏悅並非平民出身，對吳湘強娶民女的指證並不成立。

按照複查結果，吳湘犯的事至多算經濟犯罪，依照《雜律》，因受贓定罪最高徒刑三年；按照《職制》，「諸監臨之官，受所監臨財物者，五十匹流二千里。乞取者，加一等」。

說破大天，吳湘罪不至死。然而李德裕卻不認可複查結果，他認為吳湘必須死。

負責複查的崔元藻、李稠很快被貶，崔元藻被貶為端州司戶，李稠被貶為汀州司戶，監察御史不用做了，到地方做點更重要的管理戶籍工作吧。

處理完崔元藻、李稠，李德裕不再派人複查，也不把吳湘移送司法機關，直接建議李瀍批准李紳的彈劾，斬吳湘。

李瀍准奏，吳湘被處斬。

回想「吳湘案」的前前後後，處處詭異，吳湘僅僅因為經濟犯罪便被處斬，這一切到底是為什麼呢？

一切都是因為吳湘一家與李德裕一家的私人恩怨。

恩怨是上一代的，吳湘是替叔叔吳武陵背鍋，李德裕是為父親李吉甫報仇。

吳武陵，信州人，元和初年中進士，後出任翰林學士。淮西吳元濟叛亂時，吳武陵寫詩給吳元濟勸導歸降，吳元濟不聽。裴度東討，韓愈為司馬，吳武陵數次通過韓愈向裴度獻計獻策。太和初，為太學博士。

吳武陵是如何得罪李吉甫的呢？

起因是吳武陵拉贊助。

吳武陵拉贊助時還是一名舉人，準備進京趕考，苦於囊中羞澀無法成行。吳武陵硬著頭皮晉謁本州刺史李吉甫，希望能夠得到李吉甫的資助。

第一次晉謁，吳武陵碰了釘子，李吉甫態度倨傲，一分錢沒出就把吳武陵打發了。吳武陵是個有辦法的人，他回去寫了一篇文章，又拿著文章去晉謁李吉甫。李吉甫一看文章臉色大變，馬上準備了一份厚禮給吳武陵，還勉勵吳武陵好好學習天天向上，早日成為國家棟樑。

吳武陵滿意而去，李吉甫恨得牙根癢癢。

原來吳武陵在文章裡寫了一件往事，一件李家人不願提及的往事。

李吉甫的父親李棲筠年輕時家貧，為了籌措盤纏也曾到官員家裡拜謁。官員不肯贊助，李棲筠便寫詩奉承極力懇求，最後官員勉強拿出了一點薄禮把李棲筠打發了。這是李棲筠心中的痛，也是李家顯貴後不想再提及的往事，偏偏吳武陵把這件往事寫到了文章裡提醒李吉甫：我可是知道你們家醜事的哦。

李吉甫不想讓父親的不堪往事傳播，便用厚禮堵吳武陵的嘴。這是二人的第一次恩怨。數年後李吉甫無意中一句話居然幫了吳武陵，這次幫忙更讓李吉甫惱火。

那時李吉甫已擔任宰相，他例行公事關心了一下當年的進士錄取情況，便問：「吳武陵考得如何？」

主持考試的官員叫崔邠，一聽宰相如此問心裡明白了八九分，吳武陵是宰相的什麼人吧。原本二十七人的錄取名單已經確定，崔邠心裡盤算著無論如何要滿足宰相的需求。

崔邠無中生有地回應道：「哦，吳武陵已經上榜了。」

李吉甫正要說話，正巧欽差到了，李吉甫連忙迎接，一番寒暄後大家坐定。這時崔邠拿出草榜，從從容容地填上了「吳武陵」的名字。李吉甫驚得目瞪口呆，本想把吳武陵擋在門外，沒想到居然讓他以這種方式進來了。

欽差走後，李吉甫指著吳武陵的名字：「吳武陵一個粗人，怎麼能上榜呢。」

崔邠快哭出來了，完了，本想拍馬屁，結果拍馬蹄子上了。

被李吉甫討厭的吳武陵就這樣進入了仕途，成為李吉甫心中永遠的痛，也成了李德裕心中難解的心頭之恨。

時光匆匆，等到李德裕大權在握時。吳武陵已經去世，進入李德裕視野範圍的直系親屬就要算江都縣令吳湘了。

會昌五年的李德裕權力達到最高峰，錯覺也達到了頂峰，他以為自己可以長握權柄、他以為自己的靠山李瀍永遠不會倒，他在一系列的錯覺下製造了「吳湘案」，為父親報了仇、為自己出了氣。

錯覺永遠是錯覺，夢境再美好也會有夢醒的那一天。

「吳湘案」在李德裕的主持下蓋棺定論，畫上了句號。李德裕不會想到僅僅兩年後「吳湘案」最後變成了斷送李德裕一生的終極大坑。

「吳湘案」過去後，李德裕將目光鎖定在兩位同事身上，一位是杜悰，一位是崔鉉。

他倆是宰相團成員，跟李德裕一起搭檔了一段時間。時間一長，李德裕感覺這兩個搭檔用起來很不順手，不僅不能給自己幫忙，有時還會添亂。既然這樣，那就讓他們靠邊站吧。

不久杜悰和崔鉉雙雙被免職，杜悰改任尚書右僕射，崔鉉改任戶部尚書。

戶部侍郎李回出任中書侍郎，加「同平章事」，李回便成了李德裕的新搭檔。

李德裕在一來一去之間達到了目的，但朝中不滿的聲音越來越多，尤其是杜悰和崔鉉被罷相之後。

當官當到宰相這個級別，背後沒有人是不可能的。杜悰和崔鉉的背後也有人，宦官和皇帝的左右侍從就是他們的支持者。

杜崔二人被罷相，宦官們看不下去了：「李德裕也太專權了，長此以往可不是好事」。

宦官和侍從有他們的優勢，他們常年待在皇帝身邊，想要壞李德裕的事很容易，不需要大動干戈，只需要時不時吹吹小風。再好的君臣際遇也架不住如此吹陰風。還好李瀍並不糊塗，即使他對李德裕有些意見，但總體還是信任的。

給事中韋弘質在這個時候上了一道奏疏，蹚進了這灣說不清道不明的渾水。

韋弘質寫到：宰相權力太大，不應該再兼管全國錢糧事務。

這樣的質疑李德裕見得多了，兵來將擋水來土掩。

李德裕辯解道：「委派官員、安排職責，一切都由天子作主。韋弘質受人蠱惑、挑撥是非，這正是身分卑微的官員企圖排斥身受國家重任的高級官員。他所說的一切不是他應該說的話。」

李德裕輕輕一擋，人微言輕的韋弘質便飛了出去，韋弘質為這次上書付出了代價，他遭到貶斥，仕途被陰影籠罩。

李德裕沿著慣性前行，畢竟皇帝對他信任有加、畢竟皇帝春秋鼎盛，只要君臣交心，這段堪稱千古佳話的君臣際遇就一定會長久延續下去。

很遺憾，這一切只是李德裕的一廂情願。

前仆後繼

第十七章

武宗滅佛

同行是冤家。在唐朝，佛教和道教相處得不太融洽。

唐朝歷代皇帝在佛教和道教之間搖擺，有的皇帝信佛、有的皇帝通道，當皇帝信佛時道教受打壓，當皇帝通道時佛教便受壓制。武則天當國時佛教鼎盛，道教生存空間受到擠壓，甚至出現過和尚把幾個道士頭髮拔光強迫當和尚的鬧劇。

如今皇帝李瀍通道，最信任的道士叫趙歸真。

趙歸真這些年一直圍著皇家轉，敬宗李湛時曾經當過御用道士。可惜好景不長，李湛被弒之後失去靠山的趙歸真被趕出皇宮流落民間。李瀍登基之後，趙歸真得以翻身，李瀍又把趙歸真召進宮來，在麟德殿設置九天道場，從此又成了一名御用道士。

何為九天？

中央加八方，即為九天。中央稱「鈞天」，東方稱「蒼天」，東北稱「變天」，北方稱「玄天」，西北稱「幽天」，西方稱「顥天」，西南稱「朱天」，南方稱「炎天」，東南稱「陽天」。

重新入宮的趙歸真迅速引發了關注，群眾的眼睛總是雪亮的。右拾遺王哲上疏阻止，李瀍不能接受，將王哲貶為河南府士曹參軍，誰讓你反對來著。

會昌三年，李瀍在宮中興建望仙觀，這必定是趙歸真的主意。會昌四年，李瀍封趙歸真為「右街道門教授先生」。

李瀍對趙歸真的寵信被大家看在眼裡、急在心裡，對這麼一個劣跡斑斑的道士怎麼能如此信任呢？

李德裕也加入到勸誡的行列，李德裕勸誡道：「趙歸真，敬宗朝的有罪之人，陛下不應該跟這樣的人親近。」

李瀍對於李德裕的勸誡還是重視的，李瀍解釋道：「我在宮裡無聊，找趙歸真聊天解悶而已。至於國家大事，朕還是會找你們這些大臣諮詢，在這方面一百個趙歸真也別想蒙蔽我。」

李德裕繼續勸誡道：「卑劣小人看到權勢在哪裡就會撲向哪裡，就像夜裡的飛蛾撲向燈火。臣聽說最近十來天車馬已經塞滿趙歸真的門戶，希望陛下特別警惕。」

李瀍點點頭，然後對趙歸真的信任一如既往。接下來趙歸真要做點事情了。

會昌五年的一天，祠部（**教育部祭祀司**）報上來一組數據：全國共有寺廟四千六百座，道場四萬所，和尚及尼姑二十六萬零五百人。李瀍被這組資料嚇了一跳，他知道全國寺廟多、和尚多，卻沒想到多到這個程度。

位置不同，看問題的角度也不同。在佛教徒看來，這些資料說明了佛教傳播面廣，香火旺盛；而在皇帝李瀍看來，這意味著海量賦稅流失了。

和尚不從事生產，依賴信眾供養，寺廟名下的土地由租戶耕種，稅賦卻不用向國家上交，如此倒掛的體系下肥了寺廟、胖了和尚、瘦了國家。

倘若李瀍信佛，或許他願意聽之任之，只可惜李瀍通道，對佛教並不感興趣。李瀍看到了稅賦大量流失，趙歸真則看到了打壓佛教的大好機會，兩個老友一商量，佛教的滅頂之災就此來臨。

李瀍下詔，位於山野荒田中的寺廟以及修行道場全部拆除，首都長安、東都洛陽兩條街上各保留兩座寺廟，每座寺廟只留三十名和尚。各戰區總部及各道政府所在州縣，以及同州、華州、商州、汝州各保留一座寺廟。

保留的寺廟分為三等，一等保留和尚二十人，二等保留和尚十人，三等保留和尚五人。不在保留名單的寺廟全部拆除，不在保留名單的和尚及尼姑全部還俗，寺廟所有財產田宅由政府接收，寺廟拆除下來的建材用來建政府場館及驛站，銅像及鐘磬一律熔化用於鑄錢。

一紙詔令，幾多憂傷。

詔令下達後四千六百餘座寺廟絕大多數被拆除，二十六萬和尚、尼姑還俗。沒收的寺廟土地達上千萬頃，解放的奴婢有十五萬之多。

不久李瀍再次加碼，東都洛陽寺廟只保留和尚二十人，各戰區、道原來保留二十人的減為十人，保留十人的減為三人，保留五人的一個不留。各地僧人流離失所，苦苦找尋出路，心中還在期待著下崗再就業。五台山的和尚們陸陸續續離開五台山前往幽州，據說那裡還能收留和尚。

消息很快傳到了宰相李德裕的耳朵裡，李德裕瞪起了眼。在打壓佛教的問題上，李德裕跟李瀍保持一致，他甚至比李瀍更在乎稅賦的流失。身為宰相要面對千頭萬緒的局面，方方面面都需要用錢，如果能從寺廟手中把稅賦收上來，李德裕做夢也會笑醒。

李德裕召來幽州派駐長安的官員：「馬上告訴你們的節度使張仲武，五台山的和尚們當將領一定不如幽州本地將領，當士兵也不如幽州本地士兵。為何要落一個包庇逃犯的罪名給人當作攻擊你們的藉口？難道看不見劉從諫招降納叛、集結遊手好閒之人，到頭來有什麼好處？」

張仲武何許人也，聞聽此言馬上意識到問題的嚴重性。張仲武立即召來居庸關守將：「如發現雲遊僧人入境，立即斬首。」

通往幽州的這條路也斷了，五台山的和尚不知道天下之大哪裡才是他們的容身之處。他們的面前只有一條路，那就是改行。

幾乎沒有官員敢為和尚說話，偶爾有發聲的也被迅速淹沒了。主客郎中（教育部禮賓司司長）韋博認為事情不能做得太極端。即便這般中肯的意見，李德裕也聽不進去。

不久韋博被調出長安，出任朔方節度副使。

轟轟烈烈的「武宗滅佛」就這樣告一段落，是好是壞、是悲是喜，只能留給歷史評價了。在滅佛的問題上，李瀍並不孤獨。在他之前還有兩位滅佛的皇帝，對於佛教而言並稱「三武之禍」。在李瀍之後還有一位周世宗，這四位合在一起構成了「三武一宗」。

「三武一宗」是指北魏太武帝（拓拔燾），北周武帝（宇文邕），唐武宗（李瀍）和後周世宗（柴榮）。

在中國歷史上，這幾位皇帝曾經發動過毀滅佛法的事件，使佛教在中國的發展受到很大打擊，因此在佛教史上被稱為「法難」、「三武一宗之厄」等等。

脫胎換骨

悲劇，其開頭往往是喜劇。

對於李瀍而言，意外登基是個喜劇。當他把趙歸真引入宮中後，喜劇的外殼下就埋下了悲劇的種子。趙歸真除了在宮中設立道場，他還煉丹。這些年李瀍吃了不少丹藥，他相信趙歸真，更相信丹藥的神奇療效。

吃啊吃，不斷地吃，丹藥漸漸產生了效果，李瀍變得越來越嚴峻急躁、冷酷無情、喜怒無常，這一症狀跟其祖父憲宗李純完全一致。

李瀍察覺到了自己的變化，與此同時他想知道外界是如何看待他。

難題出給了李德裕，如今外界如何看朕？

李德裕小心翼翼地回應：「陛下所做嚴厲決斷、變化莫測，朝廷官員都驚慌恐懼。之前暴徒叛逆橫行，陛下威嚴用以服眾。如今天下太平，唯願陛下處世寬厚。何為寬厚？受到處罰的人沒有怨恨，安分守己的人不受驚擾。」

李瀍點了點頭，朕盡力而為。

秋季以來，尤其是進入冬季後李瀍總感覺身體有些不對勁，他知道身體可能出問題了。道士們卻安慰他，沒事，這是在脫胎換骨。李瀍姑且相信，期待奇蹟發生。

外出狩獵的次數越來越少，李瀍越來越虛弱。朝中官員察覺出李瀍身體有異，每逢奏事時不敢過多停留，生怕有意外發生。

李瀍只有三十二歲，可是身體狀況卻已經接近生命的終點。

會昌六年（八四六年）正月，李瀍的身體每況愈下。該如何是好呢？

這時該有學問的人上場了。

該人士分析，兩漢供奉火神為王朝保護神，因此將「洛陽」改名為「雒陽」。本朝供奉土神為保護神，而皇帝李瀍的名字中有兩個土、一個水，土比水多，這樣保護神的氣場就蓋過了皇帝的氣場，皇帝才會生病。

該人士最後總結，建議李瀍改名為李炎。「炎」字兩個火，從五行的角度看，火生土於王朝也有利，同時增加皇帝氣場有助於驅除病魔。

名字是改了，但李炎的身體還是一天不如一天，從會昌六年正月初三開始的朝會就一直缺席，已經連續有兩個多月了。

御醫看過了，無效；御用道士看過了，傻眼。眾人都不知道李瀍究竟得了什麼病。從現代醫學的角度看，應該就是「重金屬中毒」。想想也可悲，唐朝皇帝在通往「重金屬中毒」的道路上前仆後繼。明明之前已經有多起悲劇發生，還是不斷有後來者主動成為悲劇的主角。

眾人早就勸過李瀍，李德裕更是多次提醒趙歸真根本靠不住，李瀍不聽更不信，他堅持信任趙歸真，兩人在通往異度空間的路上肩並肩、手把手、齊步走。

人這一輩子不對別人負責，歸根結柢就是不對自己負責。

倘若趙歸真對李瀍負責，控制一下丹藥的劑量，李瀍的壽命會得以延長，趙歸真的富貴也會長久。可惜趙歸真只知道抓住眼前的富貴，卻不知當李瀍在服用丹藥的道路上越走越遠時，他自己的路也快走到了盡頭。

皇帝都被你的藥吃死了，你的明天還會好嗎？

凝重的氣氛蔓延開來，從中央到地方。皇帝李炎的生命進入了倒數計時，又到了改朝換代的關鍵時刻。

李炎不是沒有兒子，可惜兒子都太小。宦官們再次活躍了起來，他們在這個關鍵時刻不會允許自己缺席。新皇帝要懂事、要聽話，最好沒什麼背景、最好智商不高。幾個條件篩選的結果，光王李怡浮出了水面。

早在元和十五年，李怡就有過出場，那時他只是一個涉世未深的皇子，處於無人理睬的角落。李怡冷暖自知，在這個世界上真正疼愛他的只有母親鄭氏。之前說過，鄭氏原本是鎮海節度使李錡小妾，李錡反叛被撲滅，鄭氏也被俘虜送入宮中做了郭貴妃的侍女。機緣巧合，憲宗寵幸了鄭氏，生下了李怡。

如此這般的出身，李怡和母親在等級森嚴的後宮中日子過得如何，可想而知。

更糟糕的是李怡偏偏表現得有點低能，大家都以為他智商偏低。

長大後的李怡被貼上了「智障」的標籤，成為大家爭相欺負的對象。有一天，唐文宗李昂在十六宅宴請諸王，席上眾人把酒言歡、熱鬧喧騰，李怡依然不言不語，一個人坐在角落發呆。李昂看到了便指著他說：「誰能讓李怡開口說話，朕重重有賞。」李昂本來是李怡的侄子，可是李怡在他眼裡顯然只是一個供人取樂的小丑而已。

面對一哄而上的諸王，李怡依然保持沉默，不管他們怎麼戲弄面色絲毫不改，始終一副逆來順受的樣子。這讓眾人很得意，卻讓座中的親王李瀍起了疑心。李瀍是李昂的弟弟，也就是後來的唐武宗。面對始終不悲不喜的李怡，他開始懷疑此人是否真的癡呆，於是他在後來的日子抓住一切時機對李怡進行試探。

武宗李瀍即位後，在一個大雪紛飛的下午，李怡和諸王一起隨皇帝外出踏雪，眾人興盡而返時已是夕陽西下，加上中途休息時設宴暢飲，誰也沒有注意到那個傻乎乎的李怡已經從馬上墜落掉在了冰天雪地裡。雖然史料說這是一次意外，但是李瀍在位期間他經歷的意外也太多了，隔三差五就要墜馬，平地走路都會摔跤，實在令人難以置信。這次被丟在冰天雪地之中，李瀍料定他不會再回來了。可是沒想到第二天一早侍衛來報，說李怡又出現在十六宅。

李瀍更加認定李怡有蹊蹺，於是決定直接弄死他以絕後患。幾天後，可憐的李怡被突然闖入的宦官抓進了永巷。永巷從漢代開始就是幽禁宮女和嬪妃的地方，關押在那裡的大多是政治鬥爭的犧牲品。李怡被關押後又被人捆成肉粽一樣扔進了廁所。當時李瀍的身邊有一個宦官姓仇，他對李瀍說這種傻子留著也沒用乾脆一刀殺了。李瀍同意了，可是這個宦官並沒有真的殺了李怡，而是偷偷地將他運出宮裡藏了起來以備日後之用。

從此這個一度被人取笑的傻子就從宮廷消失了。據記載說他逃到了浙江出家為僧，也有人說他被姓仇的宦官軟禁，總之他是暫時遠離了複雜的皇宮。

會昌六年春天。李炎病危，他的兒子都年幼還沒有立太子，朝野上下人心浮動。仇姓宦官聯合他人拿出了自己的秘密武器：李怡。雖然李怡一直被眾人視為弱智，但他是唐敬宗、唐文宗、唐武宗的叔叔，論資歷絕對夠老而且有宦官力挺，朝臣也不敢反對。

李怡的傳奇看著跟真的一樣，但是很有可能全是假的。這些傳奇很有可能都是李怡登基之後授意手下杜撰的，為的就是神話自己、為的就是表明自己受命於天，而且是宦官主動把他推上位的，而他本人跟宦官並沒有太多瓜葛。

李怡能夠登基的真正原因是因為他符合宦官們擁立的條件，他有皇族血統卻沒有強大的外戚背景，而且他願意跟宦官們合作。

李怡的上位與漢宣帝劉詢的上位異曲同工，都是被人推上位的。不同的是，李怡的背後是宦官，而劉詢的背後是霍光。

會昌六年三月初開始，皇帝李炎病情加重已經不能言語。宦官們不敢怠慢，加快了步伐。

會昌六年三月二十日，李炎下詔：皇子沖幼，須選賢德，光王怡可立為皇太叔，更名忱，應軍國政事令權句當。

詔書以皇帝名義頒發，背後實則是宦官的意思。依照常情李瀍不會放棄讓兒子繼位的機會。現在倒好，繼位的不是皇太子，而是皇太叔。光王李怡成了皇太叔李忱，挺身進入了帝國權力中心。

會昌六年三月二十三日，李炎逝世，享年三十二歲，他的叔叔李忱為他奉上廟號：武宗。

李炎是又一位死於丹藥的皇帝，他不是最後一個。在他之後，唐朝皇帝還在這條路上前仆後繼。

李德裕的天塌了下來，千古難有的君臣際遇就這樣戛然而止。

李炎遺詔，任命李德裕為攝塚宰。放在其他朝代，這個職位還有託孤的意味；放在唐朝後期，這個職位是靠邊站的信號。

三天後，三十六歲的李忱登基稱帝，沿用會昌年號，次年改元大中，他就是歷史上的宣宗。李德裕率領文武百官聯名祝賀。熱鬧的登基典禮是李忱政治生涯的開始，同時也是李德裕政治生涯的終結。

典禮結束後，李忱問左右侍從：「剛才靠近我的那個人是不是太尉（**指李德裕**）？他每次看我，我渾身毛髮都豎起來。」

總之皇帝李忱就是不喜歡李德裕。李忱不喜歡李德裕的原因是多方面的。

一、李德裕是李炎重用的宰相，凡是李炎贊成的，他基本都是反對的。

二、李德裕擔任宰相五年八個月，大權獨攬得罪了很多人，宦官們不喜歡他，翰林學士們不喜歡他，政敵們更不喜歡他。李忱由宦官們擁立，自然不會用宦官們討厭的人。

三、李忱好不容易得到權力，他不喜歡李德裕式的宰相與他分享權力。

幾個因素疊加到一起，李德裕的宰相生涯走到了盡頭。

四月一日，李忱正式處理國事。僅僅一天後，李德裕出任荊南節度使，遙兼二級宰相。任命一出輿論譁然，大家預料到李德裕會靠邊站，沒想到是如此迅速地靠邊站，一下子就被貶出了長安。

李德裕重用的人一下子失勢了，一個一個被貶出長安，最遠的被貶到了崖州（海南瓊山市）。受李德裕重用的石雄被免去了鳳翔節度使的職位。石雄前往宰相辦公廳述說自己曾經為國立下的功勞，希望能夠再當節度使。宰相們不再把這位昔日英雄放在眼裡，搪塞道：「你從前立有功勞，朝廷已經安排你做過河中、河陽、鳳翔節度使，回報已經足夠了。」

最終宰相們只任命石雄為沒有實職的左龍武統軍，只是領一份薪俸而已。石雄鬱鬱而終。

接下來這批人更慘。皇家御用道士趙歸真的富貴到了頭，御用兩個字徹底作廢，他和幾個同行被判處死刑，亂棍打死。號羅浮山人的軒轅集被判流刑，流放嶺南。

道士們陷入窮途末路，和尚們的前方卻霞光萬丈。

李忱大赦天下，首都長安左右兩街另行增加八座寺廟，和尚、尼姑改由功德使（宗教事務總監）管轄，剃度的和尚、尼姑仍由祠部（教育部祭祀司）發給度牒。

這是一個信號，一個對和尚重大利多的信號。

八個月後，李忱的一紙詔書讓和尚們的好日子又回來了。

李忱詔書寫道：之前所廢除的寺廟，只要有和尚願意重建就交給他們居住，有關單位不可以禁止。

李炎和李德裕廢了九牛二虎之力打壓了佛教，現在全面反彈。

後浪前浪

第十八章

落井下石

李忱將李德裕貶為荊南節度使、遙兼二級宰相的詔書還沒有焐熱，新的變動又出來了。這一次李德裕被免去了遙兼二級宰相，不過不用去荊南戰區了，改任東都洛陽留守長官，到洛陽上班。

宦海浮沉的李德裕知道，洛陽恐怕還不是自己的最後一站，前方還有無盡的未知等著自己。

原本受李德裕提攜的白敏中官運亨通，以翰林學士、兵部侍郎的身分進入宰相團，成為宰相團的一員。以李忱的想法，他最想提攜的官員其實不是白敏中，而是另外一位姓白的官員——白居易。

李忱一開始有拜白居易為相的想法，因為他是白居易的粉絲。可惜天不假年，在李忱登基幾個月後白居易告別人世，從此世間再無白樂天。

李忱想起與白居易的有緣無分，飽含深情寫下了《弔白居易》：

> 綴玉聯珠六十年，誰教冥路作詩仙。
> 浮雲不繫名居易，造化無為字樂天。
> 童子解吟長恨曲，胡兒能唱琵琶篇。
> 文章已滿行人耳，一度思卿一愴然。

回過頭說白敏中，白敏中仕途的關鍵一步是李德裕提攜的，若沒有李德裕推薦，白敏中還會長期在低位徘徊。白敏中進位宰相，該對伯樂李德裕投桃報李了吧。

白敏中確實報了，以怨報德。

位居高位的白敏中不僅沒對老長官李德裕施以援手，反而趁機落井下石，他指使黨羽李咸狠狠參了李德裕一本。樂見其成的李忱順勢將李德裕再貶一次，由東都留守貶為太子少保。

屋漏偏逢連夜雨，破鼓又遭眾人捶。前永寧縣尉吳汝納又使出一記重拳：李紳與李德裕相互勾結欺騙武宗，冤殺我的兄弟吳湘，請召回江州司戶崔元藻負責調查此案。

吳汝納是替弟弟吳湘伸冤，幾年前李德裕為父報仇，冤殺與父親結怨的吳武陵之侄吳湘。

皇帝李忱更加樂見其成，好，好好審一審，看看李德裕究竟在這件事上扮演過什麼角色。御史臺著手重審，歷時三個月結案報告出爐。

結案報告顯示，據崔元藻列出的吳湘受冤情形與吳汝納訴狀相同。

事實清楚了、證據確鑿了，當年李德裕督辦的「鐵案」如今徹底被翻案了。東都洛陽也待不下了，李德裕還得繼續搬家。李忱再下重手，將李德裕貶為潮州司馬。

滿朝文武幾乎沒有人幫李德裕說話，唯獨右補闕丁柔立站了出來，丁柔立上疏為李德裕喊冤。

乍一看，丁柔立是李德裕的死黨，實際上並不是。李德裕當權時有官員向李德裕推薦丁柔立，推薦詞是「清廉正直」，可以出任諫官。李德裕沒有在意，這次推薦無疾而終。如今憑藉自己能力當上右補闕的丁柔立毅然為李德裕喊冤，尤其是在眾人紛紛落井下石的時候。

丁柔立沒能改變李德裕被貶的事實，他反而被認定為李德裕的黨羽，貶為南陽縣尉。在之後的史書上再也沒有出現丁柔立的名字，他一生的巔峰時刻就是這次為李德裕喊冤。為一個未曾提攜自己的落魄官員喊冤進而丟掉了自己的前途，究竟值還是不值呢？

無論如何，丁柔立的風骨讓我們肅然起敬。

又過了幾個月，李德裕再次被貶，從潮州出發到崖州，出任崖州（海南瓊山市）司戶。幾個月後，一切終於結束了。已經貶無可貶的李德裕在崖州司戶任上去世，享年六十二歲。

資治通鑑如下記載：已未，崖州司戶李德裕，卒。

如果李德裕僅僅是一個普通司戶，他的死不會記錄在《資治通鑑》裡。

雖然自新皇登基後一貶再貶、貶無可貶，貶至崖州當一個不入流的芝麻小官，但李德裕從來不是芝麻小官。

經制四方，勳業卓卓。

海島萬里，賢相凋零。

該如何評價李德裕呢？

范仲淹：李遇武宗，獨立不懼，經制四方，有相之功，雖奸黨營陷，而義不朽矣。

洪邁：若唐宰相三百餘人，皆為一時名宰，考其行事，非漢諸人可比也。李德裕功烈光明，佐武宗中興，威名獨重。

趙秉文：肅代有一顏真卿而不能用，德朝有一陸贄而不能用，宣朝有一李德裕而不能用，自是以還，唐衰矣。

李商隱：成萬古之良相，為一代之高士。

在他去世的前兩年，封州流犯李宗閔在封州去世，享年五十六歲。

在他去世的前一年，太子少師牛僧孺病逝，享年六十八歲。

曾經的風雲人物，如今一個個隨風而去，那些曾經由他們掀起的波濤早已平息，他們如同長江後浪推動的前浪，一個個消失在沙灘上。

命運多舛

順著李德裕，說說與他同時代的李商隱。

李德裕的結局是個悲劇，但至少他曾經輝煌過，李商隱呢？他的一生都是悲劇。這是一個誤入牛李黨爭漩渦的才子，這是一個一生為牛李黨爭所誤的可憐人。

李商隱，字義山，祖籍懷州河內（今河南焦作沁陽），出生於鄭州滎陽（今河南鄭州滎陽市），晚唐著名詩人，和杜牧合稱「小李杜」，與溫庭筠合稱為「溫李」。

元和十一年（八一六年），李商隱三歲時隨父親李嗣赴浙。李商隱不到十歲，李嗣去世，李商隱只得隨母還鄉，過著艱苦清貧的生活。李商隱「五歲誦經書，七歲弄筆硯」，至十六歲便因擅長古文而得名。

大和三年（八二九年），李商隱移家洛陽，結識白居易、令狐楚等前輩。令狐楚欣賞李商隱的文才，對其十分器重，讓李商隱與其子令狐綯等交遊，親自授以今體（駢儷）章奏之學，並「歲給資裝，令隨計上都」。後又聘其入幕為巡官，曾先後隨往鄆州、太原等地。

開成二年（八三七年），經過長期刻苦學習加上令狐綯的延譽，李商隱得中進士。

開成三年（八三八年）春，李商隱應博學宏辭試不取，在參與料理令狐楚的喪事後不久，李商隱應涇原節度使王茂元的聘請去涇州（治今甘肅涇川縣北）作王的幕僚。王茂元對李商隱的才華非常欣賞，並將女兒嫁給了他。正是這樁婚姻將李商隱拖入了牛李黨爭的政治漩渦中。

王茂元與李德裕交好，被視為「李黨」的成員，而令狐楚父子屬於「牛黨」。牛黨與李黨勢不兩立，命運的安排讓李商隱跨在了兩黨中間。李商隱的婚姻被解讀為對剛剛去世的老師和恩主的背叛，為此他付出了代價。

之後李商隱參加授官考試，在複審中被除名。這件事對李商隱最直接的影響是使得他獲得朝廷正式官職的時間推遲了一年。開成四年（八三九年），李商隱再次參加授官考試，順利通過，得到了秘書省校書郎的職位，不久調任弘農縣尉。

雖然縣尉與校書郎的品級一樣，但後者遠離權力中心。李商隱在弘農任職期間很不順利，因為替死囚減刑而受到上司陝虢觀察使孫簡責難，李商隱感到非常屈辱難以忍受，最終以請長假的方式辭職。湊巧的是在此期間孫簡正好被調走，接任官員設法緩和緊張局面，李商隱勉強留了下來。但他已經沒有心情繼續工作，不久就再次辭職獲准。

時間走進會昌年間，李德裕全面執政，如果一切順利，李商隱有望在仕途上有所作為。

會昌二年，李商隱復入秘書省為正字，這時變故又來了。母親去世了。按照禮法，李商隱必須回家守孝三年。這三年正是李德裕最輝煌的三年，李商隱就這樣錯過了。

會昌五年（八四五年）十月，李商隱結束守孝，重新回到秘書省。此時李德裕的執政已近尾聲。次年三月，武宗去世，宣宗李忱即位，曾經權傾一時的宰相李德裕及其支持者迅速被排擠出權力中心。

大中元年，桂管觀察使鄭亞邀請李商隱赴桂林任職。五月，李商隱和鄭亞來到距京城五千里以外的南方。鄭亞南遷是宣宗清洗計畫的一部分，李商隱願意跟從一位被貶斥的官員，表明他同情李德裕一黨，另一方面也顯示對自己的升遷不再抱有信心。在桂林不到一年，鄭亞再次被貶官為循州刺史，李商隱也隨之失去了工作。

大中二年秋（八四八年），李商隱回到長安。潦倒之際，李商隱寫信給故友令狐綯請求幫助，令狐綯只是禮節性回了封信，李商隱還忙不迭寫詩表示一下。

寄令狐郎中

嵩雲秦樹久離居，
雙鯉迢迢一紙書。
休問梁園舊賓客，
茂陵秋雨病相如。

令狐郎中指望不上，李商隱只能通過考試得到一個盩厔縣尉的小職位。

大中三年九月，李商隱得到武寧軍節度使盧弘正的邀請，前往徐州任職。盧弘正對李商隱頗為欣賞，如果他的仕途順利，李商隱可能還有最後一次機會。然而造化弄人，李商隱追隨盧弘正僅僅一年多，盧弘正就於大中五年春天病故，李商隱不得不再一次另謀生路

大中五年（八五一年）年秋，被任命為西川節度使的柳仲郢向李商隱發出邀請，希望他能隨自

己去西南邊境的四川任職。李商隱接受了參軍職位，在簡單地安排了家裡的事情之後於十一月入川赴職。李商隱在四川一待就是四年。這四年是李商隱宦遊生涯中最平淡穩定的四年，心如死水的李商隱已經再也無心無力去追求仕途的成功。

大中九年（八五五年），柳仲郢調回京城任職。出於照顧他給李商隱安排了一個鹽鐵推官的職位，雖然品階低但待遇比較豐厚。李商隱在這個職位上工作了兩三年，罷職後回到故鄉閒居。

李商隱處於牛李黨爭的夾縫之中一生不得志、抑鬱寡歡，唐宣宗大中末年（約八五八年），李商隱在鄭州病故。

身處時代洪流，每個人都只是滄海一粟。誰能想像一個身後名動千古的詩人竟然在他所處的時代活得如此卑微。值得欣慰的是，許多和他同時代、比他位高權重的人都已湮滅在歷史之中，而我們至今還能誦讀他的詩篇：

無題

相見時難別亦難，東風無力百花殘。
春蠶到死絲方盡，蠟炬成灰淚始乾。
曉鏡但愁雲鬢改，夜吟應覺月光寒。
蓬山此去無多路，青鳥殷勤為探看。

錦瑟

錦瑟無端五十弦，一弦一柱思華年。
莊生曉夢迷蝴蝶，望帝春心託杜鵑。
滄海月明珠有淚，藍田日暖玉生煙。
此情可待成追憶，只是當時已惘然。

新人上位

江山代有才人出，各領風騷三兩年。現在又到了新人上位的時候了。

一日，皇帝李忱向白敏中提及一段往事：

當年朕跟隨憲宗靈柩前往陵墓，突然風雨交加，文武百官和三宮六院的嬪妃一哄而散，四處避雨，只有山陵使一個人留在原地，手扶先皇靈柩不放，這一幕經常在朕眼前浮現。我記得山陵使個頭很高、有很多鬍子。你幫我想想他是誰？

白敏中事前做過功課，對曰：他叫令狐楚。

李忱很興奮：「哦，他有沒有兒子？」

白敏中對曰：「長子令狐綯，現任隨州刺史。」

李忱追問：「是否有宰相之才？」

白敏中明白李忱是想提攜令狐一脈，白敏中道：「令狐綯身體不好，從小患有風濕。令狐楚次子令狐綯曾任湖州刺史，有才幹氣度。」

李忱有些喜出望外，立即擢升令狐綯為考功郎中（國務院文官部考核司長）兼知制誥（詔書撰寫官）。有唐一代，如果官當到知制誥，再有一點運氣，下一步就是宰相。

被餡餅砸到腦袋上的令狐綯進宮謝恩，李忱把話題引到了憲宗朝。令狐綯思路清晰、條理分明，李忱聽得連連點頭，心中已有擢升令狐綯為宰相的念頭。

仔細算來，令狐綯五十二歲，元和十五年時不過二十五歲，他能知道多少元和一朝的往事？想必多是從父親令狐楚那裡聽來的，在李忱面前撿他愛聽的說。

不管怎樣，令狐綯已經深深打動了李忱，這顆政治新星即將冉冉升起。從令狐綯開始，只要是元和時期高官之子，李忱一律青眼相加。

刑部員外郎杜勝朝會時晉見李忱，李忱問起家世，杜勝底氣十足：「當年順宗病重，家父杜黃裳曾第一個請憲宗監督國政。」

哦，還有這事。李忱馬上擢升杜勝為給事中（御前監督官）。

之後李忱前往翰林院視察，翰林學士裴諗是元和重臣裴度之子。李忱當面擢升裴諗為翰林承旨（翰林院院長）。

再之後，李忱與宰相們談論元和朝清廉幹練的官員，誰能排名第一？

有宰相提及江西道觀察使韋丹恩德遍布江西八州，逝後四十年當地百姓還在歌頌其恩德。李忱馬上命國史館編撰杜牧撰寫《韋丹遺愛碑》，並擢升韋丹之子、河南參軍韋宙為御史。

元和官員之子擢升如此容易，為什麼呢？

李忱是在為自己的皇位合法性背書，因為他繼位的身分實在有些尷尬。有的史書說李忱繼位時沒有出現波瀾，因為他是唯一合法人選。

非也，非也。

李忱繼位時，武宗李炎是有兒子的，只是有唐一代沒有立幼主的傳統，宦官們也不敢打破這一傳統；再者，即便要立李忱這一輩的皇叔，李忱也不是唯一一位，憲宗李純還有幾位兒子與他同樣有資格。總而言之，李忱是與宦官們接觸上了，雙方達成了某種默契，李忱進而上位。位是上了，但合法性還是弱了一點，皇太叔一說實在有點掩耳盜鈴。

怎麼辦？

既然合法性弱那就加強，強化自己是憲宗兒子，而且是與憲宗感情最深厚的兒子。

會昌六年冬，禮院（祭祀部祭禮科）奏報說：皇族五年大祭的祭文，在祭祀穆宗、敬宗、文宗、武宗牌位時，只自稱：繼任皇帝某某致意。

李忱准奏。

這是一個信號，一個淡化穆宗父子四朝的信號，最終的目的是把這四朝視為「偽朝」，這樣李忱便是貨真價實的憲宗真正繼承者。

十年後，李忱做了一次嘗試。

吏部尚書李景讓上了一道奏疏：穆宗是陛下兄長，敬宗、文宗、武宗都是陛下的侄子，陛下向兄長磕頭還說得過去，向侄子磕頭就說不過去了。而且這樣的話，陛下不能祭祀七代祖先，所以這四位皇帝的牌位應遷出皇家祭廟，而迎回代宗以下的牌位。

李忱將這道奏疏交給文武百官討論，討論了很久卻沒有定論，最終不了了之。

無疑，李景讓的奏疏是李忱願意看到的，這樣可以抹掉穆宗父子四朝的痕跡。很可惜禮法是件大事，想改變沒那麼容易。李忱也只能耐著性子，告訴自己慢慢來、慢慢來。

橫跨八朝

僅僅從跨越朝代來看，太皇太后郭太后是成功的，她出生於德宗朝（李适），一直熬到了宣宗朝（李忱），在憲宗朝（李純）為貴妃，在穆宗朝（李恆）為太后，在敬宗（李湛）、文宗（李昂）、武宗朝（李炎）為太皇太后。到了宣宗朝，郭太后仍然稱太皇太后，雖然從宣宗李忱那裡論她應該是太后，但畢竟已經當了三朝太皇太后，冷不丁再降為皇太后還有點不太習慣。

從壽命上看，郭太后是幸運的，她的壽命很長，幾乎比同時代的人都長。按照唐憲宗李純的年齡估算，郭太后到宣宗登基時已經六十八歲，而她的丈夫只活了四十二歲。如果從人生閱歷看，郭太后又是不幸的。從丈夫開始，她一直在見證著親人的離世，從兒子開始，她一直在白髮人送黑髮人，一連送走了兒子和三個孫子。

從貴妃變成了太后，從太后又變成了太皇太后，地位越來越高而身邊的親人卻越來越少。直至李忱登基，看似來了親人，實則更是仇人。

元和十五年，憲宗李純離世存在著諸多疑點，但都被繼任的皇帝刻意淡化了，畢竟他們都是憲宗去世的既得利益者。試想如果憲宗一直健在，繼位的未必一定是李恆，這一點在前面我們提到過。

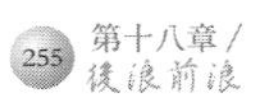

如今李忱繼位，他想舊話重提。李忱真的是因為與憲宗感情深厚進而追查憲宗之死？恐怕未必。李忱藏著私心，他要通過追查加強自己皇位的合法性。李忱同時還藏著另外一個私心，那就是替母親鄭太后出頭。

前面說過，鄭太后最初是郭太后的侍女，皇宮裡這種主僕關係注定和諧不了。鄭太后多年以來一直受著郭太后的氣，如今鄭太后的兒子成了皇帝，原本強勢的郭太后卻成了少人問津的孤家寡人。郭太后承受著巨大的人生落差，一直以來她都是眾星捧月、養尊處優，如今李忱登基卻對她十分冷淡。郭太后氣血難平，雖說已經年逾七十，但李忱不把她這個嫡母放在眼裡，郭太后還是無法接受。

大中二年五月二十一日，鬱鬱寡歡的郭太后登勤政樓，景色還是那些景色，看景的心情卻截然不同，郭太后眼前浮現出往昔一幕幕，淚水在眼角滑落。貴為風光無限的太后如今卻是這般慘澹。郭太后拍著欄杆，心如死灰。突然郭太后身子向前一探，她想就此結束自己無法言說的一生。身邊人眼疾手快，迅速將郭太后拉了回來。

郭太后意圖跳樓的消息很快傳到了李忱的耳朵裡，李忱大為震怒，郭氏意欲何為？當晚郭太后在興慶宮告別人世。外人認為郭太后的死是非正常死亡，很有可能是李忱派人謀殺。後宮的事外人永遠無法知曉真相，我們只知道這一天郭太后意圖跳樓，這一晚她告別人世。橫跨八朝、高高在上、富貴逼人、落寞收場。

對於郭太后而言，漫漫人生路結束了；對於李忱而言，事情還沒完。該把郭太后葬於何處呢？

李忱不允許郭太后與憲宗合葬，她不配。母親鄭太后才有資格在百年之後與憲宗合葬。主管機關知道李忱的心思，只好順水推舟建議將郭太后安葬於景陵（憲宗李純陵墓）外園，李忱表示同意。

這時一個小人物跳了出來：「我反對。」

反對的人叫王皞，時任祭祀部祭禮科祭禮見習官。

王皞上了一道奏疏：「郭太后應與憲宗合葬，牌位送進皇家祖廟憲宗神龕。」

一石激起萬層浪，皇帝李忱大為震怒，怎麼會有如此沒有眼色的官員？

白敏中緊急召見王皞，質問王皞為何如此不懂政治，為何要上這樣一道奏疏？

王皞從容不迫：「郭太后是汾陽王郭子儀的孫女，憲宗當太子時的正妃，順宗時代她是好兒媳。憲宗去世當晚發生的事情曖昧難明，並沒有明顯對郭太后不利的證據。郭太后身為國母，歷經五位皇帝，怎麼可以用曖昧不明的事情來廢除正嫡和偏庶的名分。」

白敏中聽後大發雷霆，王皞依然有理有據地回應，兩人一直在激烈爭論。到了宰相們聚餐時間，白敏中依然沒能把王皞壓服，王皞據理力爭，不肯做半步退讓。

最後的結局還是維持原議，王皞卻為這次奏疏付出了代價，被貶出長安，出任句容縣令。

任何時代，堅持原則都是一件孤獨而又辛苦的事情。

半年後，橫跨八朝的郭太后被安葬於景陵旁邊，時隔二十八年夫妻終於在九泉之下重聚。只是重聚打了折扣，他們沒能合葬，從居住環境看算是鄰居。

郭太后的牌位沒能進入皇家祖廟，多年以後經宣宗的兒子懿宗恩准，郭太后的牌位才得以進入皇家祖廟。

兢兢業業

第十九章

效仿太宗

因為來之不易，所以倍加珍惜。在《貞觀長歌》一書中，我曾經用這句話形容太宗李世民，現在這句話放在宣宗李忱身上同樣合適。

以機率來說，李忱上位要比李世民難得多。李世民最少還有三分一之的機會。李忱呢，憲宗皇帝最不起眼的兒子，但凡前面四位皇帝有一個長壽都能把他耗死。偏偏四位皇帝沒有一個長壽，皇位的餡餅最終落到了李忱頭上。如此得來的皇位，焉能不倍加珍惜。

李忱將自己的榜樣鎖定祖爺爺、太宗李世民，雖然他接手的帝國已然千瘡百孔，但他是太宗子孫、憲宗之子，他有義務將整個帝國重新帶回繁榮的軌道。

李忱下了一道詔令，任命知制誥令狐綯為翰林學士，這樣令狐綯離宰相之位又近了一步。

君臣二人閒坐，李忱命令狐綯讀《金鏡》給自己聽，《金鏡》相傳是太宗李世民親自撰寫。令狐綯一字一句讀下來，當讀到「至亂未嘗不任不肖，至治未嘗不任忠賢」李忱示意暫停。

「至亂未嘗不任不肖，至治未嘗不任忠賢」，李忱反覆誦讀了幾遍，連連點頭：「追求天下太平，首先得記住這句話。」

李忱命人將《貞觀紀要》書寫到屏風上，一有時間他便會對著屏風仔細品讀。沉下心來，李忱開始研究吏治，他一開口就把令狐綯嚇了一跳。

李忱說：「朕想知道文武百官的姓名和薪俸。」

令狐綯倒吸一口涼氣，帝國幅員遼闊、官員眾多，如果皇帝想了解到縣尉、司戶一級，那實在太龐雜了。

令狐綯對曰：「六品以下官員地位低微、數目眾多，都由吏部統一擬定待遇。五品以上官員，才由宰相呈請皇帝任命，姓名都在官籍薄上，稱為『具員』。」

李忱點點頭，好，就讓宰相製作《具員御覽》。宰相們連忙加班製作，五卷《具員御覽》製作完畢，擺上了李忱的案頭。

收復河湟

運氣來了有時擋也擋不住。

李忱登基第三年，天降功業。這件功業就是收復河湟。

安史之亂爆發後，駐守在河西、隴右的軍隊東調平叛，吐蕃乘機進佔了河湟地區，這一佔就是近百年。唐代宗時，宰相元載曾籌畫收復河湟，計畫尚未實施，元載被誅，收復計畫不了了之；唐憲宗時，看地圖每每扼腕歎息，他一直想等平定河北藩鎮再向河湟用兵，元和十五年突然駕崩。

河湟就這樣失去接近百年。

詩人杜牧曾經寫詩《河湟》：

元載相公曾借箸，憲宗皇帝亦留神。
旋見衣冠就東市，忽遺弓劍不西巡。

牧羊驅馬雖戎服，白髮丹心盡漢臣。
唯有涼州歌舞曲，流傳天下樂閒人。

此詩旨在譏刺當時的統治者無心國事只知享樂，表達自己對國家邊防的憂慮。前四句感慨宰相元載提出過收復失地的建議，卻遭陷害；憲宗李純在看地圖時也曾感歎過河湟地區的失陷，常想恢復失地，但未及西征便齎志以歿。後四句寫河湟地區的百姓雖然淪為異族臣民，身著戎服牧羊驅馬，但卻仍然「白髮丹心」地忠於漢家王朝。可是當朝統治者對此卻無所謂，而只是對「涼州歌舞曲」感興趣，過著悠閒享樂的生活。

從時間上推測，杜牧寫此詩的時間應該在大中三年之前。因為大中三年初，河湟突然毫無徵兆地收復了。嚴格說來不能說是毫無徵兆，其實徵兆已經出現了很多年，只是唐朝皇帝並沒有過於在意。

吐蕃多年之前就開始走下坡路，內亂不止、紛爭不斷。到唐宣宗大中三年，吐蕃內亂達到了極點，對於河湟地區漸漸失去了控制。大中三年初，被吐蕃佔據近百年的秦州、原州、安樂州及石門等七關一起歸降唐朝。

李忱大喜過望，馬上任命太僕卿陸耽為宣諭使，命涇原、朔方、鳳翔、邠寧、振武五戰區出兵支援。到這一年八月，唐朝軍隊全部進駐，完成了對三州七關的控制。

勝利來得有些出人意料。

回到唐朝懷抱的河隴居民代表一千多人，扶老攜幼，前往長安晉見李忱。

八月八日是李忱人生的巔峰時刻，他登上延喜門接見河隴居民代表。河隴居民歡呼雀躍，脫下蠻夷服裝，換上唐朝冠帽衣裳，圍觀群眾激情洋溢，萬歲之聲山呼海嘯。

李忱望著激動的臣民有些動容，民心是水、民心可用，真得做出點事情方能對得起萬民擁戴。之後李忱下詔：即日起，招募農民前往三州、七關開荒種田，五年內不收賦稅，今後京師判處流刑的犯人一律發往三州、七關。臨近戰區官兵能在防地耕種者由政府提供耕牛和種子，溫池（位於三州七關範圍內）所屬鹽池獲利一律用於支援邊防，由度支負責。三州、七關駐防將士加倍發給衣服和糧食，兩年換防一次。沿途設置崗哨、建立城堡柵欄，商旅往來以及邊防軍家屬子弟傳遞家書，各關鎮不得刁難。山南戰區、劍南戰區邊境所有被吐蕃佔領州縣可以斟酌自身力量努力收復。

詔書一出，天下歡騰。詔書的內容是明君的作派，思慮全面、目光長遠，讓人依稀看到太宗李世民的影子。

不久，西川戰區傳來捷報：收復維州。

一連串的勝利讓宰相們興奮起來，一起請求給皇帝李忱呈獻尊號。

所謂呈獻尊號本質就是拍皇帝馬屁，稱讚皇帝英明神武。皇帝富有四海、胸懷天下，還需要這些富麗堂皇的尊號嗎？現實的情況是皇帝們一般都樂意接受了，這只能理解為皇帝也有虛榮心，也需要得到肯定和表揚。

對於宰相們的請求，李忱沒有同意，他把話題引到了憲宗身上：「憲宗一直想收復河湟，只因中原用兵，心願一直未能完成。如今總算完成了先人遺願，你們可以討論呈獻給順宗、憲宗尊貴的諡號以彰顯他們的豐功偉業。」

一個月後，追贈順宗諡號為至德弘道大聖大安孝皇帝，憲宗諡號為昭文章武大聖至神孝皇帝。

這是給長眠地下的憲宗和順宗各發了一封表揚信。

大中三年年底，山南西道傳來好消息：已收回扶州。

扶州在哪？今天的九寨溝。

更大的好消息還在後頭。大中五年二月，天德軍基地傳來了好消息，沙州（位於今甘肅敦煌）代理刺史張義潮派使節來請求歸降。又是一個天大的餡餅。

張義潮原本只是沙州的平民，吐蕃內亂給了張義潮千載難逢的機會。張義潮眼見吐蕃分崩離析、人心渙散，心中暗暗醞釀將沙州脫離吐蕃控制回歸唐朝的計畫。張義潮暗中結交英雄豪傑，聯絡了很多人，相約一起做這件大事。

一天早上，張義潮帶領一群身穿鎧甲、手握兵器的人齊聚沙州政府門前，他們高聲吶喊、殺氣騰騰。周邊的漢人聞聲趕到後抄起傢伙加入了張義潮的隊伍。在沙州的吐蕃守軍本來就少，從沒有想到沙州的漢人會團結到一起向他們發難。吐蕃守軍沒敢與張義潮正面衝突，竟然棄城而逃。

張義潮率部進入州政府，接管沙州政權，自命為沙州代理刺史，馬上向唐朝派出使節請求歸降。

李忱聞訊後大喜過望，馬上任命張義潮為沙州防禦使（**沙州警備區司令**）。

得到任命的張義潮底氣更足，從沙州出兵一路勢如破竹，從吐蕃手中收回瓜州、伊州、西州、甘州、肅州、蘭州、鄯州、河州、岷州、廓州等十州。張義潮讓哥哥張義澤攜帶連同沙州在內的十一州地圖以及重要檔案前往長安，至此河湟之地全部收復。

如果張義潮想要自立為王，以沙州等十一州土地再加上沙州與長安的距離，國力早已今非昔比的朝廷也只能徒呼奈何。欣慰的是張義潮心懷故土，終使河湟之地全部回到唐朝懷抱。

李忱投桃報李，設立歸義戰區，總部設在沙州，任命張義潮為歸義節度使兼十一州觀察使。

對於收復河湟的重大勝利，宰相崔鉉寫下《進宣宗收復河湟詩》。

邊陲萬里注恩波，宇宙群芳洽凱歌。
右地名王爭解辮，遠方戎壘盡投戈。
煙塵永息三秋戍，瑞氣遙清九折河。
共遇聖明千載運，更觀俗阜與時和。

詩只是應景，舉國上下的興奮之情如滔滔江水，綿綿不絕。

高深莫測

河湟的收復讓皇帝李忱的威信蒸蒸日上，畢竟收復河湟是數代唐朝皇帝的夙願。

隨著李忱的威望日高，他的行事作為卻越來越讓身邊的人琢磨不透。

李忱前往皇家林園打獵遇到一個砍柴的樵夫，李忱問樵夫來自哪個縣，樵夫回覆說來自涇陽。

李忱再問：「縣令是誰？」樵夫答曰：「李行言」。

李忱追問：「李縣令怎麼樣？」

樵夫答曰：「非常固執。有一次逮捕了幾個盜賊，神策軍派人來要人，李縣令就是不放，還把幾個盜賊殺掉了。」

李忱不動聲色，哦，原來是這樣。

回到宮中，李忱親筆寫下了李行言的名字，把名條貼到了寢宮柱子上。

過了幾個月，李忱擢升李行言為海州刺史。

李行言進宮謝恩，李忱和顏悅色地賞賜他金魚袋和紫色官服。紫色官服是三品以上高官才有資格穿的，李行言按品級只能穿四五品官的紅色官服。

李忱故弄玄虛，笑問：「知不知道你為何能穿紫色官服？」

李行言老實回答：「臣愚鈍，確實不知。」

李忱命人到寢宮柱子上取下名條給李行言看：「你看，朕就是用這種方式記住你的。」

等聽完李忱與樵夫的奇遇後李行言驚訝不已，多虧自己行得正，要不然樵夫的嘴一張，丟了官自己都不知道是怎麼丟的。

大中九年二月，李忱擢升醴泉縣令李君奭為懷州刺史，宰相們一頭霧水。懷州刺史剛剛出缺，李忱便親筆題名擢升李君奭，這李君奭是如何入了皇帝法眼？

伏筆是幾年前埋下的。

還是在一次打獵的途中，李忱看到十幾位老者聚集在一座寺廟裡焚香禱告。李忱有些好奇，老者們在禱告什麼呢？

老者們回答說：「我們是醴泉居民，縣令李君奭政績優異，考核期滿就要離職了。我們要去上級政府請求李縣令留任，出發前在這裡請求佛祖保佑成全我們的心願。」

李忱回宮後將李君奭的名條貼到了柱子上，一直等到適合李君奭的職位出現。李君奭進宮謝恩，李忱拿著名條給李君奭講了這段往事。李忱講完大家才明白原來李忱還有這樣考核官員的管道。

令眾人想不到的還有很多。為了了解各地風土人情、山川形勝、民生利弊，李忱命翰林學士韋澳編撰了一本《處分語》，一切都在秘密中進行，知情人只有皇帝和韋澳幾個編著者。

鄧州刺史薛弘宗進宮參見，出來後連連感歎：「陛下對我們鄧州的了解程度令人吃驚。」韋澳追問原委，仔細一聽原來都是《處分語》上的內容。韋澳不動聲色，跟著薛弘宗一起感歎：「陛下果然不同凡響」。

提前做足功課，靠《處分語》折服臣子，韋澳一輩子也不敢點破這秘密。

你若以為皇帝只靠《處分語》，你就錯了。

李忱記憶力超強，他連宮裡灑水掃地的奴僕都能叫得上名字，而且知道每個人的才幹和長處。有關機關所奏報的全國各監獄管理官以及管理員的姓名，李忱只要看過一遍就會記在心中。

偏偏有人自作聰明，以為李忱注意不到細節。

度支奏報「淍綴漬汙」，把「漬」誤寫成了「清」。宮廷機要室值班宦官孫隱中以為皇帝沒有發現這個錯別字便自作主張改了過來。等到宰相辦公廳簽署完意見再次呈閱，李忱一眼就看出有人在「漬」上動了手腳。

是誰在擅作主張？

李忱一查到底，擅作主張的孫隱中被懲戒，恨不能連連抽自己耳光，誰讓你手這麼賤。

李忱為何會是這樣？

可能是天賦異稟智力過人，也可能是青年時代不受待見，越是被眾人忽視冷落就越發奮圖強。在李忱身上，可能後者的作用更大。

生性多疑

生活的苦難給了李忱智慧，生活的苦難磨鍊了李忱的品格，生活的苦難也造成李忱生性多疑。

青少年時期的磨難使得李忱生性多疑，除了母親之外他沒有絕對信任的人。包括妻子、兒子到扶他上位的宦官以及重用的大臣。

李忱登上帝位主要靠宦官幫忙，宦官馬元贄是其中出力最多的一位，因此李忱對馬元贄特別恩寵，寵信程度超過任何一個宦官。即便如此李忱始終保持警惕，他希望宦官能夠守住底線，不要把手伸出後宮。

很快地，李忱不願意看到的事情還是發生了。

李忱曾賞賜給馬元贄一條寶玉腰帶，馬元贄卻轉手送給了時任宰相的馬植。馬植不知道腰帶的來歷，對腰帶愛不釋手，還繫著這條寶玉腰帶進宮朝見。李忱一眼就認出了腰帶，臉頓時沉了下來。馬植心知大事不好但為時已晚，只能老實交代腰帶是馬元贄贈送的。

第二天，馬植被免去宰相職務，貶出長安，出任天平節度使。

事情到這一步還不算完，李忱下令逮捕馬植親信董侔由御史臺嚴加審問。董侔不敢隱瞞，供出馬植與馬元贄結交的全部過程，二人不僅交往密切而且還認了同宗。

李忱再次下詔，貶馬植為常州刺史。在朕的眼皮底下結交內廷官員，所欲何為？

至於馬元贄，李忱沒有加以懲戒，但從此時起開始疏遠他，直至排擠出宦官的勢力。

大中十年十二月，戶部侍郎崔慎由出任工部尚書、同平章事，成為宰相團成員。

大中年間，宰相團成員變動頻繁，前期稍微固定的是白敏中，之後長期固定的只有令狐綯一人，其餘班子成員則經常變動。李忱每次任命宰相之前左右侍從事前都不知道，這一次任用崔慎由也是如此，過程峰迴路轉盡顯李忱多疑的性格。

前一天，李忱派樞密使到翰林院傳達聖旨：任命兵部侍郎、全國財政總監蕭鄴為宰相團成員。傳旨完畢，樞密使王歸長和馬公儒回來覆命，問道：「蕭鄴的全國財政總監應不應該免除？」就是這多餘的一句話，蕭鄴的宰相位子飛了。

李忱頓起疑心，認為王歸長等人在幫助蕭鄴，只是讓你們傳旨，可曾讓你們過問蕭鄴其他官職安排？

李忱馬上親筆寫下崔慎由的名字和新的職務交給翰林院，並且加了批注：蕭鄴不再主管財政部稅務司。

大中十二年十月，建州刺史于延陵進宮辭行，君臣對話。

李忱問：「建州距離京師有多遠？」

于延陵答：「八千里。」

李忱說：「你在那裡做的好事壞事我都會知道，不要以為山高皇帝遠。這個臺階前面直通萬里，你了解嗎？」

于延陵膽戰心驚、手足無措，竟不知該如何應答。

李忱這時又顯示自己大度和藹的一面，安慰了幾句、勉勵了幾句，便讓于延陵退下。

李忱並沒有說大話，李忱果然對於八千里之外的于延陵瞭若指掌。于延陵上任之後由於能力不足無法應對建州的局面，李忱毫無猶豫地將于延陵貶為復州司馬。

宰相令狐綯算是御前紅人，但李忱對於這個紅人同樣是在懷疑中使用。

這天令狐綯推薦李遠出任杭州刺史，李忱有些遲疑。

李忱：「我記得李遠有一首詩，『青山不厭三杯酒，長日惟消一局棋』，這樣的人能治理州縣嗎？」

令狐綯趕忙替李遠說情：「詩人喜歡誇張，顯示自己的高雅，未必事實就像詩裡寫的那樣。」

李忱勉強做出了決定：「好吧，那就不妨讓他一試。」

這一次李忱算是給了令狐綯面子，接下來令狐綯被李忱嚇出了一身冷汗。

李忱曾經下過詔令，凡是新上任刺史不能直接赴任，必須先到京師晉見皇帝，由皇帝當面考察合格後才能上任。令狐綯有一個朋友要調任相鄰州的刺史，令狐綯告訴這位朋友：直接赴任吧，不用到京師晉見了。

這位朋友心眼也實，以為有宰相撐腰便直接到鄰州上任，然後按照慣例給皇帝上了一道上任謝恩奏章。

李忱一看，看出了其中的問題，便責問令狐綯：「這是怎麼回事？」

令狐綯連忙遮掩：「兩地離得很近，直接赴任可以免去迎來送往的繁文縟節。」

李忱臉色有些難看：「因為很多刺史只會給百姓造成麻煩，並不是適合人選，所以打算一個一個接見當面考察，詢問他們的行政經驗、了解他們的能力高低，或予高升、或予罷黜。明明有詔令卻放在一邊不去執行，宰相可真是有權啊。」

令狐綯頓時嚇出了一身汗，濕透了厚厚的皮衣。

下次還敢自作主張嗎？

總而言之，李忱是一個工於帝王術的皇帝，他喜歡掌控的感覺。

每次出席朝會，李忱對待文武百官好像接待賓客，全程精神飽滿看不出有絲毫疲憊。宰相奏事時李忱的態度威嚴令人不敢抬頭面對。朝會儀式感很強，讓文武百官總是感覺壓力很大。

文武之道，有張有弛，李忱在群臣面前有張的一面，同時也有馳的一面。

奏事完畢後，李忱會和顏悅色：「接下來，我們可以談談家常閒話了。」

此時的話題五花八門，有街頭巷尾的小事，有宮廷宴會的趣事。

大約一刻鐘後，李忱會繃起臉，嚴肅地說：「你們要好好做事，我常害怕你們會對不起我，以後就不能相見了。」

李忱起身回宮，留下膽戰心驚的群臣面面相覷。

令狐綯後來回憶說：「我當九年宰相掌握著帝國最高權柄，最是承受皇帝的恩寵，然而每次延英殿奏事總是汗透衣裳。」

由此可見，李忱給群臣的壓力有多大。

不立太子

晚唐時期能出現李忱這樣一位皇帝，對於大唐而言是件好事。

李忱精力充沛、親力親為，在千瘡百孔的帝國版圖上縫縫補補。在這一時期全國各地陸續出現了叛亂，每年的叛亂層出不窮，好在規模都不算大。

李忱像一個救火隊總指揮，每天指揮官員在各地滅火。如果這樣一個總指揮能長壽，帝國的火勢或許還能控制，一旦總指揮倒下而繼任者不具備相應能力，帝國的火勢就會失控了。

李忱提防著宦官、提防著群臣，同時更提防著自己的兒子。

整個大中朝李忱沒有立太子，即使大臣們急得撓牆，李忱就是不立太子。

大中五年十月，戶部侍郎魏謨出任宰相，魏謨是魏徵的五世孫。魏謨不愧為魏徵的後人，敢言他人不能言之事。這一年李忱已經四十一歲卻遲遲沒有冊封太子，文武百官乾著急卻也不敢輕易提出立太子的議題。皇帝遲遲不立太子一定有其不可告人的目的，身為臣子自然不敢去觸碰這個雷區。

魏謨出任宰相後進宮謝恩，順勢奏報說：「全國一派安定祥和，唯獨太子仍未確立，不能讓正人君子早點加以輔佐，我心中深感憂慮。」

魏謨說著有些動情，一面說、一面流淚。

這一場景被傳了出來，眾人紛紛在心裡給魏謨豎大拇指。然而李忱不為所動，一切濤聲依舊。

又一個五年過去了，終於又有宰相提出請立太子。

李忱與宰相裴休閒坐，李忱讓裴休可以毫無拘束地暢談時事。裴休認真地看了看李忱，鼓足勇氣建議皇帝早日指定太子。

李忱瞬間臉色陰沉：「如果指定太子，朕就成了可有可無的閒人。」

裴休眼見又碰了釘子，不敢再講話。

所謂毫無拘束，說到底還是有邊界的。

時光走到大中十二年，又一位宰相提議冊立太子，結果一句話丟掉了自己的宰相位子。

這一年，李忱打算登丹鳳樓宣布大赦天下，宰相令狐綯有點擔心：「登樓大赦的費用巨大，必須要有個名義，而且國家不應該一赦再赦。」

令狐綯這些宰相畢竟只是朝臣而不是皇帝身邊的人，他們不知道在李忱身上發生了什麼。

李忱身體出現了問題，他和他的父輩一樣又走上了吃丹藥的老路。

說也奇怪，唐朝死於丹藥的皇帝接二連三，但後來者還是絡繹不絕。

有史學家一語道出真諦：皇帝要靠丹藥滿足自己的私欲。

面對後宮的諸多美女，年輕皇帝有心有力，而上了歲數的皇帝心有餘而力不足，這時可能就想求助丹藥了。飲鴆止渴，自尋死路。

李忱服用了丹藥，身體走下坡路，大赦天下他是有私心的，他想用這個方式為自己祈福。

見宰相反對，李忱有些惱火：「名義？教我用什麼名義？」

宰相崔慎由接過話頭：「陛下還沒有冊立太子，百姓都在期盼，如果陛下舉行冊封太子典禮，那麼到南郊祭天都可以，何況是登樓大赦。」

崔慎由以為這是一個難得的進言機會，不料又觸碰到皇帝最忌諱的地方。

太子，太子，又是太子。李忱冷冷地看了看崔慎由，不由得心生厭惡，當初怎麼讓他當宰相呢。丹藥在李忱的體內發生作用，他口乾舌燥、心神不寧，與過往那個沉著冷靜的李忱已不是同一個人。李忱低下頭去，不再說話。

現場靜得讓人窒息。

十天後，崔慎由被解除宰相職務，出任東川節度使。

有唐一代，太子問題格外敏感。從李世民玄武門之變開始，兒子算計老子的現象時有發生。苦難中長大的李忱要把得來不易的皇位牢牢握在手中，朕不給，別人不能搶，親兒子也不行。關於立太子問題，李忱也有苦衷。

李忱最欣賞的是三子夔王李滋，但李滋的前面還有鄆王李溫。鄆王李溫是長子，但李忱非常不喜歡他，別的皇子都跟隨皇帝住在宮中，李溫卻只能跟其他疏遠皇族子弟一起住在十六王宅。

李忱為何對李溫如此不待見？

可能跟李溫的生母有關，也可能跟李溫出生前後李忱自身的處境有關，還有可能跟李溫的性格以及智商有關。總之，在李忱的諸多兒子裡，李溫是最不受待見的一個，偏偏他卻排行老大。

李忱有心繞開李溫立老三夔王李滋，又擔心阻力太大，再加上他總感覺自己年富力強，立太子一事不必著急。這一拖就拖到了李忱的暮年，拖到了李忱人生的最後光景。

當斷不斷，反受其亂。

人生中有些事總要面對，拖延絕不是解決辦法。

天不遂願

第二十章

長壽秘訣

年少時渴望快快長大，年老時渴望返老還童，人這一輩子總是想跟時間作對，到頭來都成了時間的手下敗將。

李忱初登基時對丹藥深惡痛絕，他絕沒有想到有朝一日他也會投入丹藥的懷抱。李忱依賴上了丹藥，同時想起了一個人，羅浮山道士軒轅集。此時距離軒轅集被流放已經過去了十一年，而流放軒轅集的正是李忱。

軒轅集到底是什麼人呢？

在民間記載中，這是一個神乎其神的人。

據民間記載：羅浮先生軒轅集已經有數百歲，但容顏不老。立在床前，頭髮下垂於地。坐在昏暗的房屋裡，目光可以射出幾尺，經常在深山峻嶺中採藥，總有毒龍猛虎護衛。老百姓準備齋飯邀請他，雖然一天有百處之多，但他都用分身法分別前往。跟別人喝酒就從袖子中取出一個好像只能容納二、三升酒的酒壺，然而即使賓客滿座，用它來倒酒居然可以整天不竭，而且軒轅集就是喝一百斗酒也不會醉。到了夜裡把頭髮下垂在盆中，酒會順著頭髮滴進盆裡。

唐宣宗召見軒轅集，給他優厚的待遇把他請進宮內。

唐宣宗問他說：「長生的道術可以得到嗎？」

軒轅集說：「廢止歌舞和女色，去掉食物的滋味，對待哀和樂像一件事，施捨恩惠不偏不倚，自然和天地會合恩德、日月齊明，到達堯、舜、禹、湯的治道。長生不老的方法算得上什麼難呢？」

軒轅先生說：「我不知道其他人，只知道我比張果老少。」

《資治通鑒》如是記載：大中十二年初，軒轅集抵達長安，李忱召喚入宮，問道：「長生法術，能不能學？」軒轅集說：「帝王棄絕私欲，尊崇道德，自然會承受大福，用不著到別的地方去求長生不老。」在長安逗留幾個月，軒轅集一再請求回羅浮山，李忱只好讓他回去。

功虧一簣

從軒轅集那裡沒有得到長壽秘訣，李忱轉而向別人求助。

醫師李玄伯、道士虞紫芝、隱士王樂走上了第一線，他們挺身而出給李忱奉獻丹藥。可能是他們太自信了，也可能是他們被眼前的富貴迷惑了雙眼，也有可能他們身不由己，他們用丹藥把自己的命與皇帝捆綁到了一起，天與地、生與死成了他們腳下的兩扇門。

他們會踏進哪扇門呢？

大中十三年八月，李忱身上的大瘡潰爛，日夜睡在寢殿，宰相與政府官員被隔絕於外不能相見。又一個重金屬中毒的皇帝。

生命的最後時刻，李忱終於指定了儲君——夔王李滋。李忱將李滋託付給了樞密使王歸長、馬公儒和宣徽南院使王居方，命他們三人擁立李滋。三位宦官以及右軍中尉王茂玄是平時李忱最為厚待的四位，李忱相信在他們的擁護下李滋一定能順利登基。

李忱是這麼想的，三位接受委託的宦官也是這麼想的。

宮中權力宦官除了這四位外，還有另一位左軍中尉王宗實。

王宗實不知什麼原因跟這幾位關係比較疏遠，話總是說不到一塊。三位受皇帝重託的宦官商量了一番，決定搬開王宗實這塊絆腳石，既然平時話都不到一塊，在擁立新君這件大事上就不帶他玩了。經過商議，王宗實被外放到淮南戰區做監軍宦官。

三位宦官的計畫看起來很周密，但詭異的是在他們執行計畫的過程中居然沒有叫右軍中尉王茂玄一起參與。可能是不想讓王茂玄分享擁立之功，也有可能故意不讓王茂玄留在宮中，以免引起王宗實的懷疑。更有可能是三位宦官想把擁立的貪天之功攬到自己名下，不想讓他人染指。

王宗實在宣化門外接到詔書，不疑有他，準備從銀台門出宮然後到淮南報到。

王宗實手下、左神策軍副使亓元實拽住了王宗實的袖子，湊近耳邊低語：「皇上患病已經一月有餘，你只能隔著房門問候平安。今天突然調任，誰知道是真是假？為什麼不去面見皇上之後再走。」

王宗實眼前一亮，對啊，我怎麼沒想到這一層呢？

兩人再進內宮，發現各門已經加強守衛，人數都比平時增加了。

一定是出大事了。

亓元實掩護著王宗實往裡衝，一直奔向皇帝臥室。

臥室內，皇帝李忱已經走完了人生路，龍馭賓天了。從會昌六年登基算起到大中十三年結束，李忱的皇帝生涯定格在十三年。

李忱的遺體被搬動，頭向東方安置妥當，內宮男女圍繞四周哭聲四起。

王宗實向前一站，大聲斥責王歸長等人假傳聖旨，王歸長、馬公儒、王居方從未經歷過如此場面頓時慌了手腳。他們不敢據理力爭居然跪倒在地，捧住王宗實的雙腳請求饒命。不讓右軍中尉王茂玄參與的惡果顯現了出來，倘若王茂玄率領右神策軍鎮住現場，即便王宗實到了寢殿也不敢輕舉妄動。王茂玄不在，王宗實便是現場唯一手握兵權的人，勝負已分。

王宗實這種級別的宦官自然知道太子之爭，如今他掌控了局勢，於情於理都要做對自己最有利的事情。

擁立夔王李滋還是鄆王李溫呢？

王宗實毫不遲疑地選擇了後者。夔王李滋是先皇李忱指定的人選，再去擁立還能有多少功勞呢？鄆王李溫本來與皇位絕緣，你把他扶上了皇位，這個擁立之功該有多大？

王宗實馬上派人到十六王宅迎接鄆王李溫，這個最不受待見的皇子即將實現人生的重大逆襲。

大中十三年八月九日，王宗實公布李忱「遺詔」：封鄆王李溫為太子，改名李漼，暫時主管軍國大事。

「遺詔」同時宣布，逮捕王歸長、馬公儒和王居方，三人全部誅殺。「遺詔」假李忱之名，行的是王宗實之實。

又過了一天，「遺詔」再出，命令狐綯為攝塚宰。

八月十三日，李漼登基，他便是歷史上的唐懿宗。

半年之後，李漼將父親李忱安葬於貞陵，諡號聖武獻文孝皇帝，廟號宣宗。

歷史對李忱有如下評價：

《資治通鑑》：宣宗性明察沉斷，用法無私，從諫如流，重惜官賞，恭謹節儉，惠愛民物，故大中之政，訖於唐亡，人思詠之，謂之小太宗。

《舊唐書》：李之英主，實惟獻文。粃糠盡去，淑慝斯分。河、隴歸地，朔漠消氛。到今遺老，歌詠明君。

《新唐書》：宣宗精於聽斷，而以察為明，無復仁恩之意。嗚呼，自是而後，唐衰矣！

無論史書把李忱說得如何英明神武，都無法掩蓋其在立儲問題上的失職。近代著名演義小說家蔡東藩有云：以立儲之大經，不先決定，及駕崩以後，竟為宦豎握權，視神器為壟斷之物，英明者果若是乎？

所託非人

第二十一章

又添新患

大中十四年八月二十日，新任皇帝李漼尊祖母鄭氏為太皇太后，出身卑微的鄭氏隨兒子成了皇太后，這次又隨孫子成了太皇太后。於個人榮耀而言已至巔峰，只是最為孝順的兒子已逝，鄭氏內心的苦又有多少人懂。

接下來就該賞罰分明了，擁立有功的王宗實被封為驃騎上將軍，品級從一品；受罰的人有三個，分別是李玄伯、虞紫芝、王樂。前任皇帝李忱正是死於他們的丹藥，三人全部問斬。

兩相對比，還是軒轅集高明，早早看出了危局脫身而去。能看破眼前的富貴、拒絕一時的誘惑是需要有大智慧的。

九月，李漼追尊母親晁昭容諡號元昭皇太后。

元昭皇太后年輕時進入光王李怡府邸最受寵愛，先是生下長子李漼，後生下萬壽公主、廣德公主。李忱對萬壽公主、廣德公主都是寵愛有加，唯獨不喜歡長子李漼，這到底是為什麼呢？

如果從李漼（李漼）後來的所作所為來看，可能只有一個解釋，那就是李漼的品行和能力不被認可。

當皇帝李漼正忙著在朝中布局時，唐朝邊境又添了新患。

白眼狼都是養出來的。最初韋皋擔任西川節度使時開鑿了清溪公路，這條路成為唐朝連絡南方的交通要道，南方各蠻夷可以經過蜀地到中央進貢。為了安撫蠻夷，韋皋遴選蠻夷子弟到成都讀書，學業完成後送回。如此反覆長達五十年，五十年下來在成都培訓過的蠻夷子弟數以千計。

起初人數不多，西川戰區財政壓力不大，到後來供養人數越來越多就成了一項負擔。再者蠻夷

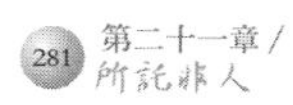

所謂的「進貢」都是面子工程，唐朝的賞賜要比其所謂的「進貢」多得多。嘗到甜頭的蠻夷派出的使團人數越來越多。

到杜悰當西川節度使時，他上疏請求減少對蠻夷供應的數目，當時的皇帝李忱便批准了。嘗不到甜頭後，南詔王國（首都苴咩城，今雲南大理）國王豐祐大怒，派出的冬季祝賀使節將《祝賀冬季奏章》交到嶲州便返回了南詔。與此同時，南詔國王召回在成都的留學生，給唐朝的公文措辭也不再恭順。從這時起南詔不再進貢，並開始騷擾唐朝邊境。

唐宣宗李忱逝世後，唐朝派出宦官報喪，巧合的是南詔國王豐祐也過世了，太子酋龍繼位。酋龍接到報喪，大怒：「我們也有喪事，朝廷非但不派人悼念，送到南詔的詔書仍是寫給先王。」酋龍把欽差宦官安置到了城外賓館，接待十分冷淡。宦官回來如實奏報，李漼不悅。南詔是有喪事，但你不奏報，朝廷如何知道？再者酋龍的「龍」與唐玄宗李隆基的「隆」同音，難道不知道避諱嗎？

李漼做出決定以後不再派使節去冊封，就當唐朝沒有這個藩屬國。李漼的決定正好給了南詔王國藉口，自此酋龍自稱皇帝，改國號為大禮帝國，年號建極。酋龍在宣布立國之後派軍攻陷播州，從此成為唐朝邊患。

如果李漼堅持派使節前去冊封，是否酋龍就會俯首稱臣？恐怕也不會。

說到底，白眼狼是餵不飽的。當你足夠強大，白眼狼在你身上有利可圖時，雙方的關係還能勉強維持；當你漸漸衰落，無法滿足它的胃口時，白眼狼就會獠牙相向，反戈一擊。

裘甫起義

儘管李忱在位時期被稱為「大中之治」，但在表面繁華的背後農民起義的星火已經漸次出現了。大中十三年十二月，也就是李忱逝世的四個月後，浙東道起義軍首領裘甫率眾揭竿而起，攻陷象山縣城（浙江省象山縣）。裘甫率軍進逼剡縣（浙江省嵊州市），此時的武裝群眾僅一百人而已。

浙東道觀察使鄭祇德派游擊副使劉勍、副將領范居植率領三百士兵會同台州民兵，共同進擊裘甫起義軍。西元八六〇年正月四日，浙東部隊與裘甫起義軍會戰，浙東部隊擁有三百士兵加台州民兵，人數上佔據優勢，該贏了吧？

結果此戰副將領范居植戰死，游擊副使劉勍僅僅逃出一命。裘甫士氣更勝，部眾擴展到一千餘人，十天後攻陷剡縣，大開倉庫、招兵買馬，人數迅速擴充到數千人。

王朝末期的農民起義就是這樣，如果朝廷軍隊一再失利，農民起義的隊伍就會如同滾雪球般越滾越大。如今裘甫部眾已經達數千人，浙東、浙西兩道的上空瀰漫著恐怖的氣氛。承平已久的人們不知道什麼是戰爭，鎧甲武器不是腐爛就是鈍鏽，已完全無法使用。

鄭祇德盤點戰敗後的士兵人數竟然不足三百，只能臨時招募新兵。就在這火燒眉毛的時候，負責招募的官員居然還收受賄賂，招募來的五百新兵不是生力軍，而是無法作戰的老弱病殘。鄭祇德不知道底細，還滿心指望五百新兵能夠救急。鄭祇德派出三員將領率領五百新兵與裘甫再戰。

裘甫部隊在三溪南方（浙江嵊州市之南，有三溪匯合北流）設下埋伏，把主力布防於三溪之北，然後堵住三溪的上游使下游水淺，人馬可以蹚水而過。會戰開始，裘甫部隊佯裝不敵往後潰

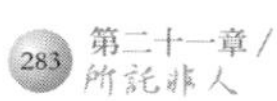

退。浙東部隊「乘勝」追擊，蹚水過溪。走到一半，裘甫部隊掘開上游堵塞，大水奔騰而下，浙東部隊幾乎全部被水沖走。

此戰結果，三員將領全部戰死，五百士兵幾無生還。

勝利的消息傳來，裘甫的部隊再度擴大，起義的人群從四面八方向浙東道集結，人數多達三萬，分為三十二隊。裘甫見時機成熟，自稱天下都知兵馬使，改年號羅平，鑄印稱天平國，從此大張旗鼓準備大幹一場。

裘甫一旦走上這一步，離敗亡也就不遠了。人數不過三萬，又是改年號、又是鑄印，操之過急了吧。後來起義成功的朱元璋又是怎麼做的呢？高築牆，廣積糧，緩稱王。

裘甫勢頭越來越大，浙東道觀察使鄭祇德的壓力也越來越大，一邊上疏向皇帝告急，一邊向鄰近戰區求援。在鄭祇德的求援下，浙西道派出兵馬四百、宣歙道派出兵馬三百，這七百兵馬成了鄭祇德的救命稻草。沒多久鄭祇德看出來了，來的不是救兵，全是大爺。

為了讓援軍發揮出戰鬥力，鄭祇德對援軍的供應是有求必應，超出正常供應的數倍卻仍沒能滿足援軍的胃口。援軍總算要出擊了，卻又提出需要浙東道將士當嚮導的要求。這會兒輪到浙東官兵談條件了。有的聲稱有病在身、有的假裝從馬上摔下受傷、有的則要求委任一個官職。

此起彼伏，洋相百出，爭論到最後援軍又撂挑子了，按兵不動堅守不出。

該如何解浙東危局呢？兵部尚書夏侯孜推薦了一個人，前任安南都護王式。王式，文官出身，帶兵打仗也是行家，擔任安南都護時有勇有謀，威震漢人和蠻夷，聲名遠播。

經過宰相們同意，王式被任命為浙東觀察使，原浙東觀察使鄭祇德調回長安，出任太子賓客，文不能提筆安天下，武不能上馬定乾坤，就安心當個賓客吧。

三月一日，王式進宮朝見，皇帝李漼詢問破敵方略。王式胸有成竹：「只要有軍隊，一定可以破敵。」

旁邊的宦官不合時宜地插話：「動員軍隊，費用太大。」

聰明人聊天能抓住一切可以利用的機會，王式迅速抓住了「費用」二字。

王式說：「臣就是為了國家珍惜物力、節省費用，才要求大量調派兵馬。如果兵馬眾多，破賊容易，如果兵馬稀少，則破賊不易，時間一長叛賊力量就會越來越大，江淮群盜也會蜂起響應。國家用度全靠江淮，一旦道路阻隔不通，上到皇家祭廟、下到禁衛十軍都會失去供應。到那時候再調兵平叛，費用會大到無法計算。」

李漼點了點頭。李漼回頭囑咐宦官：「應該交給他充足的軍隊。」

由這番對話我們發現在李漼的治下宦官的權力更大了，以前他們的兵權只掌管宮內的神策軍，現在全方位擴大了。當然這並不意味著宦官全面掌握了兵權，但至少他們可以干預。

這次會面讓王式要到了足夠多的兵馬，忠武、義成、淮南戰區分別派出軍隊向王式報到。

這邊王式緊急調撥兵馬，那邊裘甫四處出擊，衢州、婺州、上虞、餘姚、慈溪、奉化、寧海、象山都遭遇劫掠。裘甫部隊所過之處，青壯年被俘虜、老弱病殘被屠殺。這樣的隊伍注定不會長久。

王式被任命的消息從中央傳到了地方，浙東人心稍稍安定，而裘甫一方緊張了起來，畢竟這次朝廷派出的是大規模正規軍。

當時裘甫一眾人等正在飲酒，一聽到消息，熱烈的氣氛降到了冰點。

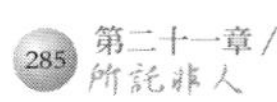

裘甫隊伍中最有謀略的當屬劉晧，劉晧見裘甫猶豫不決，歎息一聲：「有如此之眾還不能決定大計實在可惜。如今朝廷派王式帶兵來，不用四十天肯定就到了，聽聞此人智勇無敵。兵馬使（**指裘甫**）應該立即率軍攻下越州奪取府庫，以堅固的城牆作屏障。派五千兵馬據守西陵（浙江省蕭山市西北西興鎮），沿著浙江修築營壘阻止王式東來。大肆集結艦船，一有機會就長驅直入攻取浙西，北渡長江，劫掠揚州貨物錢財以充實我們的力量。然後回軍修築石頭城作為根據地，宣歙道、江西道必定有英雄豪傑起兵回應。再派劉從簡率一萬兵馬乘船南下攻取福建。如此則國家最富庶之地都落入我們手中。我們這一生足以無憂，唯獨擔心子孫能否守住了。」

劉晧口若懸河，期待能得到裘甫的熱烈回應。裘甫一句話把劉晧晾在了那裡：「大家都醉了，明天再議。」

一片冰心填了夜壺，劉晧心涼透了，索性裝醉提前退席離場。

裘甫陣中不乏有謀略之人，進士出身的王輅受裘甫重視，待之以賓客之禮。王輅遊說裘甫說：「劉副司令（**指劉晧**）的戰略是孫權模式，趁天下大亂據有江東。如今大唐平安無事，想建立這樣功業絕非易事。不如擁眾據險自守，陸上耕田、海上捕魚，形勢危急就逃到沿海的海島，如此可為萬全之策。」

裘甫左思右想，不敢做決定。

四月，王式行進到柿口，屬下來報義成戰區特遣兵團軍紀敗壞，王式頓時鐵青了臉，準備將特遣兵團司令斬首。經眾人苦苦求情，王式才勉強放棄了將其斬首的念頭。經此一折騰，屬下士兵全長了記性，大軍所過之處秋毫無犯。

行進到西陵，裘甫派出使節請求投降。王式搖搖頭：「裘甫沒有投降之心，只不過想看看我在做什麼，想用假投降麻痺我讓我懈怠。」

王式指著使節說：「裘甫自縛雙手前來投降可以免死。」

四月十五日，王式進入越州辦理完交接，王式為鄭祇德設宴歡送。開席前王式站起身，舉起酒杯：「我主持軍政大事不可以飲酒，今天就請監軍（指監軍宦官）與大家一醉方休。」宴席一直持續到夜晚，王式命點起蠟燭繼續歡宴：「我在此，賊人不敢妨礙我們飲酒作樂。」

為將者首先得有信心，王式這一點可以得滿分。

第二天，王式在越州城外遠郊給鄭祇德踐行，依依惜別，雙方說了很多肝膽相照的話。

回到城內，王式重申軍令，不怒自威。之前挑剔供應不足的消停了、稱病不出的回來報到、陣前談條件要求升官的也沉默了。士氣一下子扭轉了過來。

有了士氣，好事自己送上了門。裘甫的別動部隊司令洪師簡、許會能率部投降。

王式微微點點頭：「投降就對了，你們得戴罪立功來證明你們與叛軍不一樣。」

王式命令洪師簡率部充當前鋒與裘甫部隊作戰。不久洪師簡果然建立功勞，王式也不食言向朝廷推薦二人當官。

之前裘甫派間諜進入越州城，總有官兵將間諜藏匿起來並好生招待。文武官員與叛軍也有勾結，盤算著一旦越州城陷落，好以此作為鋪墊保全家人。因此越州城內的一舉一動盡在裘甫的掌握之中。

王式早有防備，著手暗中調查，摸清情況後將間諜一網打盡全部問斬。平時殘暴狡猾的將領和士兵也被王式打入網中一律處刑。在此之後越州城門加強警備，進城必須出示通行證，從此裘甫軍隊再也得不到越州城的內幕消息。

接著王式又下了一道讓眾人看不懂的命令：各縣打開糧倉，賑濟窮苦百姓。

屬下有人勸止：「叛軍還沒有消滅，軍糧緊俏，不可以散落到民間。」

王式微微一笑：「這就不是你所能知道的了。」

眼下令王式最頭痛的還是缺少騎兵，該如何組建一支騎兵部隊呢？

王式思索半天，突然眼前一亮，有了。

原來一些回鶻人、吐蕃人在投降唐朝之後被安置到江淮地區，這些人習慣冒險、擅長騎射，正是組建騎兵的大好兵源。王式說幹就幹，按照地方提供的名單挑選出一百多名驍勇善戰的士兵。

流落於江淮地區的回鶻人、吐蕃人不能適應中原的農耕生活，所以生活極為困頓。如今王式精選騎兵，令回鶻人、吐蕃人得以發揮自己專長，同時還給美酒犒賞並救濟他們的妻兒。一百多名新騎兵感動得熱淚盈眶，振臂歡呼願為帝國出戰。

王式將經過訓練的騎兵編練成騎兵部隊，交由騎兵司令石宗本率領，再奏請皇帝李漼撥付龍陂牧場戰馬兩百匹，王式的騎兵部隊終於成形。

有人向王式建議設立烽火臺收集叛軍遠近眾寡的消息，王式笑了笑，不做回應。王式挑選出一些老弱士兵配上強壯駿馬，每次只派出少數人出去偵察敵情。眾人都感到有點奇怪，卻不敢細問。

王式檢閱本道士兵及民兵，總計四千餘人，命他們引導各戰區特遣兵團分路出擊。越州城沒有正規軍守衛，王式便又招募民兵一千人填補城防空缺。

王式下令，命宣歙將領白琮、浙西將凌茂貞各率本道特遣兵團，北方來的將領韓宗政等率領民兵，共計一千人。石宗本率領騎兵為前鋒，從上虞奔奉化解象山之圍，稱「東路軍」；以義成將領成將領白宗建、忠武將領游君楚、淮南將領萬璘率本部兵馬與台州、唐興民兵會合，稱「南路軍」。

王式特別指示：「不要強行奪取險要、不要焚燒房屋、不要殘殺平民謊報戰功，鼓勵被裹脅進叛軍的平民投降。只要取得了叛軍的金銀財寶就歸你們所有，官府不問。所有的俘虜都是越州百姓，一律釋放。」

成功的人能夠透過事物表面看透本質，王式更懂人心。

四月二十三日，南路軍攻克沃州寨；四月二十四日，南路軍再攻克新昌寨；五月二日，東路軍擊破叛軍將領孫馬騎部；五月九日，南路軍擊敗叛軍將領劉晗部，斬將領毛應天。五月二十九日，東路軍在南陳館大破叛軍首領裘甫，斬數千人。

東路軍乘勝追擊，叛軍士兵下了狠手將綢緞布匹扔了一地塞滿了路面，想以此延緩東路軍的追擊速度。關鍵時刻，昭義將領跌跌彂下令：敢看一眼者，斬。

東路軍士兵沒有一個人敢撿，打起精神全力追擊。即便這樣，還是讓裘甫逃脫了。

該到哪裡尋找這個泥鰍呢？

義成將領張茵在唐興俘虜了大批叛軍士兵，張茵準備讓他們吃點苦頭嘗嘗政府軍的厲害。

叛軍士兵紛紛求情：「我們知道裘甫在哪裡，他已經進入了剡縣。如果放我們一馬，我們願意當政府軍的前導。」

張茵接受了叛軍士兵的條件，率部急行軍，在裘甫進入剡縣的次日抵達了剡縣城下。王式得到消息，馬上命令東路軍與南路軍到剡縣城下會師。六月十二日，東路軍與南路軍完成了對剡縣的合圍。

三天內激戰八十三次，政府軍保持全勝。不過殺敵一千，自損八百，政府軍同樣傷亡慘重。

這時裘甫請求投降，諸將前來請示王式，王式搖了搖頭：「叛軍是想喘口氣、拖延時間，大功即將告成之際，你們更應要該加強戒備。」

果不出王式所料，裘甫軍隊又連續出戰三次。六月二十一日夜，裘甫實在扛不住了。裘甫、劉眭率一百餘人出城投降，與朝廷軍隊遙遙對話。裘甫希望爭取投降條件，朝廷軍隊卻不準備再談，士兵迅速出動完成了對裘甫一行人的合圍，一百多人都成了俘虜。六月二十三日，裘甫一行被押送至越州，王式下令將劉眭等二十餘人腰斬，給裘甫戴上刑具，解送長安。

裘甫之亂至此徹底平息。裘甫被押到長安後東市問斬，一刀兩斷。

裘甫為什麼要反？沒有人去問。

裘甫之亂平息了，但他不是第一個，也不會是最後一個。自此各地叛亂接連不斷連綿不絕。

經此平叛，朝廷加授王式為檢校右散騎常侍，各將領依照戰功分別獎賞。

眾將領回到越州，王式設宴犒勞。酒酣耳熱之後，眾將領拋出了心中的疑問：「我們成長於軍旅之中，一直南征北戰，今年追隨大帥擊破叛軍。然而還是有很多地方不甚明白，請問大帥剛到時軍糧緊缺，為何大帥要讓各縣拿出存糧救濟災民？」

王式說：「這很容易理解。叛軍把糧食聚集到一起用來引誘災民。我們如果早點給災民發糧食，他們就不會去當強盜了。」

將領們又問：「為什麼不設烽火臺呢？」

王式說：「設烽火臺的主要目的是催促救兵，我們所有的兵馬都出去平叛了，就算烽火傳來了消息又能派誰去救援呢？這樣一來只會徒增百姓的恐懼而已。」

將領們又問：「為何派老弱膽小的士兵出去偵察，而不多派人手呢？」

王式解釋道：「勇敢的士兵派上戰場會有更大作用。勇敢士兵遇到敵人可能會挺身迎戰，不幸戰死的話我們就無法掌握叛軍的行蹤了。」

眾將領恍然大悟，哦，原來是這樣。

實際上，從西元七五〇年以來，浙東農民起義總共有兩起，第一起發生在西元七六二年，袁晁起義，最終被張伯儀平定，第二起就是裘甫之亂。

從危害的程度而言，裘甫之亂的規模比不上袁晁，但是在資治通鑒裡袁晁之亂只有寥寥幾句，而裘甫之亂卻敘述得十分詳細。究其原因是唐朝中期以後私人修史盛行，大戶人家都有私史。王式出身書香門第，王家的私史只會更加豐富，司馬光加以借鑒，於是我們看到了形象豐滿的王式。

總而言之，王式確實在平叛中立下了汗馬功勞，不過裘甫的起義規模還算比較小，跟後來的黃巢起義不在一個等級。

改元咸通

西元八六〇年十一月二日，李漼前往圓形祭壇祭祀天神，大赦天下，改年號為咸通。

據說是因為李漼記得父親李忱曾做過一首曲子《泰邊陲樂曲詞》，裡面有一句「海岳晏咸通」，「咸通」由此而來。

有專家提出，「咸通」這個年號可以從《周易》中找到答案。

「咸」可以解釋為「都」，它又是「感」字的古體。《周易・咸象》解釋「咸」卦道：咸，感也，柔上而剛下，二氣感應以相與……天地感而萬物化生，聖人感而天下和平，表達了一種只有只有君臣、臣民上下相感才能實現政通人和的政治理念。《周易・繫辭上》也說：「《易》無思也，無為也。寂然不動，感而遂通天下之志。」都是感而後通，有感才能通。

無論是取自《泰邊陲樂曲詞》還是《周易》，年號的本身都是無比美好，只可惜李漼這個意外登基的皇帝配不上這個年號。

李漼登基之後著手調整權力結構，令狐綯首當其衝。

令狐綯當權近十年，嫉賢妒能，從中央到地方都對他畏懼痛恨。偏偏令狐綯又管不好身邊的親屬和子女，兒子令狐滈依仗父親權勢大肆收受賄賂，大有「二宰相」的架勢。

李忱去世後，對令狐綯的非議便壓制不住了，各種攻擊紛至沓來。李漼就勢將令狐綯貶為河中節度使，遙兼二級宰相。

李漼又看中誰呢？沒有新意。老熟人白敏中。

李漼命白敏中卸任荊南節度使，出任司徒兼門下侍郎兼二級宰相。

老當益壯的白敏中有心在新朝繼續發揮餘熱，但等待他的又是什麼呢？

回到京師之後，白敏中進宮朝見，一不小心從臺階上失足墜下造成腰部受傷，被軟轎抬回私宅休養。這一休養就是四個月。

李漼這段時間做什麼？放羊。

休養中的白敏中心中不安，連上三道奏疏懇請辭去宰相，但李漼就是不准。

右補闕王譜看不下去了，上了一道奏疏：陛下剛剛開始治理天下，正需要宰相盡力輔佐。白敏中受傷臥床已經有四個月，陛下雖然曾與他座談，但時間沒超過三刻。陛下跟他討論過天下大事嗎？還是批准白敏中的辭職申請，尋訪道德聲望之士來幫助陛下。

李漼居然容不下這麼一道奏疏，順手將王譜貶為陽翟縣令。給事中鄭公輿認為不妥，將貶斥王譜的詔書加封退回。李漼將皮球提給了宰相團，讓宰相團討論一下王譜究竟該不該貶。

宰相團硬著頭皮接下了燙手山芋，象徵性地討論了一下。

還討論什麼呢？王譜冒犯的是白敏中，焉能不貶？

討論的結果，王譜還是被貶為陽翟縣令。

哦，鬧了半天，白敏中是上演辭職秀呢，名為辭職實則是要把相位坐穿，到最後讓看不懂辭職秀的王譜貶了官。

僅從這件小事可以看出李漼與其父相去甚遠。

當年魏謨痛哭流涕，遺憾不能早立太子讓正人君子早日輔導，魏謨的遺憾還是有道理的。

李漼過去被父親冷落，想必對他的培養也不曾盡心。驟然登上大位，但他根本不具備治國平天下的能力與素質。更要命的是他還缺乏當皇帝應有的包容和納諫的風度。

皇帝沒肚量，宰相無原則，經歷大中之治的大唐王朝至此在下坡路上越走越順。

不高興皇帝

第二十二章

言過其實

咸通二年二月，李漼終於批准了白敏中的辭職申請，改任鳳翔節度使，同時任命左僕射、判度支杜悰兼任門下侍郎、二級實質宰相。

上任之初，一場危機向杜悰襲來。

有一天，兩位樞密使來到宰相辦公廳，宣徽使楊公慶緊跟著進門。楊公慶走到杜悰面前行了個禮表示要單獨傳達皇帝吩咐，其餘三位宰相見狀立即起身到西廂迴避。

楊公慶取出斜封密旨交給杜悰，杜悰拆開一看，臉色微變。

楊公慶拿來的是先帝李忱病重時大臣們請求鄆王李溫監國的奏章，楊公慶表情凝重地說：「對當時沒有署名的宰相應該嚴厲處罰。」

杜悰反覆讀了幾遍，停了一會：「聖主登基舉國歡騰，今天這份奏章不是一個臣屬應該看到的。」杜悰重新封上了奏章交給楊公慶：「皇上如果打算處罰宰相，應該在延英殿上當面頒下詔令公開譴責。」

楊公慶回宮後，杜悰再跟兩位樞密使面對面落座：「宮內宮外的臣屬本是一樣，宰相應該與樞密使共同參與國政。如今皇上剛剛登基，有很多情況都不熟悉，需要內外臣屬合力輔佐，應該把仁愛放在第一位，怎麼可以同意先對宰相開刀？如果皇上殺得手滑了，縱使中尉、樞密使位高權重，難道一點也不為自己擔心？我受六朝恩典，希望能輔佐皇上成為堯舜一樣的聖君，不願意皇上以自己的好惡成為執法的標準。」

兩位樞密使相互看了一眼：「我們會把您的話報告皇上，如果沒有您這樣的敦厚道德是想不了這麼長遠的。」

二人告辭回宮。其餘三位宰相圍過來想探聽一下皇帝的旨意，杜悰默不作聲。三人大為恐懼，言辭中有向杜悰乞求保全家族之意，杜悰安慰道：「不要往壞處想，沒事，沒事。」

之後再也沒有聽到什麼消息，李漼也沒有進一步指示。等到李漼登延英殿朝會時，一臉滿是喜悅。

如果僅僅看上面的記載可能會被杜悰所折服，他在談笑之間化解了巨大危機，事後還不居功自傲，一切淡然處之。

真相的確如此嗎？

其實不是。這段記載來自杜悰《家傳》，也就是說來自杜悰家自己修的私史。同王式家的私史一樣，杜悰家的私史一樣存在誇大其詞、言過其實的問題。

真相可能是杜悰所在的宰相班子與宮內的宦官集團達成了默契，默認了宦官參與國政的事實。本是一樁醜事，在杜悰的私家史中卻成了一件好事。

私人修史有太多情感和利益糾葛，很難做到秉筆直書。

概不接受

咸通三年四月一日，李漼下令長安東西兩街四個寺廟設置戒壇，剃度二十一天。

如果說李忱對佛教還是有節制的信奉，那麼李漼對佛教已經到了癡迷的地步，甚至因為一心向佛而沒有時間處理國家大事。

李漼曾經在咸泰殿建立戒壇，稱為「皇宮內寺」，讓宮女剃度在裡面修道，長安東西兩街和尚、尼姑也都進宮參與。不僅如此，李漼又在宮中設置講臺，親唱佛歌、親寫佛經，又多次前往各寺賞賜布施。

從李漼的表現來看，他是一個虔誠的佛教徒，而不是皇帝。偏偏兩種身分他兼而有之，對於王朝而言是大不幸。

吏部侍郎蕭仿看不下去了，給李漼上了一道奏疏：玄祖（唐朝追尊李耳為玄元皇帝）的道理，最重要的是慈愛和節儉；孔子的教義，以仁愛正義為第一選擇。典範流傳百代，再也無法增添。佛的意思是放棄王位，出家成仙是割捨最難割捨的愛，取得萬神消滅後世上特有的榮耀，這些都不是帝王所應追求的目標。盼望陛下經常登臨延英殿接見宰相等高級輔佐官員，深入探討人民的痛苦，虔誠地祭祀祖先。應該了解荒唐的賞賜和濫用的刑罰一定會招來災難，而克制殘暴、排除殺戮一定會招來幸福。請陛下撤除跟和尚、尼姑講解佛經的筵席，親自處理國家政事。

奏疏上去後，李漼很是重視並對蕭仿嘉獎一番。

然後依然故我。

李漼的遊戲宴會絲毫沒有節制，左拾遺劉蛻又上了一道奏疏：涼州應不應該修築城池，經過反覆討論卻沒有定案；邕州受南蠻侵佔，軍隊以及武器正在途中。目前天下並非無事，陛下不向遠近表示你的憂慮，怎麼能要求部下竭盡死力？希望陛下稍加節制，等到遠方人心安定，再大肆遊戲歡樂不晚。

奏疏入宮，石沉大海，對牛彈琴。

不久，李漼一一祭拜了李唐王朝十六座皇陵。不知道有沒有列祖列宗在他祭拜的過程中差點氣得活過來。祭拜皇陵費時費力費錢，如果李漼把祭拜十六座皇陵的時間省下來治理國政，列祖列宗會更開心，只可惜他把有限的時間浪費殆盡。

祭拜完皇陵，李漼洗心革面了嗎？並沒有。

他在成為昏君的路上快馬加鞭。

咸通四年，李漼發出詔令：任命宮廷禮賓室主任宦官吳德應為驛馬車交通視察官（館驛使）。

李漼的不按常理出牌激起了御史們的反對。

御史紛紛上疏：依照慣例巡查驛馬車交通業務是由御史負責，不應該忽然間交給宦官。

李漼做出了批示：敕命已發，不可更改。

這個批示立刻成了靶子，左拾遺劉蛻又站了出來，上了一道奏疏：從前芈侶滅亡陳國後，將陳國改作一縣，因為申叔時的一句話立刻恢復陳國獨立；太宗徵調士卒修建乾元殿，聽到張玄素規勸立刻停止。自古以來英明領袖最可貴的就是從善如流，怎麼可以藉口命令已經發布就不能更改。命令由陛下發出，由陛下收回，有什麼不行？

李漼還是不理，劉蛻再次對牛彈了琴。

風雲數百年的王朝最終土崩瓦解，追究原因一定少不了李漼這個加速器。

不可理喻

咸通四年十月十五日，皇帝李漼的一個任命又起了波瀾。

李漼任命長安縣尉、集賢院校理令狐滈為左拾遺，這個看起來簡單的任命卻遭遇了非議。

一天後，左拾遺劉蛻上疏：令狐滈教育子女沒有家法，身為平民卻掌握宰相大權。

哦，有這麼嚴重？

起居郎張雲也跟著上疏：令狐滈的父親令狐綯任命李琢為安南都護，以至於南蠻直到今天還是南方的災難，都是因為令狐滈接受賄賂使自己的父親蒙受惡名。

兩天後張雲再次上疏：令狐滈的父親令狐綯當權時，令狐滈的綽號是「平民宰相」。

被人揭老底揭到這個程度，令狐滈也不好意思了，他上疏表示自己不適宜擔任左拾遺。李漼只好順勢將令狐滈委任為東宮總管府糾察官。

張雲和劉蛻以為自己獲得了勝利，不料事情還沒有完。

不要忘了，令狐滈的背後站著的是前任宰相令狐綯，目前正擔任淮南節度使。令狐綯雖然曾經當過近十年宰相，但令狐宰相的肚子裡連一葉扁舟都撐不下。聽聞兒子仕途被阻，自己又受到非議，令狐綯不幹了，上疏為兒子伸冤。

這時又到了考驗李漼的時刻，他會做出怎樣的回應呢？

李漼的做法是貶張雲為興元少尹（興元特別市副市長），貶劉蛻為華陰縣令。貶斥二人的詔書上赫然寫著：雖然忠心正直值得嘉許，但疏忽輕率的責任仍難逃避。

指鹿為馬，顛倒黑白。張雲、劉蛻上疏是為了維護公平正義，李漼卻因為令狐綯的抗議把說真話的張雲、劉蛻貶出了長安。

一日皇帝不鼓勵臣屬說真話，以後你還聽得到真話嗎？

咸通三月十一日，彗星出現婁星之旁，流光長達三尺。古代科學知識不發達，一般認為彗星出現將會有大事發生，而且壞事居多。

這一次呢？

兩天後，司天監（**天文臺長**）的科研報告報上來了：「依照《星經》考察，這顆彗星名為含譽星，是一顆吉祥之星。」

李漼大喜，司天監進一步請求，「宣告中外，載於史冊」。

李漼批准。

有吉祥之星護佑，李漼更加放縱，他喜愛聽音樂、玩遊戲、開宴席。金鑾殿前的皇家歌舞團女演員將近有五百人，宮中宴會每月不少於十幾次，基本上兩天一宴。

李漼做皇帝是二把刀（**東北方言，指技術不純熟**），但聽演奏、看表演卻從來不知疲倦，每次看完都會大手筆地賞賜。

曲江、昆明、灞滻、北苑、南宮、昭應、咸陽等地，李漼說走就走，完全不等安排布置。如此一來有關部門只能經常處於緊急狀態，提前準備音樂、飲食、錦帳簾幕；親王們都站在馬前待命，隨時陪同皇帝出行。李漼每到一個地方，隨從護駕難以計數，費用無法計量。

龐勳兵變

李漼的宴席還在繼續，他的帝國卻已四處火起。

這一次點火的不是變民，而是本應保家衛國的士兵。

之前我們提到過，唐朝西部崛起一個大禮帝國，成為唐朝的心腹大患。在大禮帝國軍隊攻陷安南後，李漼下令徐泗道（首府設在徐州）招募新兵兩千人南下增援；再從兩千人分出八百人駐防桂州（今廣西桂林），開始時約定駐防三年期滿即派軍接替。

然而三年期滿後絲毫沒有換防的動靜，一拖再拖，原定駐防三年的八百士兵生生在桂州駐防了六年。

八百士兵思鄉心切，不斷請求調回，這時徐泗道大營總管理官尹戡向徐泗道觀察使崔彥曾報告：軍中財務困難，如果派軍前往接替開支太過龐大，建議再延長一年。

崔彥曾大筆一揮，同意。

消息傳到了桂州，八百士兵炸了鍋，說好三年結果待了六年，現在還要再多待一年，當官的出爾反爾，太不管我們當兵的死活了。

憤怒的情緒在軍中蔓延，兵變一觸即發。

正巧桂州道觀察使調離，新的觀察使還沒有到任。在這節骨眼上，桂州道居然無人主事。

咸通九年七月，八百士兵發動兵變誅殺都將王仲甫，推選糧料判官龐勳為領袖，將軍械庫武器搶劫一空自行揮軍還鄉。所過之處大肆劫掠，州縣無法抵抗，紛紛向朝廷告急。

八月，李漼派出高級宦官張敬思赦免龐勳兵變之罪，准許他們自行返回徐州，龐勳部隊倒也聽話，立刻停止了沿路搶劫。龐勳一行抵達湖南，湖南監軍宦官略施小計便讓龐勳部隊乖乖交出了全部鎧甲武器。

其實並非監軍宦官謀略有多高，只是龐勳等人並不是真的想造反，他們的願望單純只是想回家。理想如此豐滿，現實卻總是骨感。

放下武器的龐勳一行很快察覺到異常，山南東道節度使下令嚴密戒備，派軍駐守重要關卡，擺明了不讓龐勳入境。

惹不起，躲得起。

龐勳等人乘船沿長江東下，眾人心裡打起了鼓：「我們的罪狀大過銀刀部隊（**徐州本有一支銀刀部隊，因有叛亂跡象被全部誅殺**），銀刀部隊都不被赦免，怎麼會赦免我們。朝廷之所以赦免我們，只不過是怕我們沿路搶劫。如果我們就這樣到了徐州，必定被砍成肉醬。」

如夢初醒的眾人掏出了積蓄，製造鎧甲武器和大軍旌旗，穿過鎮海戰區，進入淮南戰區。淮南戰區節度使正是前宰相令狐綯，他會如何應對呢？

令狐綯派出使節到龐勳為首的徐州變軍大營慰勞，並且贈送糧草。

令狐綯跟沒事人一樣，淮南大營總管理官李湘卻急得團團轉。

李湘向令狐綯建議：「徐州這支變軍擅自從防區返回勢必作亂。朝廷雖然沒有討伐命令，但身為軍事重鎮的高級將領應該當機立斷。運河流經高郵，河窄水深，如果率騎兵在岸上埋伏，縱火焚燒滿載草料的船隻，擋住他們的去路，再用精銳部隊攻擊他們的背後，一定可以全部擒獲。如果放任他們渡過淮河北上，到了徐州與怨恨政府的烏合之眾結合，惹出的災難恐怕會更大。」

選擇權交到了令狐綯手上，他將作何選擇呢？

令狐綯向來膽小怕事，加上中央沒有討伐命令，索性裝起糊塗：「只要他們不在淮南作亂，就讓他們通過，剩下的就不是我們的事了。」

擔任九年宰相，掌握權柄、享盡榮華富貴，深受國恩卻如此見識、如此敷衍、如此不負責任，令狐宰相的政治高度高不過三尺墳頭。

令狐綯的做法並非孤例，從此有不少官員也奉行此道，只要變軍不在自己轄區作亂，剩下的就不是自己的事了。

不出所料，龐勳一行回到徐州果然作亂，一舉攻下徐州並把戰火綿延到附近十餘個縣。

原本令狐綯有機會將這場叛亂扼殺在萌芽之中，現在戰火綿延了十餘個縣，再想撲滅就難了。

徐州周邊人心惶惶，與徐州相隔不遠的泗州危在旦夕。

面對國家危難，並不是所有人都像令狐綯一樣當鴕鳥只顧自保，家住廣陵的平民辛讜站了出來。辛讜的祖父辛雲京曾任河東節度使，如果辛讜想要做官還是有機會的。偏偏辛讜無意於仕途，他只安心做一個平民。聽說龐勳兵變，戰火蔓延到泗州，辛讜從廣陵出發到泗州找自己的朋友杜慆。

杜慆的官職為泗州刺史，此時正陷入危局。

辛讜勸杜慆早點帶家眷離開吧，守城士兵太少，別作無謂犧牲了。

杜慆說：「天下太平時拿人俸祿、享受高位，一旦危險就拋棄城池，我不做這種事。而且人人有家，誰不愛自己的家？我獨自逃生，怎麼能使大眾安心？我立誓與將士們同生共死，保衛此城。」

如果每個官員都是杜慆，再弱的國家也有希望；如果每個官員都是令狐綯，再強的國家也會走下坡路。

見杜慆如此決絕，辛讜說：「你能如此，我跟你一起死在這裡。」

辛讜起身回廣陵與家人告別。再回泗州時，逃亡的難民塞滿道路、蜂擁南下，只有辛讜一個人北上。大家紛紛警告辛讜：「人們都往南逃，你卻隻身北走，為什麼要找死？」

辛讜一概不理，一個人決絕地北上進入危機重重的泗州城。

龐勳變軍一路攻城掠地，之前剛剛進入濠州，囚禁濠州刺史並接管了濠州防務。接下來龐勳變軍矛頭指向杜慆所在的泗州。

杜慆聽聞徐州淪陷後馬上加強泗州防禦工程，同時向江淮一帶各戰區求援。變軍將領李圓派一百精兵進入泗州，準備照方抓藥接管泗州。

杜慆派人熱烈歡迎，將一百精兵引入城中，然後一聲令下全部斬首。

第二天，李圓擁兵殺到泗州城下，城上的杜慆早有準備，射箭飛石密如雨下，李圓一下子折損了幾百人。戰報傳遞給龐勳，龐勳有些惱火，沒想到小小的泗州城居然是根硬骨頭。

泗州扼守長江與運河咽喉，城池雖小位置卻很重要。龐勳馬上增派人馬協助李圓進攻，圍困泗州城的士兵達到上萬人，卻遲遲不能攻下泗州城。

咸通九年十一月十七日，龐勳變軍日夜不停地再攻泗州城。接到求援的欽差宦官郭厚本率淮南戰區特遣兵團一千五百人救援，但走到洪澤不走了，他們擔心變軍兵鋒太盛無法自保。

十一月十八日夜，辛讜乘一葉小舟在夜色掩護下渡過淮河抵達洪澤，懇請郭厚本進軍卻遭郭厚本拒絕，辛讜只能空手而歸。

十一月二十六日，變軍攻城更加激烈，城裡守軍幾乎抵擋不住，辛讜請求再出去求援。杜慆幾乎不抱希望：「上次白去一趟，今天再去有什麼用？」

辛讜決絕地說：「這次去能領來救兵我就回來，如果得不到救兵我就死在那裡。」

杜慆與辛讜灑淚而別，泗州城的安危全繫於辛讜一身。當夜辛讜划舟而去，身上背著門板以抵擋四處飛來的暗箭。

再次見到郭厚本，辛讜為其分析利害，力陳泗州城必須救的原因，郭厚本快要被說服了。這時淮南指揮官袁公弁卻站出來反對：「叛軍勢力如此強大，我們連自己都保不住，哪有餘力救別人？」

辛讜拔出佩劍，怒目圓睜指著袁公弁說：「叛軍猛烈攻城，或早或晚泗州城就會陷落。皇上詔書命你前來救援你卻逗留不前，豈止上負國恩。一旦泗州陷落，淮河以南立刻就成了殺戮的戰場，你能一個人獨活？我今天先殺掉你然後自殺。」

辛讜起身要攻擊袁公弁，郭厚本急忙跳起來抱住了辛讜，袁公弁這才狼狽逃脫。然而郭厚本還是沒有救援的意思，辛讜無奈，手握佩劍望著泗州城方向流淚，旁邊的士卒為之感動亦紛紛流淚。郭厚本終覺良心上過不去，撥付五百士兵給辛讜，命他回援泗州城。

出發前，辛讜詢問將士們的意見，大家都表示願意同行，辛讜眼含熱淚撲倒在地給眾人叩頭感謝。一行人行抵淮河南岸，叛軍正在攻城，一個軍官說：「看情形叛軍已經攻破城池了，我們還是回去吧。」

辛讜三步併作兩步，上前一把抓住他的頭髮，舉劍就刺，淮南士兵紛紛阻攔：「他是掌管一千五百人的判官，不能殺。」

辛讜大聲喝道：「凡在戰場上妖言惑眾的定斬不饒。」

大家一再請求，辛讜就是拒絕。眾人想硬搶，辛讜用劍逼退眾人：「各位將士只要上船駛向對岸，我就饒了他。」

眾人搶著上船後辛讜將人質放掉，急行向北岸前進。途中有回頭看的，辛讜舉劍就砍。到了淮河北岸，辛讜率軍殺入重圍，杜慆在城上與辛讜相呼應，叛軍猝不及防不敢戀戰，向後敗退。

三天後，鎮海戰區援軍四千人抵達泗州。原指望這支援軍能夠解泗州城之圍，不料就在淮河南岸，叛軍截住鎮海戰區派遣軍，四千人被團團包圍全軍覆沒。接著叛軍一鼓作氣包圍郭厚本、袁公弁駐防的都梁城，連同令狐綯派出的第二支救援部隊也被團團圍住。

第二支救援部隊由之前獻計的李湘率領，李湘率軍出戰，兵敗。叛軍攻進都梁城，俘虜了李湘、郭厚本，押往徐州。叛軍趁勢進駐淮口，掐斷了運河交通。之後叛軍連戰連捷，南下攻擊舒州、廬州，北上攻擊沂州、海州，一連攻下沭陽、下蔡、烏江、巢縣、滁州、和州。

叛軍為何攻擊如此順利？

一是因為縣城防務稀鬆，幾乎沒有駐軍。二是外來援軍素質參差不齊，以臨時徵集的新兵居多，客場作戰人地兩生。三是最重要的一點，龐勳叛軍具有多年作戰經驗，戰鬥力強大。

叛軍只要攻擊順利，人數就如同滾雪球一樣越滾越大，如果朝廷軍隊不能及時控制，到最後就是災難性的結果。

在一片陷落聲中，泗州城還在苦苦支撐，然而外援斷絕糧食吃緊，軍民只能喝稀粥勉強維持。

辛讜向杜慆建議，再出去向淮南以及鎮海戰區求援。當晚辛讜率敢死隊十人，手持長柄大斧，駕駛輕舟，暗中砍斷叛軍水上阻礙工程突圍而出。天亮時分辛讜一行被發覺，叛軍撥出五艘艦艇圍追堵截，岸上五千步兵夾擊追趕。幸好辛讜駕駛的輕舟靈便，叛軍艦艇吃水深行動笨重，雙方糾纏三十里水路後辛讜終於脫身。

辛讜先到揚州向淮南節度使令狐綯求援，再到潤州向鎮海節度使杜審權求援。還是杜審權大方，二話不說撥出兩千精兵。令狐綯兵少，糧草卻不少，贊助稻米五千斛、食鹽五百斛，由鎮海兩千精兵押送泗州。

與此同時，朝廷各路平叛大軍陸續趕到。為了撲滅龐勳叛軍，李漼下令右金吾大將軍康承訓出任義成節度使兼徐州行營都招討使，神武大將軍王晏權威出往徐州北面行營招討使，羽林將軍戴可師為徐州南面行營招討使，徵調各戰區部隊赴徐州平叛。

徐州南面招討使戴可師率領三萬大軍渡淮河而南，轉戰前進，龐勳叛軍放棄淮河以南所有據點。戴可師決定先奪取淮口再救援泗州城。

咸通九年閏十二月十三日，戴可師揮軍包圍都梁城，城中叛軍很少，叛軍們誠惶誠恐地在城上向戴可師叩頭：「我們正在跟作戰司令商議出來投降。」

戴可師壓根沒把叛軍放在眼裡，一聽叛軍說要投降，心中大喜，下令全軍後退五里，拿出誠意等叛軍出來投降。

等啊，等啊，等了一夜，叛軍遲遲未來。戴可師派兵前去偵察，發現叛軍早已連夜轉移，留給戴可師一座空城。戴可師不以為意，一幫烏合之眾不足為慮。進入都梁城之後，戴可師自以為首戰得勝，全城居然不設防。

也該戴可師倒楣，就在戴可師進入都梁城不久天降大霧。就在這時，叛軍數萬人突然殺進了都梁城，戴可師三萬大軍來不及集結，潰不成軍。僥倖逃脫的只有數百人，戴可師以及監軍宦官沒能逃出來，死於亂軍之中。

都梁城一戰長了龐勳志氣，滅了朝廷軍隊威風。龐勳趁勢在淮南大發公告，民心震動，很多人紛紛逃離家園。

淮南節度使令狐綯只能採用拖延戰術，派使節告訴龐勳將奏請皇帝發給他大將的符節和印信。龐勳一直在等待護身符，聽令狐綯如此說便暫時停下了軍事行動，幻想長安送來護身符。

都梁城一戰後，龐勳有些意滿志得。一切真是順利，照這麼發展下去要麼在淮南自立為王，要麼得到朝廷的印信，怎麼想結果都不錯。

人一旦到了這個時候就開始飄飄然了，龐勳也不例外。開始每天遊玩宴會、觥籌交錯，享受勝利的果實。令狐綯的緩兵之計起到了作用，朝廷平叛大軍逐漸在宋州集結，而龐勳叛軍的擴軍速度卻在放慢，前來投效當兵的人一天比一天少。

更嚴峻的事實擺在了龐勳這個昔日糧草判官面前，數萬人的隊伍糧草要如何解決呢？每天一睜眼就是幾萬人的吃飯問題，而龐勳根本沒有穩定的後勤系統。

只有一個辦法了，搶。

龐勛走上了飲鴆止渴之路，在佔領區內徵收富戶和商人財產，按評估值徵收百分之八十。為起到震懾效果，有數百戶富商被全族處死，罪名是隱匿財產。更可恨的是那些跟龐勛一起從桂州回來的士兵自認資格老，尤為驕橫凶殘，不僅掠奪財產還劫掠別人妻女。龐勛礙於老兄弟情面無法制裁，老兵們便更加驕橫。

飲鴆止渴、涸澤而漁，龐勛叛軍將佔領區翻了個底朝天，也把自身生存的根本鏟斷了。任何軍隊如果跟老百姓為敵，得不到老百姓發自內心的支持，這樣的軍隊一定會失敗。雪上加霜的是龐勛的部隊內部還出了問題。

駐守豐縣的守將孟敬文隨著軍事行動的展開有了活思想，既然你龐勳能當領袖，我為何不能？孟敬文謀劃脫離龐勳自立門戶，不料消息走漏讓龐勳有了防備。

龐勳派心腹將領率兵三千協助孟敬文守豐縣，說是協助實為監視。孟敬文不動聲色，與龐勳的心腹將領見面後猛誇對方的軍事才能。雙方約定聯軍出擊攻打朝廷軍隊，到了約定時間，孟敬文與對方同時出兵，見對方與朝廷軍隊接戰後孟敬文火速收兵，獨留對方孤軍作戰。這一戰龐勳派來的三千人馬全軍覆沒。

龐勳終於下定了決心要清理門戶。

龐勳派人告訴孟敬文：「我軍已佔領淮南，龐勳準備親自前往淮南鎮守，準備召集全體將領遴選其中一位替他留守徐州。」

孟敬文如果頭腦夠冷靜，不難發現這是一個陷阱，可惜徐州城的誘惑太大了，他一廂情願地認為這是千載難逢的機會，一定要把握住。

孟敬文立刻騎馬奔向徐州，腦海裡憧憬著自己鎮守徐州的樣子。徐州越來越近，只剩幾里了。他終究沒能到達徐州。

就在徐州城外，龐勛埋伏的部隊將孟敬文生擒。幾天後，龐勛下令，斬。

此後龐勛與朝廷軍隊鏖戰數次漸漸不支，最終死於亂軍之中。

從咸通九年七月開始，到咸通十年九月結束，歷時十四個月，龐勛叛亂終於被撲滅。原本這場由八百人發端的叛亂可以被扼殺在令狐綯的防區，最終卻蔓延到整個淮南，徵調了十個戰區的軍隊才勉強撲滅。

戰後論功行賞，平叛主帥康承訓出任河東節度使、遙兼二級宰相；杜慆出任義成節度使；協助康承訓平叛有功的沙陀部落酋長朱邪赤心出任大同戰區節度使，後留在京師出任左金吾上將軍，受賜新姓名：李國昌。

李國昌便是晚唐重要人物李克用之父。

守衛泗州城有功的辛讜被任命為亳州刺史，在泗州城危難之際辛讜突出重圍迎接援軍和糧食往返十二次。如果沒有辛讜，恐怕泗州城早就陷落了。

即便如此，辛讜依舊上疏謙讓：「我的功勞，如果沒有杜慆就不能完成。」

心底無私的人，天地總是寬的。

龐勛兵變就這樣結束了，不過還是留了一個不好的尾巴。

平叛主帥康承訓在叛亂平定幾個月後便受到貶斥。時任宰相的路岩和左諫議大夫韋保衡參了康承訓一本：討伐龐勳時，康承訓故意逗留不肯前進，勝利之後又不能把龐勳的殘餘黨羽全部殺光，而且貪圖搶奪戰利品，沒有用最迅速的方法奏報。

咸通十一年正月八日，李漼免去康承訓的河東節度使及遙兼二級宰相職務，貶為蜀王李佶的師傅，東都洛陽上班。不久蜀王師傅也當不成了，李漼再次下令將康承訓貶為恩州司馬。直到李漼的兒子李儇繼位，康承訓才稍稍翻身，被授予左千牛衛大將軍。不久之後康承訓病逝，享年六十六歲。

康承訓自然是存在問題，不然也不會被人抓住把柄，只是平定叛亂僅僅幾個月就被如此貶斥，這是一個王朝對待功臣應有的態度嗎？

這叫卸磨殺驢。

寒心的不只一個康承訓，還有千千萬萬個康承訓。等到叛亂四起，很多將領敷衍了事時，其實早在這時就埋下了伏筆。

龍泣於野

第二十三章

不作惡

有什麼樣的皇帝就有什麼樣的宰相，李世民時有房玄齡、杜如晦，因為他配得上有這樣的宰相。李漼呢？他的宰相都是什麼樣的呢？

李漼任內總共用過二十一個宰相，真正有宰相之才又有宰相器度的少之又少。李漼一朝，宰相貪贓現象較為嚴重，長安百姓把其中的曹確、楊收、徐商、路岩等幾個宰相的姓名編了一首歌謠：確確無論事，錢財總被收。商人都不管，貨賂（路）幾時休？

到咸通十年，大權落到宰相路岩手裡，這是個貪起來沒完的傢伙。

至德縣令陳蟠叟因為上疏給李漼被叫到長安晉見，陳蟠叟在會見過程中壯著膽子建議道：「沒收邊咸一家的財產，可以供應全國軍隊兩年的薪餉和糧食。」

李漼有了興致，哦，這個邊咸是什麼人？

陳蟠叟回應道：「路岩的親信。」

李漼頓時暴跳如雷，將陳蟠叟轟了出去。事後陳蟠叟為這次進言付出了沉重代價，他被貶到了愛州，愛州位於今越南清化。

據王小波講，在中亞古國花剌子模有一古怪的風俗，凡是給君王帶來好消息的信使就會得到提升，給君王帶來壞消息的人則會被送去餵老虎。於是將帥出征在外，凡麾下將士有功就派他們給君王送好消息，有罪則派去送壞消息，順便給國王的老虎送去食物。

對於花剌子模這個風俗我有所懷疑，但看到發生在李漼身上的這些事，我又有點相信花剌子模的風俗是真的。

李漼的反應太奇怪了，他不去追查邊咸和路岩的貪贓枉法，反而把說真話的陳蟠叟流放了出去，咋想呢？

李漼的耳邊清淨了，他如願了。但自此還有人敢說實話嗎？

當說實話的氛圍消失，這個王朝一定出了問題。

時間走到咸通十一年八月十五日，李漼陷入了巨大的悲痛之中，他最寵愛的同昌公主因病醫治無效與世長辭。李漼哀痛不已，竟然喪心病狂誅殺了為同昌公主治病的翰林醫官團隊二十多人。

一個皇帝可以平庸，甚至可以低能，但不能是非不分。很遺憾，李漼就是是非不分。

毫無理智，宦官們為了滿足私欲非要力推這麼個玩意兒上位，坑害的是黎民百姓和江山社稷。

誅殺完翰林醫官還不算完，李漼又下令逮捕了醫官的親屬三百餘人，囚禁於京兆獄。以李漼的心智，等待這三百人的不會是好結果。

又到了考驗官員的時候了，敢不敢說真話呢？

中書侍郎、兼任宰相的劉瞻站了出來。

劉瞻，字幾之，父親劉景曾師從劉禹錫。劉景進士及第，開了連州學子進士之先例。劉禹錫欣然寫詩以贈：湘中才子是劉郎，望在長沙住桂陽。昨日鴻都新上第，五陵年少讓青光。劉瞻於唐大中年間登進士第，因「貌奇偉，有文學，才思豐敏」得當時宰相劉瑑的賞識，薦為翰林大學士，拜中書舍人，戶部侍郎承旨。咸通九年，劉瞻出任宰相。

劉瞻召見負責諫諍的官員，命他們上疏勸阻李漼，眾人不約而同地搖了搖頭。李漼正怒火沖天，又有陳蟠叟流放愛州的先例，諫官們都不想去冒險。

劉瞻歎了口氣，還是我自己來吧。

劉瞻給李漼上了一道婉轉曲折極力勸阻的奏疏，然而還是對牛彈琴。李漼掃了幾眼奏疏，大大地不高興。

見上疏無效，劉瞻又與京兆尹溫璋一起當面規勸，懇請李漼回心轉意網開一面。李漼暴跳如雷，大聲吼叫，將劉瞻和溫璋轟了出去。

《資治通鑑》上沒有記載被囚禁的三百人結局如何，但從劉瞻和溫璋的遭遇反推，這三百人恐怕是凶多吉少了。

九月七日，劉瞻和溫璋付出了說真話的代價。劉瞻被貶為荊南節度使、遙兼二級宰相，溫璋被貶為振州司馬。振州，今海南三亞。

溫璋歎了口氣，說：「生不逢時，死何足惜。」當晚服毒自盡。

消息傳到宮中，李漼火冒三丈，馬上下詔：溫璋如果對國家沒有傷害，為什麼自殺？只因他惡貫滿盈，死有餘辜。通知溫璋的家屬將他的屍體在城外停放，等我再賜恩典才准下葬。一定要使中外人心大快，奸邪知道畏懼。

寫到這裡，我忽然覺得宣宗李忱不喜歡李漼這個長子是有道理的。

劉瞻被貶到這一步，韋保衡和路岩還不準備罷手，他們知道劉瞻的才能，既然已經把他打落下馬了就不能讓他再輕易爬起來。

韋保衡在這一年的四月由翰林承旨、兵部侍郎兼任宰相，同時他還有個身分——駙馬、同昌公主的丈夫。現在為了將劉瞻打壓到底，韋保衡又在同昌公主的死因上做文章。韋保衡跟路岩共同上疏指控劉瞻與翰林醫官秘密勾結，誤投毒藥致使同昌公主喪命。

既然指控，為何要用「誤投」二字，我估計韋保衡是怕他那智商感人的岳父、皇帝李漼不信，「誤投」二字則相對模糊，智商感人的李漼可能就信了。

李漼果然相信，九月二十七日，再貶劉瞻為康州（廣東德慶）刺史。

翰林學士承旨鄭畋在所擬罷黜劉瞻宰相的詔書草稿上寫道：劉瞻所居住的幾畝田地仍然不是自己的產業；最害怕別人知道拒絕了四面八方的賄賂。

群眾的眼睛是雪亮的，在鄭畋的筆下，我們看到了一個大公無私不置私產的劉瞻，一個拒絕受賄卻也替行賄人保全名聲的劉瞻。

路岩看到草稿，氣笑了。

路岩獰笑著對鄭畋說：「你這寫的不是罷相，分明是推薦劉瞻當宰相。」

鄭畋為這份草稿付出了代價，被貶為梧州（廣西梧州）刺史。

路岩貶了鄭畋還不解氣，他得想一個解氣的辦法。平時與劉瞻談話，劉瞻總是勝他一籌，這一次一定要把劉瞻打壓到底。

路岩拿來全國地理《十道圖》仔細研讀，最後在驩州點了一下，好了，就是這。驩州，今越南榮市，距離長安一萬里。

在路岩的關照下，劉瞻被貶為驩州司戶。路岩的思想有多遠，劉瞻就得走多遠。

沒有永遠的朋友，只有永遠的利益。當路岩與韋保衡聯手對付劉瞻時，他不會想到有朝一日身邊的這位「朋友」也會變成對手。路岩與韋保衡的「蜜月」短暫到以天計算，僅僅數月後兩人就因為爭權奪利翻了臉，這下輪到韋保衡出手了。

雖然都是宰相，但韋保衡還多了一重駙馬的身分，雖然駙馬的頭銜也過期了（**妻子同昌公主去世**），但皇帝李漼對這位前女婿還是多一點信任。韋保衡稍一發力，路岩在長安便待不住了。咸通十二年四月二十七日，路岩被貶為西川節度使、遙兼二級宰相。

路岩出城上路，長安百姓向他投擲碎瓦小石，路岩臉上有些掛不住。前來送行的代理京兆尹薛能是路岩提拔的，路岩向其抱怨道：「臨走還勞煩瓦礫餞行。」路岩是在抱怨薛能沒有派兵保護。

薛能緩緩舉起笏板解釋道：「最近宰相出城，有關部門都沒有派人保護的先例。」

路岩臉一紅，也罷，反正臉皮厚如城牆，何懼瓦礫。

常在河邊站，哪有不濕鞋。路岩瘋狂打壓劉瞻時，他不會想到自己也有落魄的一天。西川會是路岩人生的谷底嗎？遠著呢。

路岩到任西川節度使後，死黨邊咸、郭籌如影隨形，遇到事情二人先行處理然後再向路岩彙報。二人狐假虎威的樣子讓西川戰區的大小官員都非常畏懼。

活該二人倒楣，在一次西川戰區閱兵式上，二人在眾目睽睽之下一個勁地用字條交流，二人面色凝重，看過後還把字條燒掉。如此這般，你讓西川官員怎麼想？

不久軍中傳出流言：邊咸、郭籌將有重大圖謀。

流言讓西川的空氣緊張，也讓朝廷緊張。

朝廷馬上做出應對，免去路岩西川節度使職務，調任荊南節度使。路岩灰溜溜地卸任西川節度使準備到荊南上任。邊咸和郭籌探聽出路岩調任的原因後心生恐懼，二人不敢再跟著路岩上路，索性腳底抹油玩起了人間蒸發。

無法人間蒸發的路岩沒能到荊南上任，新的任命又出來了，貶為新州（廣東新州）刺史。等路岩走到江陵，新的命令又來了，無限期流放儋州（今海南省儋州市）。儋州也不是路岩的終點，不久他等來了勒令自盡的詔書，家產充公、妻子兒女罰沒當奴。

路岩的自作自受還沒有就此結束，死後又一次被羞辱。

之前當宰相時，路岩向皇帝李漼密奏：三品以上官員賜死，皆令欽差剔下喉管三寸攜回奏報，驗其已死。

心有多惡毒才能想到如此惡毒的方法，現在好了，報應到自己身上了。路岩死後，三寸喉管被剔下，被欽差帶回長安，驗其已死。

常年跟著路岩狐假虎威的邊咸和郭籌沒能躲過去，也被追捕到案全部誅殺。

天道有常，循環往復。人生在世可以不做一個好人，但也要有個底線——不作惡。

心願已了

時間走到咸通十四年（八七三年），李漼的生命進入倒數計時。

史書上並沒有記載李漼是否吃過丹藥，但李漼的身體還是出現了問題，這一年他四十歲。

為了給自己祈福，李漼決定讓欽差宦官前往法門寺迎接佛骨。

所謂迎接佛骨不是我們想像的那麼簡單，去法門寺打個招呼然後就把佛骨迎回來了，這個過程必須要有盛大的儀式，而且場面一定要宏大。

文武百官紛紛上疏勸阻，甚至有人警告說：「憲宗皇帝迎接佛骨後不久即行逝世。」說這話的官員以為就此能攔住李漼，結果還是沒攔住。李漼無怨無悔地說：「朕活著時只要能看佛骨一眼，死了也沒有遺憾。」

好吧，成全你。

李漼一聲令下，迎接佛骨準備工作啟動。有關部門開始興建佛塔，用珠寶編成帷帳、檀香木製成人力推車、鮮花綴成長幅旌旗和車頂傘蓋，前往鳳翔迎接。從首都長安到法門寺三百里之間，車馬奔馳，日夜不停。

四月八日，佛骨抵達長安，迎接佛骨的隊伍由禁軍儀仗隊為前導綿延數十里，儀式之盛大超過祭天大典。如果將這一次的儀式與憲宗李純那次相比，李純那次可謂望塵莫及。

李漼在安福門守望，然後下樓走到佛骨之前，雙手合掌舉到額前，伏地叩頭淚流滿面。

李漼作為佛教徒足夠虔誠，這一次總算了了心願。

佛骨才入於應門，龍輴已泣於蒼野。心願了了，該上路了。

咸通十四年七月十六日，李漼病勢危急，生命進入倒數計時。又到了立儲的關鍵時刻，宦官們準時出現了。左軍中尉劉行深、右軍中尉韓文約權衡了一番決定殺長立幼，他們立的是李漼最年幼的兒子、普王李儇。這一年李儇十一歲。

七月十八日，李漼下詔：「封李儇為皇太子，暫時管理軍國大事。」

一天後，李漼駕崩於咸寧殿，享年四十歲。李漼遺詔命韋保衡擔任攝塚宰，這是韋保衡靠邊站的信號。

十一歲的李儇登基稱帝，追封亡母王貴妃為皇太后，加封劉行深、韓文約為封國級公爵。半年後，李漼被安葬於簡陵，諡號昭聖恭惠孝皇帝，廟號懿宗。

懿：溫柔賢善曰懿；溫和聖善曰懿；體和居中曰懿；愛人質善曰懿；柔克有光曰懿；浸以光大曰懿。李漼配得上這個「懿」字嗎？

原本在其父宣宗李忱任內，大唐王朝有了幾分中興的模樣，但大好河山交到他的手裡江河日下、國運倒轉，當其被安葬於簡陵之時，大唐王朝的末世輓歌已隱約可聞。

秋後算帳

李漼離世，李儇登基，王朝又進入一朝天子一朝臣的節奏。

紅人韋保衡倒了，老丈人李漼不在了，小舅子李儇也不保他了。準確的說是宦官集團嫌韋保衡礙眼，必須拿下。

宦官們輕輕地動動手腳，韋保衡就被仇家揭發違法線索，朝廷裡便沒有了韋保衡的立足之地。李儇一紙詔書將韋保衡貶為賀州（廣西賀縣）刺史。

與韋保衡一同被貶的還有之前紅得發紫的樂師李可及，李可及在長安也待不下去了，只能去嶺南促進嶺南人民的音樂發展了。

說起李可及當年的受寵一般人可比不了。李可及給兒子娶親，李漼賞賜兩壺銀壺酒，李可及掀開壺蓋一看根本沒有酒，銀壺居然是實心的，等於賞了兩實心銀壺。時任右神策軍中尉的宦官西門季玄不斷規勸李漼不要過度賞賜李可及，李漼拒不接受，給李可及的賞賜還是接二連三。

有一次李漼又賞賜了李可及，這一次東西多到要動用皇家車輛運送。西門季玄一旁看著，挖苦道：「等有一天你被抄家，這些東西還得動用皇家車輛運回來。這不是賞賜，只是辛苦了牛腿。」

李可及恨得咬牙切齒。

事實證明西門季玄是對的。皇帝的恩寵就如同熱帶雨林上空的雨，說來就來，說走就走。現在雨走了，李可及的苦日子來了。李可及被流放嶺南，家產充公、妻子兒女罰沒為奴。

不過與韋保衡相比，李可及還是幸福的。

韋保衡呢？他的人生路走到頭了。這個藉助駙馬身分曾紅極一時的前宰相被一貶再貶，由賀州刺史再被貶為崖州澄邁縣令。縣令沒當幾天，不久被勒令自殺。

韋保衡的弟弟、翰林學士兼兵部侍郎韋保乂被貶為賓州司戶，韋保衡的親信、翰林學士、戶部侍郎劉承雍被貶為涪州司馬。

劉承雍是劉禹錫的兒子，爺倆的仕途都夠坎坷的。

危機四伏

第二十四章

廢紙一張

李儼在登基的第二年改元，年號「乾符」。

乾符原本指帝王受命於天的吉祥徵兆，現在李儼把它當作自己的年號顯然是要討個吉利。只是王朝到了末年，吉利是要自己爭取，而不是討出來的。

十三歲的李儼哪裡懂得這些，他知道田令孜懂得多，信任他準沒錯。李儼和田令孜的感情有年頭了，那時李儼還是普王，田令孜還是皇宮小馬房的管理宦官，兩人從那時起就很投緣。

李儼登基後擢升田令孜為宮廷機要室主任宦官（知樞密），不久又讓田令孜當上了右神策軍中尉。李儼對田令孜信任有加，把國家大事都委託給他，並且在田令孜的頭上又加了一個頭銜——乾爹。

自此田令孜風生水起，成為朝中炙手可熱的紅人，五品以上甚至是三品以上官員的任命，田令孜都能作主了。

每次晉見李儼，田令孜事前會準備兩盤糖果，二人坐定一邊飲酒、一邊吃糖，東拉西扯地談笑風生，許久之後田令孜才起身告退，李儼依然戀戀不捨地與老友田令孜相約下次再見。

好的傳統會代代相傳，不好的傳統也容易代代相傳。

十三歲的李儼跟他的父親李漼一樣也是一個喜歡濫發賞賜的主，他喜歡跟宮裡的差役工匠混在一起，對樂師、演員的賞賜動輒以萬計數。

王朝後期家底已經薄了，不久宮庫枯竭了，賞賜快發不出來。

乾爹田令孜給李儼支了一招：搜刮長安東西兩市商店和旅客所有財寶貨物，全部送到宮庫。

涸澤而漁。

不過呢，雖然這個記載來自《資治通鑒》，我還是表示懷疑，我認為但凡神智正常的皇帝不會幹這種事。真相很有可能是這樣的——田令孜建議李儇加收稅率較高的商品稅，以此來補充宮庫。我認為這樣的解釋是相對合理的，如果按照《資治通鑒》原文，恐怕當時長安就亂了，東西兩市商店的商品全部充公，那商戶就沒法活了。

總而言之，李儇和李漼這對父子皇帝是一蟹不如一蟹，國政越來越亂、百姓越來越苦，王朝倒數計時的鐘聲越來越近了。

儘管李漼、李儇父子成天忙於享樂，但並不意味著他們一點事不做，事實上他們還是想做一點事的。在朝政混亂之際，還是有一些有識之士。

翰林學士盧攜便是其中的一位，他給李儇上了一道關於關東旱情的奏疏。盧攜在奏疏中詳細地寫到旱情的嚴重以及百姓的苦難，盧攜在奏疏最後建議皇帝敕令各州縣政府對於人民所欠捐稅一律赦免停止徵收，同時打開義倉賑濟災民。

李儇看過之後下詔批准，然而有關單位卻不執行，詔書居然變成了廢紙一張。

福無雙至禍不單行，旱災之後還有蝗災。一望無際、漫天遍野的蝗蟲從東到西遮天蔽日，所過之地樹葉和田地裡的莊稼都被吃光，只剩下赤地千里。

災情如此嚴重，京兆尹楊知至的奏報是這樣寫的：蝗蟲飛到京畿之地，不吃莊稼都抱著荊棘而死。

見過無恥的，沒見過這麼無恥的。

還有如此懂事的蝗蟲，感念皇恩不吃莊稼，然後衝向荊棘集體自殺。

宰相們紛紛附和，向皇帝李儇表示祝賀。

當宰相們都不向皇帝說實話時，這個王朝已經埋下了悲劇的伏筆；當百姓到了生死存亡的邊界，離揭竿而起還會遠嗎？

王仙芝起義

乾符元年，濮州（山東省甄城縣）人王仙芝聚集數千饑民在長垣起義。數千饑民為了吃飽飯聚集到一起，拿起武器便成了起義軍。在他們的面前是各州縣數量很少的軍隊，太平日子過久了，州縣軍隊士兵早已不會打仗，遇到人多勢眾的起義軍幾乎一觸即潰。

半年後，王仙芝與同伴尚君長一起攻陷濮州、曹州，此時起義軍已經有數萬人規模。天平節度使薛崇派軍迎戰，很快地也被擊潰了。

王仙芝這邊形勢大好，緊接著一個重要人物登場，這個人可謂大唐王朝掘墓人。此人便是冤句人黃巢。

黃巢與王仙芝一樣，年輕時都販賣過私鹽，屬於時代的弄潮兒，為了追求利潤不惜鋌而走險。黃巢與王仙芝又不一樣，黃巢讀過的書比王仙芝多。黃巢精通騎馬射箭，為人行俠仗義，也粗略讀過儒家經典。他為了追求功名曾經參加「進士科」考試，可惜屢次落第未能如願。

失落的黃巢在又一次趕考失利後寫下了《不第後賦菊》：

待到秋來九月八，我花開後百花殺。
沖天香陣透長安，滿城盡帶黃金甲。

好霸氣的「滿城盡帶黃金甲」。
菊花可謂黃巢的最愛，黃巢還寫過一首《題菊花》：

颯颯西風滿院栽，蕊寒香冷蝶難來。
他年我若為青帝，報與桃花一處開。

科舉夢碎，自詡滿腹經綸的黃巢沒有了用武之地，雖然販賣私鹽回報豐厚，黃巢還是感覺內心空蕩蕩的。如今王仙芝舉起大旗讓黃巢看到了機會，該趁時勢成就一番英雄大業了。黃巢揭竿而起，呼應王仙芝，附近繳不出賦稅或失去土地的貧苦百姓紛紛向他歸附，僅僅幾個月的時間黃巢的部眾也有數萬人了。

各地民變的情報彙總到了長安，朝廷方面才意識到事態的嚴重。

李儼下詔，命淮南、忠武、宣武、義成、天平五個戰區節度使會同五個戰區監軍宦官積極討伐變民軍隊，能消滅的消滅，能招安的招安。

李儼的詔書一下，立刻就有人看出了其中的問題，五個戰區聯手聽上去很美，但誰聽誰的呢？誰來統一指揮？

平盧節度使宋威給李儼上疏，建議由專人負責集中力量討伐變民軍隊。

李儼准奏，任命宋威為諸道行營招討草賊使，另撥付禁軍三千人、騎兵五百人，黃河以南各戰區派出的討伐變民作戰司令（**都頭**）一律聽宋威指揮。

在這裡做一下說明，一般而言「起義」具有褒義色彩，統治階級是不會把這個詞用到農民身上的，在朝廷眼裡所謂的農民起義無非就是變民、流民暴動。

看看宋威的頭銜，「招討草賊使」，草賊。

之前有過一個歷史劇，裡面有個宦官驚慌失措地向皇帝彙報：「不好了，大澤鄉農民起義了。」

歷朝歷代，如果哪個宦官這麼報信，結局基本上都是拉出去砍了。

乾符三年七月，諸道行營招討草賊使宋威與王仙芝大戰於沂州城下，這一仗宋威大獲全勝，王仙芝僅以身免。急於邀功的宋威既沒有抓住活的王仙芝，也沒有見到王仙芝的屍體，但他推測王仙芝大約、應該、可能已經死於亂軍之中。

宋威馬上向皇帝李儼奏報：王仙芝已被誅殺。

接下來，宋威命令各戰區特遣兵團解散返回各自防區，自己則帶著本部人馬回到平盧戰區，這仗總算打完了。

得到消息的李儼喜不自勝，文武百官紛紛進宮向皇帝祝賀，大家都沉浸在勝利的喜悅之中。

三天後，州縣加急奏報：王仙芝仍在人世，跟從前一樣地劫掠財產、攻打城池。

鬧了半天，宋威報的是假新聞啊。

得，從頭再來吧，李儼再次下詔徵調各戰區人馬，剛剛回防的士兵惱怒不已。

朝廷的兵馬還在徵調，王仙芝已再次出動攻陷了汝州，生擒汝州刺史王鐐。王鐐還有另外一個身分是當朝宰相王鐸的堂弟。

在接下來王仙芝與朝廷的和談中，王鐐將扮演重要角色。

王仙芝又揮軍攻打蘄州，擔任蘄州刺史的人叫裴偓。裴偓是宰相王鐸做總考官時錄取的進士，所以王鐸與裴偓有師生之誼，王鐸是裴偓的座主。

王鐸的堂弟王鐐正在王仙芝軍中，自然知道裴偓與王鐸的這層關係，王鐐便替王仙芝寫信給裴偓，信中表達了王仙芝的迫不得已，以及在適當時候願意向朝廷歸順的願望。

裴偓一看和談有望，馬上回信約定雙方停戰，並奏請皇帝招安委任王仙芝一個官職。王鐐不敢怠慢馬上做了王仙芝的思想工作，最終王仙芝也接受了這個條件。

裴偓打開城門邀請王仙芝、黃巢等三十多位起義軍高層進城，除了盛情款待還擺出大量金銀一併送給了王仙芝和他的戰友們。

裴偓的奏疏送到長安，宰相們的意見分歧，有人主張繼續圍剿，有人主張即刻招安。最終在王鐸的堅持下朝廷同意招安，任命王仙芝為左神策軍大營管理官兼監察御史。

王仙芝的委任狀很快到了蘄州，和平似乎就在眼前。王仙芝得到了夢想中的官職非常高興，王鐐和裴偓也向王仙芝祝賀，雙方對此次和談達成的成果都很滿意，沉浸在和談成功喜悅中的三人沒有注意到黃巢越來越沉重的臉。

王仙芝是得到了官職，黃巢可什麼都沒得到啊。和談的三人光顧著為王仙芝談條件，都沒有想到替黃巢也要上一份。

黃巢「騰」地站了起來：「開始的時候大家一起立誓要除暴安良、橫行天下，現在你自己弄了個官職要去左神策軍報到，我們這五千多將士要往哪裡投奔？」

黃巢撲了過去猛擊王仙芝的頭部，王仙芝猝不及防頭部受傷。兩個頭領打了起來，下面的士兵也亂了套。王仙芝慌了，如此發展下去自己恐怕過不了今天這一關了。

王仙芝大喝一聲，宣布絕不接受招安，永遠和兄弟們一條心。

王仙芝和黃巢縱兵蘄州城，城內居民半數被殺、半數被劫掠而去。和談未成的裴偓逃亡鄂州，前來送委任狀的欽差宦官則逃亡襄州，被困在王仙芝軍中的王鐐依然未能脫身，只能跟著王仙芝的隊伍繼續奔走。

劫掠完畢，王仙芝和黃巢也徹底掰了，原本合軍一處的五千多人馬，三千多人跟隨王仙芝，兩千多人跟隨黃巢，從此各奔前程。

被招安撥動心弦的王仙芝依然與朝廷藕斷絲連，諸道行營招討草賊副使、總監軍宦官楊復光又派出和談代表與王仙芝商談，王仙芝又動心了。為了表示誠意，王仙芝派自己的副手尚君長去晉見楊復光商談正式投降事宜。

王仙芝又一次看到了希望，卻又一次失望了。

就在尚君長前去晉見楊復光的路上，尚君長一行居然被劫持了。

劫持尚君長的是招討草賊使宋威，宋威向皇帝李儇奏報：與尚君長在潁州會戰將之生擒，押送京師獻俘。

這邊宋威獻俘邀功，那邊楊復光緊急上疏說明：尚君長等人已經歸降，並不是宋威的俘虜。

被宋威和楊復光搞暈的李儼弄不清真相，下令侍御史歸仁紹調查，查來查去依然沒能查出真相。最終和談代表尚君長被當成俘虜，押解至狗脊嶺斬首。

王仙芝的希望又破滅了。

兩次和談失敗，對王仙芝的打擊是致命的。

身為起義軍領袖，如果一門心思帶著大家打天下，那麼人心齊泰山移。如果天天想著跟朝廷和談，然後自己去神策軍報到，底下的兄弟會怎麼想？還會跟你齊心協力共同對外嗎？

和談失敗兩個月後，王仙芝再次與朝廷軍隊激戰。這一次率軍與王仙芝激戰的不再是宋威，而是新任招討草賊使曾元裕，宋威因討賊不利被免職了。

這一戰發生在黃梅，原本應該是普通一戰，結果卻成了王仙芝的最後一戰。這一戰王仙芝軍心渙散，陣亡五萬餘人，王仙芝也死於亂軍之中，人頭被呈獻長安，黨羽部眾星散而去。

王仙芝就這樣結束了自己的歷史使命，革命的大旗交到了黃巢手中。

苦主黃巢

第二十五章

拉鋸戰

同王仙芝相比，黃巢難對付多了。

王仙芝的屬下尚讓率領殘部前往投靠黃巢，眾人推舉黃巢當最高領袖，稱「沖天大將軍」，年號王霸。黃巢有模有樣地任命了文武百官及僚屬，正式與朝廷分庭抗禮。

和王仙芝一心想被招安不一樣，黃巢把招安當成了過場戲。

合兵一處的黃巢開局不好，不斷被官軍打敗，於是黃巢便寫信給天平節度使張裼，請張裼上疏皇帝招安。皇帝李儇下詔命黃巢當右衛將軍，不過條件是先解除武裝、遣散部眾，再到京師報到。

黃巢看了看條件，當我傻啊。

不談了，接著打。

黃巢絕對是唐王朝的夢魘，如果沒有黃巢，唐朝可能還會續命幾十年。

黃巢率軍進攻宣州，宣歙道觀察使王凝組織部隊抵抗，在南陵被黃巢擊敗，不過黃巢未能攻陷宣州城。接下來黃巢展示了他的卓越軍事才能，竟然率軍渡長江南下，鑿開山路七百里，進入福建劫掠各州。

黃巢的戰略大轉移是歷代統治者最頭疼的，這神出鬼沒的打法讓朝廷軍隊防不勝防。若國力強盛，全國上下一盤棋，黃巢的流動作戰不會取得太大戰果，如今唐王朝國力衰弱，各節度使虛與委蛇各自為戰，黃巢的流動作戰就顯示出了威力。

黃巢如同打入唐王朝體內的鋼針，隨著血液不規則地流動，黃巢一天不除，唐王朝一天不安。

哪一天黃巢這枚鋼針流進了唐王朝的心房，麻煩就大了。

黃巢率軍攻陷了福州，福建道觀察使韋岫棄城而走。

黃巢正要得意，狠人來了。狠人名叫高駢，剛剛接任鎮海節度使。

高駢，字千里，幽州人。祖籍渤海蓨縣（今河北景縣），先世為山東名門「渤海高氏」。晚唐詩人、名將、軍事家，南平郡王高崇文之孫。高駢出身禁軍世家，咸通六年（八六五年）率軍破峰州蠻族。次年，進兵收復交趾，出任首任靜海軍節度使。後歷任天平、西川、荊南節度使。

高駢一上任就與黃巢死磕，派出部將張璘、梁纘分別向黃巢進攻，連連獲勝，黃巢手下數十位將領紛紛投降。黃巢一看勢頭不好，揮軍轉向嶺南。

如果把前後的史料組合到一起會發現高駢的軍事能力在黃巢之上。如果高駢能夠得到足夠支援、如果高駢沒有那麼多私心，黃巢很有可能會被高駢剿滅。

可惜歷史沒有如果。

暫時受挫的黃巢又玩起了求招安的把戲，黃巢寫信給浙東道觀察使崔璆、嶺南東道節度使李迢，黃巢表示只要朝廷任命他為天平節度使便接受招安。二人如實向上奏報，遭到了朝廷的拒絕。黃巢索性自己上疏要求當嶺南東道節度使。

李儼讓宰相等高官討論，左僕射于琮強烈反對：「廣州是國際船舶及海外珠寶聚集之地，豈能讓盜匪得到。」

于琮的說法得到了眾人的呼應，大家決定再為黃巢討論一個官職。不久討論結果出來了，擬任命黃巢為東宮侍衛軍司令。

這個職位為正四品，不用問，條件還是黃巢先解除武裝。毫無誠意的任命狀送到黃巢手裡，黃巢大失所望。破口大罵：太瞧不起人了。

黃巢揮軍攻打廣州，當天就攻下了廣州並活捉嶺南東道節度使李迢。

黃巢命李迢上疏陳述自己的感受，李迢斷然拒絕：「我世代都受皇恩，親戚遍布朝廷，手腕可以砍斷，絕不替你這種人寫奏章。」

氣節可嘉。

黃巢不再與李迢囉嗦，推出去，斬。

黃巢已成心腹大患，該如何除掉呢？

鎮海節度使高駢上疏提出了征剿黃巢大戰略，高駢說：「我建議舒州刺史郎幼復出任鎮海候補節度使留守鎮海；都知兵馬使張璘率軍五千據守郴州險要，兵馬留後王重任率軍八千進駐循州、潮州準備攔截。我自己率軍一萬，越過大庾嶺直撲黃巢大本營廣州。黃巢聽說我親自出征一定會逃走，請詔令王鐸率軍三萬據守梧州、桂州、昭州、永州四州險要，嚴陣以待。」

高駢的大戰略對付黃巢的流動作戰還是有用的，如果大戰略得以實施，黃巢可能提前被剿滅。不知什麼原因，大戰略並沒有得到批准，一切只留在高駢的規劃之中。

黃巢依然盤踞廣州，如果沒有意外發生黃巢會駐紮下來耐心經營廣州大本營。對於朝廷而言，雖然損失掉廣州，但總比讓黃巢到處流竄好。

不料廣州依然沒有留住黃巢。讓黃巢不敢久留的原因是瘟疫。黃巢陣中士兵受瘴氣瘟疫傳染，死亡率高達百分之四十。雖說廣州繁華，黃巢也不敢久留了，與眾將商議後還是準備回北方發展。

黃巢再一次顯示出卓越的軍事才能，他命人在桂州編製了數十條大木筏，趁山洪暴發江水暴漲率軍沿湘江而下，經過衡州、永州，到達潭州（今長沙）城下。

黃巢的突然出現讓潭州守軍目瞪口呆，不是說黃巢盤踞在廣州嗎？怎麼說來就來了。潭州行營副都統李系登城固守，不敢出戰，想用潭州城的銅牆鐵壁把黃巢耗走。黃巢不跟李系囉嗦，急行攻擊，只一天潭州城破。李系力戰，逃出一命，前往朗州投奔。李系手下的官兵全部被殺，屍首還被扔進了湘江。

黃巢部將尚讓乘勝逆江而上進逼江陵，為虛張聲勢對外號稱大軍五十萬。真敢吹。

尚讓吹破了牛皮，也嚇破了江陵守軍的膽。當時江陵守軍不足一萬，總指揮官王鐸聽聞尚讓率軍五十萬頓時心膽俱裂。王鐸強作鎮定安排部將劉漢宏留守江陵，自己率一部分人馬逃奔襄陽，聲稱與山南東道節度使劉巨容會師後再作打算。

劉漢宏這個人原本就是個搖擺份子，一會效力於官軍、一會效力於叛軍，接受王鐸安排時他是效力於官軍，接下來他將搖身一變。王鐸前腳剛走，劉漢宏立刻發動了兵變，自己率軍在江陵城大肆劫掠、縱火焚燒，然後率軍北返正式成為盜匪了。

江陵已成空城，尚讓的「五十萬大軍」輕鬆進入江陵城。黃巢隨後來到江陵，隨後率軍由江陵北上直撲襄陽。負責襄陽防務的是山南東道節度使劉巨容，輔佐他的是江西招討使、淄州刺史曹全晸，二人聯軍駐防荊門阻截黃巢。

黃巢軍隊抵達後，劉巨容在山林中埋伏兵馬，曹全晸率輕騎兵迎戰，接戰不久佯裝不敵向後撤退。黃巢軍隊早已習慣了官軍一觸即潰，因此不疑有詐緊追不捨。接近山林時伏兵四起，曹全晸和劉巨容聯軍殺出，黃巢軍隊猝不及防、潰不成軍。劉巨容率軍追到江陵城外，格殺及俘虜的叛軍十有七八。黃巢和尚讓不敢戀戰，趕緊收拾殘軍渡長江向東逃竄。

部將們建議劉巨容繼續追擊，可以將黃巢軍隊一網打盡。劉巨容將如何應對？

劉巨容搖搖頭，對眾人說：「最高領袖喜歡辜負人，緊急時又是升官又是賞賜，一旦平定就把人拋棄，甚至還定罪判刑。不如留些盜匪在世界上作為我們升官發財的資本。」

劉巨容的話有無依據呢？

有，殷鑒不遠。平定龐勳叛亂的康承訓就是先例，平定叛亂後被連降數級，一直降成了恩州司馬。

劉巨容的話有無道理呢？

沒有，歷來養寇自重的將領都沒有好下場。劉巨容的一念之差，放走了黃巢，為王朝留下了心腹大患，也為自己的人生埋下了悲劇的伏筆。十年後，劉巨容被田令孜陷害，罪名為「玩寇自重、意欲謀反」，被鴆殺、滅族。

劉巨容的人馬全部停止追擊，曹全晸則不放棄，率部渡過長江繼續追擊。

悲催的是恰巧這時來了新的人事任命，曹全晸不再擔任江西招討使，由泰寧戰區都將段彥謨取代。曹全晸仰天長歎，大喝一聲發洩心中的憤。無可奈何的曹全晸只好停止了追擊。

此消彼長，黃巢聲勢又振，轉而攻擊鄂州、信州、池州、宣州等十五州，不久部眾又發展到了二十餘萬人。

各地狼煙四起之際，小皇帝李儇依然不問國事，專心地遊戲玩耍、毫無節制地隨意賞賜。更加作死的是居然賜死了上疏規勸他改過的左拾遺侯昌業。

左拾遺侯昌業眼見四處火起大事不妙，上疏苦苦規勸，結果惹怒了李儇。李儇火冒三丈，召喚侯昌業到內侍省待命。侯昌業以為會等來皇帝的回心轉意，結果等來的卻是勒令自殺。

從處死侯昌業這一年算起，二十七年後唐朝滅亡。

留給唐王朝的時間不多了。

錯失良機

黃巢的聲勢越來越大，長安宮中的田令孜也動起了腦筋。

萬一長安守不住了，該到哪裡安身呢？

熟知唐朝歷史的田令孜把目光放到了巴蜀，安史之亂時唐明皇李隆基便是逃到了巴蜀。如今形勢緊急，該好好經營巴蜀之地了。

如此重要的地方，交給別人不放心，還是交給自己人吧。田令孜把經營巴蜀的想法告訴了李儇，然後提供了理想人選，分別是陳敬瑄、楊師立、牛勖、羅元杲。陳敬瑄是田令孜的親哥，其餘三位均是田令孜的心腹。

田令孜原本姓陳，跟隨義父入宮當了宦官就隨著義父姓田。田令孜發達後，把自己的哥哥陳敬瑄安排進了左神策軍，過沒幾年就把原本在農貿市場上賣燒餅的陳敬瑄提拔成了左金吾大將軍。

英雄莫問出身。

四個人選擺在李儇面前，四個人選出三個將分別成為東川、西川、山南西道節度使。不著四六的李儇在節度使人選上居然想出了一個妙招：四個人比賽打馬球，按成績確定排名。最終馬球成績第一的陳敬瑄被任命為西川節度使。

身在長安的田令孜畏黃巢如虎，身處淮南的高駢卻沒把黃巢放在眼裡。

此時的高駢已由鎮海節度使調任淮南節度使，他派出部將張璘連續攻擊黃巢軍隊，捷報頻傳。宰相盧攜趁機上疏推薦高駢出任諸道行營都統，統一指揮征討黃巢的各戰區部隊。

高駢喜出望外，下令徵調各戰區部隊，自己也招兵買馬，大肆擴張，仔細一盤點手下的部隊已達七萬人。

恰在此時，黃巢隊伍內部又出現了瘟疫，士卒大量死亡，戰鬥力急劇下降。淮南將領張璘趁機猛烈攻擊，黃巢抵擋不住節節敗退。

怎麼辦？難道就這樣坐以待斃？

黃巢左思右想，想到了一招——行賄。

黃巢命人給張璘送去了大量黃金懇請他手下留情，不要趕盡殺絕。有錢能使鬼推磨，拿了黃金的張璘果然停止了攻擊，給了黃巢喘息之機。

黃巢故技重施，又上演了假投降的戲碼。黃巢熱情洋溢地給淮南節度使高駢寫了信，表達了投降的急切心情，並請高駢向朝廷保舉自己當官。

高駢喜出望外，他正想將黃巢生擒活捉，現在機會來了。

黃巢和高駢雙方都沒有誠意，都把對方當成了傻子，就看誰到最後是真傻子。

高駢準備獨吞這份大功勞。在高駢心思活泛時，昭義、感化、義武等戰區的特遣兵團抵達淮南，運用得當的話，這些兵團將在平叛黃巢的過程中起到重要作用。不過在貪功的高駢眼裡，這些部隊都是來搶功的。

高駢自作聰明地給皇帝上了一道奏疏：盜匪不久就要掃平，不再需要各軍協助，請各戰區特遣兵團各自回防本戰區。

這道極其不負責任的奏疏到了長安，居然被同意了。

各戰區特遣兵團紛紛渡過淮河北上，黃巢也渡過了最艱難時期，這時又放出話來，不投降了，還是決戰吧。

高駢頓覺眼前一黑，糟糕，又上了黃巢的當了。

高駢大怒，急令部將張璘出擊，這一次要狠狠教訓一下黃巢。以前對黃巢幾乎百戰百勝的張璘這一次卻出乎意料地栽了，被黃巢殺得大敗，張璘竟然死於亂軍之中。

究其原因，可能跟張璘私下收受黃巢的黃金有關。世上沒有不透風的牆，張璘接受黃巢行賄的消息可能走漏了，引起了士兵普遍的反感。一旦士兵與主將離心離德，再多的部隊也是枉然。

形勢急轉直下，黃巢兵鋒又盛了。

黃巢趁勢橫渡長江北上，包圍天長、六合，聲勢浩大。淮南部將畢師鐸原本是黃巢部將，後投降高駢，一看黃巢來勢洶洶，連忙向高駢發出預警：「帝國安危都繫於大帥一身，如今盜匪數十萬之眾乘勝北上如入無人之境，如果不能緊守險要迎頭痛擊，一旦讓他們越過長淮關就再也無法控制，一定會成為中原的災難。」

高駢神情漠然，無可奈何。

局勢已經無法收拾了，各戰區特遣部隊早已遣返，得力幹將張璘剛剛戰死，軍心渙散，以目前的兵力想阻擋黃巢幾無可能，為今之計只能加強戒備守住陣地了。

高駢又給朝廷上了一道奏疏：盜匪六十餘萬人進駐天長，距我所在揚州城不到五十里。

奏疏到了長安，朝廷上下一片譁然。前一道奏疏還說盜匪不日將被滅亡，這一封就說盜匪已經發展到了六十萬人無法控制。

早知如此，為何還要遣散已經到了淮南的各戰區特遣兵團？

皇帝李儇下詔責備高駢，高駢也不含糊，絕不背鍋，又把鍋甩了回去：「臣上奏遣返特遣兵團，批准的卻是陛下。如今臣竭力保護淮南，安全沒有問題。怕的是盜匪輾轉北渡淮河，陛下最好緊急下令讓東方各戰區道嚴密戒備。」

高駢瀟灑地把鍋甩給了皇帝，然後自己稱病不出不再派軍出擊。

王朝到了末年，朝廷控制力江河日下，即使皇帝李儇對高駢恨之入骨卻也無可奈何，只能緊急補救，下詔黃河以南各戰區道派兵進駐㴆水，泰寧節度使齊克讓進駐汝州，防範黃巢北上。

數日後，再命淄州刺史曹全晸為天平節度使，兼正東方面軍副總指揮。

亡羊補牢，未為晚矣；亡羊補牢，已經晚了。

新任天平節度使曹全晸盡顯良將本色，以本部人馬六千奮勇應敵，對面是黃巢號稱十五萬的大軍。曹全晸左沖右突殺傷頗多，無奈寡不敵眾只能退守泗州等待援軍。稱病不出的高駢對曹全晸孤軍不聞不問，曹全晸終究沒能等來援軍。黃巢軍隊繼續攻擊，曹全晸殘軍接戰六千兵馬全軍覆沒，曹全晸戰死於亂軍之中。

倘使朝廷早日信任曹全晸，或許局面不至於不可收拾；倘使高駢有曹全晸的一半忠心，或許黃巢早就覆沒了。

李儼的亡羊補牢之舉失敗了一半，另一半呢？

感化戰區特遣兵團三千餘人前往激水駐防時路過許昌，駐防許昌的是忠武節度使薛能，曾經擔任過感化戰區節度使。感化戰區士兵凶悍狂悖、惡名遠播，沿途的地方官員紛紛與之劃清界限，能不接待就不接待。

薛能自認當過感化戰區節度使，對這些士卒有恩德、有威信足以駕馭，便接待了他們，讓他們住進了忠武戰區。

到了夜裡，感化戰區士兵鼓譟了起來，薛能登上子城詢問原因。感化戰區士兵紛紛抱怨供應的缺失，薛能安撫了許久，感化戰區士兵才平靜下來。

外來士兵平靜了，許昌軍民卻不平靜了，家門口來了這麼一批不省心的外地兵，安全誰來保障？消息傳到了忠武戰區大將周岌那裡，周岌的心思動了。周岌原本率忠武特遣兵團前往激水駐防，還沒有走太遠。聽聞感化戰區士兵在許昌生事，周岌當晚率軍折返，天剛亮時進城襲擊感化戰區士兵，將他們全部誅殺。

事情到了這一步，得有人對這次事件負責，周岌把鍋甩到了節度使薛能身上，誰讓你自作主張接待他們。周岌率軍將薛能驅逐出境，薛能只好帶領全家逃亡襄陽。薛能以為就此躲過一劫，不料半路又被周岌派出的人馬追上，全家被殺。

到此時周岌亮出了自己的底牌——自稱忠武候補節度使。

一個周岌毀了兩個特遣兵團，感化戰區特遣兵團全軍覆沒，忠武戰區特遣兵團全軍回防許昌，剩下的特遣兵團呢？

泰寧節度使齊克讓擔心周岌殺紅了眼會向自己發動襲擊，便自行率軍返回了自己的防區——兗州。其餘戰區特遣兵團一看，得，大家都散了吧。

本應重兵把守的激水居然門戶大開，黃巢樂不可支趁勢渡過了淮河挺進中原。黃巢的棋局徹底活了，李唐王朝陷入前所未有的危局。

原本高駢有希望將黃巢徹底撲滅，卻因私心作祟錯失良機。在之後的歲月裡，高駢得過且過只顧自保。即便如此高駢依然沒有得到善終，最終死於部將畢師鐸之手。

誤了王朝的人，終究也誤了自己。

長安亂

第二十六章

戰潼關

各地告急的戰報不斷傳往長安，皇帝李儇徹底亂了陣腳。

汝、鄭團堵軍政總指揮官、泰寧節度使齊克讓奏報說：「黃巢自稱天補大將軍，發布文告通告政府各軍，聲稱：『你們最好各守崗位，不要冒犯我的先鋒。我就要進入東都洛陽，然後再到京師，親自審問罪犯，不干大家的事。』」

黃巢的公告很講技巧，把自己起步說成了跟皇帝的私人恩怨，讓那些本就首鼠兩端的藩鎮有了作壁上觀的藉口，進而把長安直接暴露在黃巢的面前。

西元八八〇年十一月十二日，李儇登延英殿，他面對著宰相，惶恐不安，流淚哭泣。這一年李儇十八歲，終究還是個孩子。

面對危局，田令孜還在吹牛：「請陛下准許我遴選左右神策軍弓箭部隊前去守衛潼關，我願充當總指揮軍政團堵司令官。」

十八歲的李儇不再是三歲小孩，他明白田令孜在說大話，黯然道：「禁衛將士不熟悉戰場廝殺，恐怕沒有用處。」

田令孜當然只是說說而已，他要說的話重點在後面：「從前安祿山叛變，玄宗前往蜀中避難。」

宰相崔沆說道：「安祿山只有五萬人，不能與黃巢相提並論。」

宰相豆盧瑑接過話頭，「哥舒翰有十五萬大軍仍守不住潼關，現在黃巢大軍有六十萬，而潼關卻沒有像哥舒翰般的龐大軍隊。幸好田令孜為帝國著想，事先都有安排，三川節度使都是他的心腹。比起玄宗，現在可是早有準備。」

李儇的心如同墜入冰窖，兩位當朝宰相不為如何破解危局出謀劃策，居然為避難蜀中早有準備而沾沾自喜，帝國還有希望嗎？

李儇大不高興，對田令孜說：「你姑且替我派軍駐守潼關。」

當天田令孜推薦了三個人選，分別是左神策軍騎兵將軍張承範、右神策軍步兵將軍王師會、左神策軍兵馬使趙珂。李儇將三人火線提拔，任命張承範為兵馬先鋒使，王師會為制置關塞糧料使，趙珂為處理關塞事務總監。另外李儇如田令孜所願任命他為總指揮暨軍政征剿司令。

如此配置能解危局嗎？

先看看張承範率領的部隊結構吧。

李儇下令從左右神策軍弓箭部隊遴選了兩千八百人，交由張承範統領開赴潼關前線。這兩千八百人都是些什麼人呢？多數是長安富有人家的子弟，通過賄賂宦官把姓名登記到軍籍簿上，然後領皇家賞賜、穿華服騎駿馬，對外傲驕地自稱神策軍士兵。

如今戰爭一觸即發，常年濫竽充數的公子哥們傻眼了，不會真的上戰場吧？刀劍無眼啊。生離死別之際，父子抱頭痛哭。大腦高速運轉之下，還是找到了破解危局的方法——花錢買命，李代桃僵。多數公子哥們花錢雇傭病患收容所裡的窮人替自己出征，這些顫顫巍巍的窮人甚至拿不動兵器。

這樣拼湊起來的兩千八百人，能有多少戰鬥力呢？

此時洛陽已經陷落，汝、鄭團堵軍政總指揮官齊克讓率領一萬殘軍駐紮在潼關城外，張承範則帶領兩千八百名「生力軍」前往增援，而黃巢的部眾據稱有幾十萬。

張承範當面奏報道：「現在派我率兩千餘人進駐潼關，卻沒有聽說怎麼發給糧餉，竟想用這些人阻擋盜匪，我暗中感到寒心，但願陛下督促各戰區道早派精銳部隊前來增援。」

李儼安慰道：「你只管出發，援軍隨後就到。」

李儼的話只是一句空話，張承範出發後再也沒有得到一兵一卒的增援，甚至給養也是在路上自己解決。張承範路過華州時，華州幾乎成了空城，萬幸在糧倉裡發現了一千餘斛穀米，士卒們這才有了能吃三天的糧食。

十二月一日，張承範抵擋潼關後馬上加強防務，但嚴峻的問題擺在面前，因為無論是齊克讓的部隊還是張承範的部隊都斷糧了。

黃巢部隊抵擋潼關城外，齊克讓部隊接戰，黃巢部隊進攻受挫向後稍稍後退。過了一會兒，黃巢部隊爆發出山呼海嘯的歡呼聲，原來是黃巢親自到了潼關前線。

從中午十二時到下午六時，戰鬥持續了六個小時。齊克讓的部隊饑餓難忍瞬間崩潰，四散逃命而去，齊克讓率少量殘部退入潼關城。

如今潼關城只剩下張承範這兩千多人。

張承範清理了一下軍中物資，把所有物資和糧食都發給了士兵，然後派使節送奏章向皇帝告急：「臣離京六日，士兵未見增加一人，賞賜及糧餉不見蹤影。抵達潼關當天，龐大的盜匪兵團也抵達潼關，我軍以兩千餘人抵抗六十萬人，關外友軍因饑餓難忍瞬間崩潰。我有失職守，即令受爐鍋烹殺也甘心。但朝廷謀臣顏面又何在？有人說陛下已考慮前往西方視察（暗指李儇將逃亡巴蜀），殊不知御駕一動，上下立刻瓦解。臣冒死進言，請陛下與最親密的官員再作深入討論，萬不可輕率行動，而應急速徵調各軍增援潼關，則高祖、太宗的大業還能保持。使黃巢繼安祿山之後滅亡，我則比哥舒翰更能光榮殉國。」

臨危受命的張承範說出了肺腑之言，可惜皇帝李儇聽不進去。

十二月二日，黃巢軍隊猛烈進攻潼關，張承範全力抗擊。從凌晨四時一直抵抗到下午四時，潼關守軍的箭用光了，只能用石頭替代。

黃巢軍隊抓住機會，驅趕一千餘名村民運土，不一會兒的工夫填平了潼關城外的壕溝，大軍越過壕溝挺進到潼關城牆下。夜晚，黃巢軍縱火焚燒潼關城樓，全部化為灰燼。

十二月三日，黃巢軍總攻開始，夾攻潼關，守關軍隊崩潰。張承範換穿平民衣服帶領殘餘部隊逃離戰場，另外一個火線提拔的將領王師會則沒有那麼好的運氣，被困於亂軍之中自殺身死。

張承範率殘軍走到野狐泉，奉天兩千援兵趕到了。張承範欲哭無淚，歎息連連：「你們來晚了。」

潼關失守，門戶大開，長安已無險可守。

長安易主

十二月四日，李儇下詔：任命黃巢為天平節度使。這道詔書就是一個冷笑話。若數月前下詔，或許還能換來短暫和平，如今潼關陷落再下詔任命黃巢為天平節度使，搞笑嗎？

十二月五日，李儇任命了兩名新宰相，貶斥了一位老宰相。被貶的是盧攜，他是被田令孜甩出來背鍋的。

田令孜聽聞黃巢已經攻入潼關，擔心皇帝李儇怪罪自己，便把所有責任都推到了盧攜身上，都怪盧攜當年保薦高駢結果貽誤戰機，都怪盧攜不肯授予黃巢節度使職位，結果黃巢打過了潼關。

盧攜百口難辯，也罷，鍋背著吧。當晚，盧攜服毒自盡。

朝會結束後，可怕的消息傳了過來，黃巢軍隊已經進入長安了。沒有比這更可怕的消息了。

田令孜不敢怠慢，趕忙率領五百神策軍保護李儇從金光門逃出，隨行的只有四位親王和幾位嬪妃，其他文官官員渾然不知皇帝的去向。

李儇騎在馬上，驚慌失措、日夜不停地逃跑。

長安被李儇拋到了身後。

來不及逃走的士卒和長安城內不安分的百姓看到了機會，趁著混亂爭先恐後地闖進了國庫。百年一遇的機會啊，能搶點就搶點。

從清晨開始，長安已亂。到中午時分，黃巢軍隊才真的進了長安城。「識時務」的左金吾將軍張直方（**原盧龍節度使張仲武之子**）率文武官員數十人前往霸上迎接黃巢。歷來朝代鼎革之際，總有這樣「識時務」的人。

不過人總是複雜的，張直方雖然在迎接黃巢方面表現得很積極，但他跟黃巢並不是一條心。之後他收留大臣豆盧瑑、崔沆、于琮等數百人，又與鳳翔節度使鄭畋暗通消息，事洩，被誅三族。

這一天是黃巢人生的巔峰時刻，他乘坐黃金裝飾的雙人小轎往長安城進發，衛士們身穿錦服、

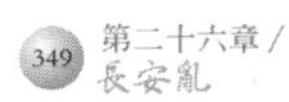

手拿武器緊緊跟隨，全副武裝的鐵甲騎兵多如流水，輜重車輛綿綿不絕地塞滿道路。

長安百姓聚集在道路兩旁觀看，黃巢手下重將在所經過的地方向百姓宣示：「黃王興起義軍只是為了百姓，不像李唐皇帝不愛護你們。諸位儘管安居樂業，不必害怕。」

觀其言，察其行。別看廣告，重點是看療效。

起初幾天，黃巢部眾秋毫無犯，看到貧苦百姓還給予施捨。幾天後原形畢露，大肆劫掠、縱火焚燒、隨意殺人，連黃巢也無法徹底禁止。

如今黃巢進城，李儼出城，二人都在與時間賽跑。

李儼逃亡奔向駱谷，接下來將落腳興元，再接下來去往成都。

被李儼拋棄在長安城的皇族則墜入萬劫不復的深淵，黃巢下令全部清除，甚至連嬰兒也一個不留。

十二月十三日，黃巢在含元殿登基稱帝，國號為齊，年號金統，封妻子為皇后，命尚讓為太尉兼中書令，趙璋兼侍中。黃巢下詔，原唐朝四品及以下官員照常上班，三品以上官員就地停職。

黃巢以為就此開天闢地、改朝換代，事實證明他把問題想簡單了，他得到的僅僅是一個長安城，而不是天下。即便在長安，黃巢也沒有得到民眾的真正支持。

僅僅幾個月後，長安爆發了一場文字災難。

有人在尚書省大門題詩諷刺政府官員，過路的人指指點點不時爆發出哄笑聲。太尉尚讓大怒，先把怒氣撒到了大門守衛以及尚書省官員身上，竟然全部挖出眼珠，並將腳朝上頭朝下地倒吊起來。然後全城大搜捕，凡是城中能寫詩的知識份子一律誅殺，這場搜捕一共誅殺了三千餘人。

尚讓還不解氣，又搜捕識字的市民全部罰做卑賤差役。

這樣戾氣十足的政府永遠不會得到民眾的支持，這樣匪氣十足的統治從一開始就埋下了失敗的伏筆。

長安劫

黃巢所處的長安城越來越像一個牢籠，周邊圍繞的是唐王朝各地前來的勤王部隊，對著黃巢虎視眈眈。

鳳翔節度使鄭畋受命出任京城四面諸軍行營都統，負責指揮各地勤王部隊。鄭畋推薦涇原節度使程宗楚為副都統，前朔方節度使唐弘夫為行軍司馬，諸將協力討伐黃巢。

黃巢沒有把鄭畋放在眼裡，太尉尚讓也沒有把天下勤王的部隊放在眼裡，五萬大軍浩浩蕩蕩從長安出發進攻鳳翔。

尚讓以為鄭畋只是一個不懂軍事的知識份子，這一次他想錯了。

鄭畋命唐弘夫在險要處埋伏，自己率數千人引誘尚讓進攻。尚讓五萬大軍在戰鼓聲中緩緩前進，走到龍尾陂時唐軍伏兵齊出，殺得齊軍大敗，斬首兩萬餘人。

這場大敗讓黃巢心驚膽寒，眼看天下勤王部隊即將完成對長安合圍，黃巢不敢久留決定放棄長安。

西元八八一年四月五日，黃巢放棄長安向東撤退，京城四面諸軍行營副都統程宗楚首先發動攻擊，從延秋門進城，行軍司馬唐弘夫的部隊隨後而至，義武節度使王處存也率領精兵五千趁夜進入長安。

形勢本來朝著有利於唐軍的方向發展，但程宗楚在關鍵時刻起了貪功之心，身為副都統居然沒有通知其餘勤王部隊進城，他不想讓太多人分享功勞。

長安百姓喜迎王師歸來，爭相出來迎接，有的用瓦片攻擊尚未退出長安的齊軍士兵，有的從地上收攏齊軍射出的箭送給唐軍使用。

讓長安百姓沒想到的是進城的唐軍士兵並沒有忙於四處駐防、安定百姓，他們居然四處劫掠、私闖民宅，大肆搜刮長安城中的金銀綢緞布匹，甚至凌虐婦女。

長安百姓徹底懵了，來的到底是兵還是匪啊？

程宗楚高興得太早了，他壓根沒有注意到黃巢並沒有走遠，就在霸上露天紮營。

黃巢紮營霸上做了兩手準備，如果唐軍控制住了長安城，他便繼續引軍東去，尋找下一個安身之所，如果唐軍控制不住長安城那就有機會了。

得到探馬消息，黃巢決定殺一個回馬槍，再回長安城。

黃巢部眾從長安各門殺進長安城，正在縱兵搶劫的程宗楚、唐弘夫猝不及防倉促迎戰，程宗楚、唐弘夫雙雙被殺，搶劫收穫頗豐的唐軍士兵負重太多無法逃跑，紛紛倒在血泊之中。

激戰過後，唐軍折損了十之八九，義武節度使王處存集合了殘兵狼狽回營。

四月十日，黃巢再進長安，鑒於長安市民之前紛紛幫助唐軍，他要給長安市民一個永遠忘不了的教訓。黃巢部眾四出屠殺，被屠市民的鮮血匯成了小河，稱為「洗城」。

黃巢注定當不了長安主，長安百姓永遠與他誓不兩立。

塵埃落定

第二十七章

狼虎谷

再回長安，黃巢面臨的依然是困局。

經過一年的準備和調度，唐軍從四面八方向長安周邊集結，長安以北、以西都有唐軍駐紮，交通被切斷；長安以南是秦嶺無法逾越，留給黃巢的只有向東一條通道。

黃巢的勢力開始萎縮，實際控制範圍不過長安城外加同州和華州兩州。地盤萎縮的同時，糧草日益吃緊，長安城內一斗米售價高達三十貫。

同州防禦使朱溫跟隨黃巢起兵，多年來屢立戰功，本想跟著黃巢過好日子，不曾想日子越過越苦。朱溫正面與河中節度使王重榮遭遇，戰事吃緊，然而屢次向黃巢告急，奏章都被右最高統帥孟楷壓了下來，朱溫望穿秋水不見援兵。

朱溫心寒了，也看穿了，如今黃巢實力日益萎縮長久不了，該為自己的下一步早做打算了。親信將領趁機勸朱溫向唐投降，朱溫思考了幾天，同意了。

西元八八二年九月十七日，朱溫誅殺監軍宦官嚴實，舉全州向河中節度使王重榮投降。朱溫的母親姓王，朱溫以此為由頭稱王重榮為舅父。能在亂世混得風生水起，朱溫還是有兩把刷子的。

王重榮將朱溫投降的消息寫成奏章快馬送往成都，皇帝李儇閱後大喜過望，把朱溫當成上天賜予自己的禮物，李儇任命朱溫為右金吾大將軍、河中行營招討副使，並賜名朱全忠。

他並不知道，二十餘年後滅亡唐朝的正是他親自賜名的朱全忠。

投降也是可以傳染的。

投降後的朱溫受到朝廷諸多禮遇，這讓駐守華州的華州刺史李詳羡慕不已。都是給黃巢扛活的老夥計，既然朱溫能投降唐朝享受禮遇，我李詳為什麼不能？

李詳沒有朱溫幸運，投降的念頭剛發芽就被監軍宦官檢舉告發了。黃巢不敢遲疑立斬李詳，任命自己的弟弟黃思鄴為華州刺史。

形勢向著有利於唐軍的方向發展，但一時半會還是撲滅不了黃巢。圍困長安的勤王部隊總體實力在黃巢之上，但論單支部隊的作戰能力都不是黃巢對手。大家都擔心自己受損失，所以都不敢主動出擊，雙方就這樣一直僵持著。

河中節度使王重榮憂心忡忡，求計於特遣兵團監軍宦官楊復光，該如何打破僵局呢？

楊復光的養父楊玄價與李克用的父親李國昌有過交往，關係甚篤，有了這層關係楊復光與李克用也有交情，楊復光在關鍵時刻隆重推薦了李克用。

李國昌、李克用父子出自沙陀部落，率領沙陀部落投降唐朝，被賜姓李。蜜月期過後，父子二人想多佔地盤與朝廷產生齟齬，從此雙方互相猜忌。眼下朝廷正是用人之際，楊復光想利用這個機會讓李克用與朝廷和解，只要李克用率領沙陀兵勤王，唐軍與黃巢的均勢就能打破。

楊復光的建議得到了朝廷認可，李克用遂率沙陀軍四萬進抵河中，黃巢的苦日子就更苦了。

黃巢知道李克用來者不善，黃巢的士兵也知道沙陀兵難纏，紛紛提醒：「烏鴉兵來了，還是躲著點吧。」——（**李克用的士兵穿著黑色軍服，被稱為烏鴉兵**）

黃巢想拉攏李克用，派出使節給李克用送禮求和。李克用臉皮夠厚，禮收下後將使節送回，但該打還得打。

西元八八三年二月十五日，李克用率軍抵達乾阬，與河中、義武、忠武各戰區特遣兵團會師。黃巢屬下太尉尚讓率軍十五萬駐紮梁田陂，準備與李克用決一死戰。

第二天，會戰開始，雙方數十萬大軍纏鬥在一起，從中午打到了傍晚。有了李克用的沙陀兵助陣，唐軍戰鬥力得以提升，到傍晚時分勝負已定，齊軍大敗，被俘及被殺數萬人，屍橫三十里。

這一戰讓黃巢傷了元氣，更加雪上加霜的是長安又斷糧了。長安待不下去了，黃巢暗自籌備計畫退出長安。

李克用得勝不饒人，步步緊逼，步兵進逼渭橋，騎兵駐紮在渭水之北。尤其欺負人的是每晚派兵潛入長安縱火焚燒草料和糧食，長安城每晚都有一處火光沖天，那是李克用送給黃巢的禮物。

四月五日，李克用等軍從光泰門攻入長安，黃巢抵擋不住，縱火焚燒皇宮逃出長安城。齊軍士兵或戰死、或投降，傷亡慘重。作為王者之師的唐軍，姦淫燒殺、大肆劫掠，與齊軍行徑並無分別。長安命運多舛。

時隔兩年四個月，長安城終於回到唐軍手中。若論第一戰功，李克用當之無愧。這一年李克用二十八歲，因為一隻眼睛比另一隻眼睛小，人送外號：獨眼龍。

皇帝李儇沒有虧待李克用，之前任命李克用為雁門節度使，立下頭功之後李儇將李克用升任為河東節度使，李克用終於得到了夢寐以求的職務。

從這時起，李克用成為一個可以影響時局的風雲人物。

退出長安的黃巢部眾向東轉移，派右最高統帥孟楷率軍一萬攻打蔡州，駐防的奉國節度使秦宗權迎戰，被孟楷打得大敗。秦宗權退守州城，經不住孟楷的猛攻便打開城門向黃巢投降稱臣，調轉槍頭與唐軍作戰。

黃巢以為還會像以往一樣席捲附近的州城，沒想到在臨近蔡州的陳州（河南省淮陽縣）城下，黃巢遭遇了一生中最難打的一仗，這一仗打了將近三百天。

陳州刺史趙犨是一個有大局觀的人，早在黃巢還盤踞長安時，趙犨便斷定如果黃巢不死在長安就一定會向東逃竄，而陳州首當其衝。趙犨提前挖好了壕溝、加固了城牆、磨利了武器，積蓄了草料糧食。趙犨在陳州城外實行堅壁清野，六十里以內，稍有餘糧的人家全部強行遷往城內居住。右最高統帥孟楷收降秦宗權後進駐項城，準備一鼓作氣攻下陳州。陳州城下，趙犨先故意示弱，待孟楷稍有鬆懈便令事先埋伏好的兵馬齊出，孟楷猝不及、防潰不成軍，孟楷被生擒，後被斬首。

孟楷的死震動了黃巢，黃巢率領全部兵馬進駐與陳州相隔不遠的激水。

六月，黃巢與秦宗權聯軍合圍陳州，從四面八方猛烈攻城。城內的趙犨沉著冷靜，不僅防守還主動開城門出擊，每次出擊都能把齊軍擊潰。

黃巢被深深激怒了，他決定不走了，一定要拿下陳州一雪前恥。

這是黃巢一生中最錯誤的決定，這個決定注定了黃巢的敗局。

陳州城外的黃巢建立了營寨、修築了宮殿，並設立政府機關打算要長期經營。然而這只是黃巢的一廂情願，陳州城外民生凋敝，殘存的百姓家中根本沒有餘糧。

黃巢想出了一個慘無人道的辦法——掠奪農民充當糧食，把人投入特製的大號石臼搗碎或磨碎，然後當成軍糧發放下去。

如此慘無人道，焉能不敗。

陳州城下，黃巢聯軍圍困了近三百天，大小戰鬥數百次，然而城內軍民越發齊心，城防依然堅固。小小的陳州城讓黃巢困頓了三百天，也為唐朝各路特遣部隊會師贏得了寶貴時間。

河東節度使李克用率本部兵馬與忠武、宣武等戰區特遣部隊在陳州城外會師，留給黃巢的時間不多了。

西元八八四年四月三日，唐軍開始進攻，接連攻克太康和西華。黃巢這才意識到陳州這仗不能打了，再打下去就會被蜂擁而至的唐軍包圍。黃巢引兵撤到故陽里（河南省淮陽縣北），被圍困達三百天之久的陳州終於解圍。從此時起黃巢走上了下坡路，在下坡路上越走越快。

五月三日，天降大雨，平地積水三尺，黃巢的營寨全部被大水沖走，真正是上無片瓦，下無立錐之地。

此時可怕的傳言在軍中蔓延——李克用的沙陀兵馬上就到。

黃巢揮軍直撲汴州，想要奪取汴州作為自己的喘息之地。以往要奪下一個城池對黃巢而言易如反掌，現在不行了，宣武節度使朱全忠得到消息已經急行軍回防，同時派出信使向李克用緊急求援。

五月六日，李克用從許州出發，追趕黃巢。五月八日，李克用在中牟北王滿渡追上了黃巢。

別看李克用是沙陀人，卻也是熟讀兵法。

李克用早不進攻，晚不進攻，就等黃巢軍隊渡河渡到一半時，李克用部隊發起猛烈攻擊，這一次黃巢軍隊徹底崩潰，被殺一萬餘人，剩下的四散而去各自逃命。

黃巢最為倚重的太尉尚讓率部向感化節度使時溥投降，其餘一部分將領則率部向朱全忠投降。

黃巢無暇他顧，率領殘部繞過汴州，向北逃亡。

李克用緊追不捨，五月九日，在封丘追上，又一次擊破黃巢軍。

五月十日夜，又是天降大雨，黃巢部眾驚慌失措繼續向東逃亡，李克用依然窮追不捨在後面追殺。

黃巢收攏殘兵敗將，只剩下不到一千人。黃巢歎息幾聲，向東逃奔兗州。

五月十一日，李克用追到了冤句，這裡是黃巢的老家。

李克用回望自己的騎兵部隊，能跟上來的只有幾百人，日夜馬不停蹄奔走了兩百餘里已經是人困馬乏、糧秣用盡，他決定先回汴州補充一下給養再上路追趕。

這個決定讓李克用錯失了生擒黃巢的機會，也讓自己險些命喪朱全忠之手。

五月十四日，李克用抵達汴州，率軍在城外紮營。宣武節度使朱全忠十分熱情地邀請李克用進城，賓主把酒言歡，說了很多肝膽相照的話。幾杯酒下肚，李克用的酒勁上來了發起了酒瘋，對朱全忠多有言語上的冒犯。朱全忠忍不下這口惡氣，暗起殺機。

關於這段記錄，我將信將疑，以朱全忠的品性和眼光，恐怕李克用發不發酒瘋都會凶多吉少。身處烽火連天的末代王朝，朱全忠恐怕早已暗藏稱霸天下的野心，在他的視野之內李克用是一個不可小視的人物。如果能在自己的地盤上提前將李克用除掉，是朱全忠求之不得的事。

當晚李克用酩酊大醉，下榻汴州城內賓館昏昏睡去。

朱全忠派出兵馬，包圍李克用所住賓館發動猛攻。李克用的數十位親兵拼死護衛李克用，登上汴州城南門用繩索將李克用縋下城牆，這才勉強逃出一命。其餘跟隨李克用進城的三百餘人則沒有逃脫，全部被朱全忠部下屠殺。

這場較量，朱全忠大獲全勝，卻也折損了一員大將楊彥洪。正是楊彥洪與朱全忠定計，趁夜包圍賓館除掉李克用。定完大計後，楊彥洪特別強調：「沙陀兵遇到緊急情況一定會跨馬奔馳，只要看到有人騎馬立刻射箭。」

當天夜晚，楊彥洪恰巧騎馬經過朱全忠面前，朱全忠抬手一箭就將楊彥洪射死了。

巧合？

回到大營的李克用盛怒之下準備率兵攻打朱全忠，卻被妻子劉氏攔住了，劉氏說出了自己的理由：沒有天子命令擅自調兵攻打朱全忠，天下人如何能辨別其中的是非曲直？

李克用強忍住憤怒給朱全忠寫了一封信，聲討朱全忠的背信棄義。

接信後的朱全忠十分重視，連忙回信：「前夜的兵變事先我根本不知道，後來才知道是朝廷使節和楊彥洪的陰謀，現在楊彥洪已經被處死，只有請您多多原諒了。」

狡詐如朱全忠，無恥如朱全忠，將一切責任推給被他一箭射死的楊彥洪，高，實在是高。

自此，李克用與朱全忠成了一生的死敵，再無和解的一天。

回過頭再說黃巢的結局。

六月十五日，感化戰區將領李師悅會同降將尚讓追擊到了瑕丘（山東省兗州市），黃巢以下的士兵幾乎全被消滅，黃巢帶領妻兒以及外甥林言進入了狼虎谷（山東省萊蕪市西南）。

六月十七日，外甥林言痛下殺手斬殺黃巢以及黃巢的妻兒，砍下黃巢等人的人頭準備當成投名狀，向感化節度使時溥投降。走到半路，林言遇到了沙陀軍和博野兵團，對方頓時眼前一亮奪走了黃巢等人的人頭，順手將林言斬殺，連同林言的人頭一併呈獻感化節度使時溥。

投降時溥的太尉尚讓從此在史書中消失，通過細枝末節判斷，尚讓很有可能被時溥卸磨殺驢秘密誅殺了。

至此黃巢終於覆滅，從西元八七五年六月聚眾起兵，到八八四年六月覆滅，前後九年。

如果時光倒退九年讓黃巢重新選擇，他會選擇揭竿而起，還是繼續販賣私鹽呢？

廟號僖宗

西元八八五年三月十二日，皇帝李儇終於回到長安。

眼前的長安有如野生動物園的模樣，城中滿是荊棘野草，狐狸和野兔時不時在野草中快樂地奔跑。

李儇大不高興，不是說已經做了修繕嗎？就修成了這個樣子？

不高興的事還在後頭。

此時朝廷號令能到達的地方已經少得可憐，只有河西、山南、劍南、嶺南數十個州而已，這就是朝廷可以依仗的全部地盤，與鼎盛時期再也無法相提並論。

僅存可憐的家底，接下來還要瞎折騰。

權力宦官田令孜為了供養直屬部隊，計畫從河中節度使王重榮手中奪取安邑、解縣兩地鹽池，王重榮堅決不肯，雙方發生矛盾。

鹽池本為朝廷所有，黃巢攻進長安後，王重榮趁亂將鹽池專款截留，每年只向朝廷貢獻三千車鹽了事。田令孜要動鹽池這塊乳酪，王重榮自然不肯。雙方互相指責，你來我往、摩拳擦掌，只差動手了。

原本李克用沒有參與這場爭奪，他的目標是向朱全忠復仇。王重榮還是把李克用拉了進來，王重榮建議李克用先掃除君王身邊的奸佞，再掃除朱全忠會比較容易。

李克用本來對朝廷也是憋了一肚子氣，在他和朱全忠的問題上一味和稀泥，根本不主持公道。再者，如今田令孜依仗的靜南節度使朱玫、鳳翔節度使李昌符都在暗中支持朱全忠，李克用下定決心與王重榮聯手。

不知死活的田令孜以李儼的名義下令，命朱玫、李昌符會同神策軍、保大、保塞等戰區先遣部隊共三萬人討伐王重榮。雙方在同州對峙一月有餘，接到求援信的李克用率軍抵達加入會戰。這場大戰以朱玫和李昌符大敗結束，兩人各自逃回本戰區，潰散的士兵沿途燒殺劫掠。

對朝廷不滿的李克用趁勢率軍逼近長安，擺出要和朝廷算帳的架勢。長安城中，嚇破了膽的田令孜再次裹脅李儼出逃，長安城再遭劫難。

劫掠長安的並不是李克用的部隊，而是潰散的靜南和鳳翔戰區士兵，長安城經此一難幾乎成了廢墟。

李克用呢，沒有進入長安城，而是率軍退回了河中。

李儼再回長安已是八八八年二月。這時的李儼已經患病，生命進入倒數計時。

三月一日，日全食。

三月六日，李儼在靈符殿去世，享年二十六歲，終於走完了提心吊膽的一生。

壽王李傑改名李敏，以皇太弟身分繼位，是為昭宗。

九個月後，皇帝李敏將兄長李儇安葬於靖陵，謚號惠聖恭定孝皇帝，廟號僖宗。

小心畏忌曰僖；質淵受諫曰僖；有罰而還曰僖；剛克曰僖；有過曰僖；慈惠愛親曰僖；小心恭慎曰僖；樂聞善言曰僖；恭慎無過曰僖

混吃等死無所建樹，但也沒有大錯的君王一般就是這個謚號。

混了一輩子，混了個「僖」。李儇，驚不驚喜，意不意外？

大混戰

繼位的皇帝李敏沒有力挽狂瀾的能力，而且還把手裡僅剩的幾張牌一一打丟了。

李敏繼承了父兄改名的傳統，改名為李曄。名字改了，國運卻無法更改。

為了剷除田令孜、陳敬瑄兄弟，李曄向西川用兵。從結果來看，目的達到了。橫行多年的田令孜和陳敬瑄兄弟一一伏法，李曄總算為兄長、為自己也為受田令孜欺壓的人出了口惡氣。

然而在剷除田令孜的過程中王建悄然崛起，派兵封鎖劍閣切斷與唐朝聯繫，逐步吞併三川為自己打下了基業。王建後來建國，國號為蜀，史稱前蜀。

李曄打丟了三川這張牌，接著打丟了神策軍這張牌。

在好戰宰相張濬的鼓動下李曄決心重振神策軍，在長安募兵十萬。如果李曄真的有雄才大略，這十萬人就是唐王朝改變國運的機會。可惜募集來的十萬人沒有經過多少訓練就被張濬帶上了戰場。

張濬因為李克用看不起自己，便力主向李克用用兵，紙上談兵的張濬遇上老於兵事的李克用，結果可想而知。

張濬慘敗，神策軍幾乎全軍覆沒。

從此李曄的朝廷再也不被各路手握重兵的節度使放在眼裡。苦命的李曄過著戰戰兢兢、顛沛流離的日子，最後甚至淪為了節度使手中的人質。

西元九〇三年正月二十二日，李曄移駕鳳翔城進入了朱全忠大營，朱全忠跪下磕頭，前額觸地痛哭流涕，極盡臣屬的禮儀。

明明是亂臣賊子，表現得卻像愛國忠臣，真是一等一的好演員。

一年後的八月十一日，為防止李曄落到其他人之手對自己不利，朱全忠痛下殺手將李曄殺害於洛陽寢宮。

從西元八八八年繼位，到九〇四年被殺，李曄走完了這段坎坷的人生路。

李曄身後，他的兒子李柷被朱全忠立為皇帝，這是唐朝最後一個皇帝，留給唐朝的時間只剩下三年。

孤寂的背影

酒，毒酒！

月，冷月！

西元九〇八年三月二十六日，唐朝最後一個皇帝李柷走到了人生的十字路口，他知道這一天早晚會來，只是沒有想到來得這麼快。

屈指算來，也就是一年前，李柷接到了權臣朱溫的明示：小李，該禪讓皇位了。「禪讓」，多麼崇高的一個詞語，此時卻變得俗不可耐，從北周到隋、從隋到唐、從唐再到朱溫的後梁，每一次權力的交替都以「禪讓」為名。一切看上去很美，一切又看上去那麼俗氣，因為誰都知道所謂「禪讓」就是虛張聲勢的一個名詞，權力交替哪次不是赤裸裸地搶奪，所謂「禪讓」就是皇帝的新裝。

對於李柷而言，這個皇帝當又何喜，不當又何憂，原本他就不想當。唐王朝在他父親李曄的末期就已經到了終點，父親和自己都不過是朱溫手裡的稻草人，除了煞有介事地以天子之名嚇唬一下藩鎮，剩下的作用大概就是恐嚇一下麻雀了。

父親李曄已經死於朱溫之手，自己這個皇帝則是比父親還要傀儡的傀儡，儘管在自己手上唐王朝又延續了三年，然而這何嘗不是行屍走肉的三年。

有的人死了，但他還活著；有的人活著，但他已經死了。

唐王朝在李柷手上只是一個活死人。他知道朱溫遲早要動手，只是時間早晚。

接到朱溫的指示之後，李柷馬上下詔禪讓皇位，沒想到居然還遭到了朱溫的再三拒絕，此時的李柷只有一個權力，那就是不准朱溫拒絕。「強迫」朱溫取代自己當皇帝，這恐怕是最無可奈何的權力，也是最欲哭無淚的權力。

西元九〇七年四月二十二日，朱溫建立後梁，改名為朱晃（取日之精華），改年號為開平。從這一天開始，中國歷史上最輝煌的大唐王朝結束了，從六一八年開始風雲近三百年的王朝終結了。

一個風雲數百年的朝代，總是以一群強者英武的雄姿開頭，而打下最後一個句點的，卻常常是一些文質彬彬的淒怨靈魂、孤魂野鬼，李柷正是其中之一。看著眼前的毒酒，李柷沒有選擇，他只能選擇喝，儘管這個選擇很難，但事已至此，他反而更加釋然。

世上最可怕的不是死，而是等死，世上最可怕的不是死亡的結局，而是在惶惶不可終日之中不知道死亡的方式。現在答案揭曉了，心中那塊忐忑不安的石頭也終於落了地。

從北周到隋、從隋到唐、從唐到後梁，世事的變換就是一杯毒酒。北周靜帝宇文闡、隋恭帝楊侑、唐哀帝李柷，他們的結局都是一杯毒酒。他們的先祖們怎麼也不會想到，他們綁架了皇位，而皇位也綁架了他們的子孫，他們騎到了皇位這隻老虎身上，而他們的子孫最終還是要被這隻老虎吞噬。

杯空，酒殘，月冷，星稀。

一個孤寂的身影在月夜中倒地，一個人的人生在無聲無息中終結，一個王朝的輝煌以一杯殘酒作為結束，從此歷史翻過新的一頁，從此唐朝已成背影，已是往事。儘管人不能改變很多東西，但時間會改變一切，時間會漸漸擦去唐朝的痕跡，直到那一切徹底成為歷史。

不過，無論過去多少代、多少年，透過歷史的塵埃，拭去歲月的浮塵，在不經意間卻會發現，其實唐史並不如煙。

（全書完）

唐史並不如煙. 柒, 帝國斜陽 / 曲昌春著. -- 一版.-- 臺北市：大地, 2018.11
面：　公分. --（History：109）

ISBN 978-986-402-309-7（平裝）

1. 唐史　2. 通俗史話

624.1　　107016305

唐史並不如煙(柒)帝國斜陽

HISTORY 109

作　　者	曲昌春
發 行 人	吳錫清
主　　編	陳玟玟
出 版 者	大地出版社
社　　址	114台北市內湖區瑞光路358巷38弄36號4樓之2
劃撥帳號	50031946（戶名：大地出版社有限公司）
電　　話	02-26277749
傳　　真	02-26270895
E - mail	vastplai@ms45.hinet.net
網　　址	www.vastplain.com.tw
美術設計	博客斯彩藝有限公司
印 刷 者	博客斯彩藝有限公司
一版一刷	2018年11月

大地

定　　價：320元